本书系国家社科基金项目《中日韩开港与城市社会变迁》(12BSS016)成果

本书获长春师范大学学术专著出版计划项目支持

东亚开港

东亚开港与
城市近代化研究

张晓刚 ◎ 著

中国社会科学出版社

图书在版编目(CIP)数据

东亚开港与城市近代化研究／张晓刚著．—北京：中国社会科学出版社，2021.10
ISBN 978-7-5203-8035-5

Ⅰ.①东… Ⅱ.①张… Ⅲ.①港口建设—近代化—研究—东亚 Ⅳ.①F553.1

中国版本图书馆 CIP 数据核字(2021)第 038438 号

出 版 人	赵剑英
责任编辑	任　明
责任校对	夏慧萍
责任印制	郝美娜

出　　版	中国社会科学出版社
社　　址	北京鼓楼西大街甲 158 号
邮　　编	100720
网　　址	http://www.csspw.cn
发 行 部	010-84083685
门 市 部	010-84029450
经　　销	新华书店及其他书店
印刷装订	北京君升印刷有限公司
版　　次	2021 年 10 月第 1 版
印　　次	2021 年 10 月第 1 次印刷
开　　本	710×1000　1/16
印　　张	13.5
插　　页	2
字　　数	210 千字
定　　价	85.00 元

凡购买中国社会科学出版社图书，如有质量问题请与本社营销中心联系调换
电话：010-84083683
版权所有　侵权必究

序　言

宋成有

最近，晓刚教授完成了一部新作《东亚开港与城市近代化研究》，嘱我作序。十几年来，看到晓刚努力进取，撰写学术专著、论文，申请研究课题，不断积累科研成果。此次又有新作推出，不禁满怀喜悦，欣然命笔。

19年前，晓刚在北京大学历史系世界史专业日本史研究方向攻读博士学位，我是他的指导教师。经协商，确定以《横滨开港研究》为博士学位论文的选题。为此，他申请到日本二松学舍大学留学一年，其间经常往返于东京与横滨之间，拜访日本教授，到图书馆、资料馆收集资料，一年下来，收获满满，并在短时期内出色地完成博士学位论文的撰写。在正式答辩会上，受到与会专家的好评。本人在审议他的学位论文时，对其关于开港过程中"开明幕吏的积极主张"、"幕府高层审时度势的决定"的观点，以及对日本幕府避战缔约开港策略的论述仍历历在目，记忆犹新。读博期间通过四年寒窗苦读和一心向学，他已初步具备独立从事开创性学术研究的能力，令人欣慰。

毕业后，晓刚前往大连大学任教，通过勤奋努力评上教授、硕士研究生导师，讲述了《日本史》《世界近代史专题》《现代化概论》《西方城市史》《中日关系史研究》《专业日语》等十余门课程。后来，他担任了《大连大学学报》编辑部主任、常务副主编，并兼任东北亚研究院院长，教学、科研、管理工作齐头并进，发展势头良好。同时，他也积极参加和组织许多学术交流活动，承办多次国内国际学术会议，并担任了一些社会兼职，如：中国日本史学会常务理事、教育部学位与研究生教育评估专家、北京大学东北亚研究所客座研究员、辽宁省历史学会常务理事、中国东北地区中日关系史学会副理事长等。在大连大学工作十余年后，2017年晓刚调动到长春师范大学历史文化学院任特聘教授，兼任该校东北抗战史研究所所长、东北口述历史研究中心主任。

开设课程多，指导学生不少，加上社会任职与工作头绪较多，留给自己的科研时间自然大打折扣。即便如此，晓刚依然出版了《东北亚近代史探赜》《大连近代史研究文选》等著作，并在《世界历史》《中国边疆史地研究》《社会科学》《东北亚论坛》《亚洲研究》等国内外期刊上发表《日本幕末横滨开港与锁港之争》《近代日本横滨英法驻军实况研究》《日本幕末开国对策探析》《论近代东亚国际秩序的重构》等学术论文数十篇。晓刚之所以取得上述科研成绩，可以说靠的是"笨"功夫，几个法宝分别是虚心求教、刻苦钻研和压缩休息时间。

看到晓刚的新作《东亚开港与城市近代化研究》书稿，令人喜悦。何以为喜？一是新成果问世，可喜可贺；二是因为书中提出了若干颇有学术价值的视角、观点和新的研究框架。概括起来主要是：

其一，由点到面，学术视野宽阔。从学位论文《横滨开港研究》，到此次推出的《东亚开港与城市近代化研究》，研究视野大为拓展。从日本一国扩大到中日韩三国，从横滨一港扩展到上海、烟台、营口、大连、长崎、神户、新潟、仁川、釜山等东亚著名港城，研究视野越来越宽阔。之所以能从一国一地扩展到东亚区域，是晓刚北大毕业后15年间，教学与科研相辅相成，加之勤奋努力的结果。在无数日夜苦读与笔耕不辍中，弥补了本科、硕士学习阶段的史学专业训练的不足，完成从日语语言文学到历史学的转轨，学术研究视野逐渐开阔起来，研究成果不断涌现。个中的酸甜苦辣，践行者自有一番滋味在心头。实际上，研究视野的扩展，是一个不断遇到新的研究点，经过博读多思，从生疏到熟悉，从借鉴到再创新的过程。关键在于不因一时的挫折而怨天尤人或自哀自叹，而是默默耕耘，砥砺前行，展示贵在坚持的人生价值。

其二，研究理论进一步成熟，并在撰述的过程中，交叉运用多种学科的理论，拓展了研究课题的广度，也增加了深度。在本书中，作者运用各种理论，对东亚日本、中国、韩国三国在近代化过程中，分别走上帝国主义、半殖民地、殖民地等不同类型的发展道路的背景与内在原因展开了分析。其中，既涉及马克思主义历史唯物论，注重对经济要素的分析，将工业化视为社会全面转型的基本动力的近代化理论，也包括从探讨城市起源、结构、功能、地域特点和社会特征的城市学,以及功能论、冲突论、过程论和结构论等社会学的理论。从多种理论提出的多视角入手,对时代的变化、开港的进程、开港后不同的发展道路等问题,给予再审视。

其三,观察东亚近代化的视角特色独具。在常见的研究模式中,总是将东亚近代化解释为西力东渐,建立不平等条约体系,引起反弹的结果。在欧美列强压力下,东亚国家为图存救亡,求富求强,先后实施近代化改革,实施相应政策,推动社会转型,从而踏上近代化之路。在《东亚开港与城市近代化研究》中,作者独辟蹊径,在一般论述东亚近代化或中日韩三国近代化进程时,将往往轻轻放过的开埠地作为重点研究对象,展开多角度的研讨。概括起来看,一方面作者把开港地作为最先接触、接受近代化的窗口,通过对港城的开辟及其发展的进程探索,具体而不是抽象,详尽而非简单地展现东亚国家近代化的启动;另一方面作者又将开港地视为向内地传输欧美文明的启动器,把握东亚国家近代化进程的来龙去脉,并将此过程讲述清楚。这样,就勾勒了一幅令人眼前一亮的东亚近代化的图景,且独具特色。

其四,东北地区主要开港城市的近代化过程,得到详尽的诠释。两次鸦片战争期间,欧美列强以武力打开中国国门,除在北方的天津、牛庄、登州等处开设开港地之外,主要将注意力集中在上海、宁波、福州、厦门、广州、南京、台南、淡水、汉口、九江、潮州、镇江、琼州等南方沿海沿江的富庶之地。至于东北地区,则仅有牛庄一地。倒是后起的沙俄和日本垂涎东北,1895年初定的《马关条约》,迫使清政府割让辽东半岛后,沙俄立即联合法国、德国,发动"三国干涉还辽",日本再勒索三千万两的"赎辽费"后,悻悻退出辽东半岛。沙俄借机与清朝签订密约,觊觎中国东北。1898年,沙俄索性强租旅大,设关东州,夺取了远东的不冻港,即军港旅顺口港("亚瑟港")和商港大连港("达里尼港")。与此同时,沙俄又将建设不冻港的目标锁定在朝鲜半岛,与日本展开激烈争夺。日本则以退为进,设法先从"乙未事变""俄馆播迁"等外交的被动中摆脱出来,进而展开外交攻势,与英国缔结《日英同盟》,加紧备战。终于在1904年发动战争,一举将沙俄逐出朝鲜半岛,为吞并韩国打开了方便之门。旅顺、大连等远东港城的掌控权易手,以此为殖民据点,日本开始了长达40年的东北殖民经营。在日俄两国争夺霸权的背景下,东北地区的近代化从一开始就走上了畸形化的发展道路。

其五，新作论述具体，参考文献丰富且不乏第一手资料，增加了学术分量。在论述中，作者并未抽象地议论东亚开港与城市化、近代化进程，而是通过具体的叙述，实证式地探讨其发展过程，给人留下鲜活的印象。另外，新作的论述以丰富的资料为依据，而非空论虚谈。其中，既有早稻田大学馆藏五卷本《华夷变态》《長崎记》《通航一览》《荷兰风说书》《唐通事会所日録》《对韩政策关系杂纂》《巴达维亚城日记》等第一手日文资料，也有《朝鲜王朝实录》《承政院日记》等韩国的史料，以及《明太祖文集》《明世宗实录》《皇明经世文编》、顾炎武《天下郡国利病书》、刘斯洁《太仓考》、严从简《殊域周咨录》、黄瑜的《双槐岁钞》、黄佐的《广东通志》《清朝通典》等明清时代的第一手资料。这些资料在增强了新作的凭信性的同时，也可以为研究东亚近代史的初入门者提供阅读资料的书单。

以上五点，既是作者学术研究的新进展，也是《东亚开港与城市近代化研究》新作的学术特色。其间，尚有若干提升的空间。例如，欧美列强西力东渐、殖民征服的终极目的何在，与世界资本主义市场的关系如何把握？再如，同样是殖民统治，日本的殖民手法和目标，与欧美比较，有哪些异同，历史影响如何？同样是日本的殖民统治，釜山、元山、仁川等韩国港城，与大连、营口、旅顺等中国港城的管理与发展存在哪些异同？再如，近代中日两国拉开发展的差距，应该如何划定两国近代化的起跑线？等等。这些问题，在新作中均有所涉及，但稍显挖掘不深，期待作者作进一步探讨，给予翔实而准确的回答。

众所周知，做学问是做人的一部分，毅力决定成败。晓刚为人诚恳，做事周到认真。或许是因为有过在部队熔炉的锤炼，懂得求学机会来之不易；读学位、搞研究还真要有些士兵突出重围的狠劲，投身书本，不畏艰难，努力攀登治学的陡坡。天道酬勤。在贺喜新作付梓的同时，期待晓刚教授以此为新的出发点，坚持严谨的治学态度及不懈的探索精神，继续在东亚近代史研究领域勇于追求，不断进步。

书不尽言。是为序。

2019年6月于北京海淀蓝旗营

目　录

绪　论 ……………………………………………………………… （1）
第一章　锁国时期一口通商的东亚城市 …………………………… （6）
　第一节　明清两朝海禁与广州贸易 ……………………………… （6）
　　一　生丝及丝织品 ……………………………………………… （10）
　　二　瓷器 ………………………………………………………… （11）
　　三　茶叶 ………………………………………………………… （12）
　　四　棉布及糖 …………………………………………………… （13）
　第二节　德川幕府锁国与长崎贸易 ……………………………… （18）
　　一　贵重金属 …………………………………………………… （21）
　　二　俵物 ………………………………………………………… （23）
　　三　诸色物 ……………………………………………………… （25）
　　四　粮食 ………………………………………………………… （25）
　第三节　朝鲜王朝闭关与釜山贸易 ……………………………… （26）
第二章　外来冲击与东亚国家开港 ………………………………… （29）
　第一节　英国主导下的中国开港 ………………………………… （29）
　　一　中英鸦片战争 ……………………………………………… （29）
　　二　《南京条约》对中国城市经济的影响 …………………… （31）
　第二节　美国主导下的日本开港 ………………………………… （33）
　　一　欧洲国家对日冲击及幕府的对应 ………………………… （33）
　　二　美日交涉与培理初次访日 ………………………………… （36）
　　三　《美日和亲条约》的签署与日本开国 …………………… （38）
　第三节　日本主导下的朝鲜开港 ………………………………… （42）
　　一　朝鲜开港的过程 …………………………………………… （43）
　　二　朝鲜开港地的设立及管理 ………………………………… （44）

三　开港的余波与朝鲜的近代化 …………………………………… (48)
第三章　中国开港与城市近代化 ………………………………………… (52)
　第一节　五口通商背景下的上海开港 ……………………………………… (52)
　　　一　上海开港经过及城市建设 …………………………………… (52)
　　　二　上海开港后的社会变迁与经济发展 ………………………… (58)
　第二节　烟台的开港与城市发展 …………………………………………… (60)
　　　一　烟台的历史沿革与开港过程 ………………………………… (60)
　　　二　烟台开港后的港口建设与港口贸易 ………………………… (65)
　　　三　烟台开港后的近代产业发展 ………………………………… (68)
　　　四　烟台开港后城市社会发展 …………………………………… (71)
　第三节　从牛庄到营口的开港地变迁 ……………………………………… (74)
　　　一　营口代替牛庄开埠 …………………………………………… (74)
　　　二　开港后的营口市街建设与发展 ……………………………… (77)
　　　三　营口开港的影响 ……………………………………………… (80)

第四章　日本开港与城市近代化 ………………………………………… (82)
　第一节　横滨开港与城市社会变迁 ………………………………………… (82)
　　　一　安政五国条约与横滨开港 …………………………………… (83)
　　　二　横滨开港初期的居留地建设 ………………………………… (87)
　　　三　横滨的贸易产业与商人阶层 ………………………………… (92)
　第二节　神户开港与城市近代化 …………………………………………… (105)
　　　一　围绕神户开港的交涉 ………………………………………… (105)
　　　二　神户港的建设历程 …………………………………………… (108)
　　　三　神户的外国人居留地 ………………………………………… (110)
　　　四　神户近代城市发展与观念变迁 ……………………………… (112)
　第三节　新潟开港与城市发展 ……………………………………………… (116)
　　　一　围绕新潟开港的交涉 ………………………………………… (116)
　　　二　新潟开港后的港口建设与港口贸易 ………………………… (120)
　　　三　新潟开港后的近代产业发展 ………………………………… (123)
　　　四　新潟开港后的城市发展 ……………………………………… (127)

第五章　朝鲜开港与城市近代化 ………………………………………… (131)
　第一节　釜山的开港与城市近代化 ………………………………………… (131)
　　　一　日本主导下的釜山开港 ……………………………………… (131)

二　釜山居留地的发展 …………………………………………（133）
　　三　釜山开港后朝鲜民族经济的发展状况 …………………（135）
　第二节　元山开港与城市近代化 ……………………………………（137）
　　一　元山开港交涉 ……………………………………………（137）
　　二　元山日本人居留地的管理与变迁 ………………………（139）
　　三　元山日本居留民人口状况与产业发展 …………………（141）
　第三节　仁川开港与城市近代化 ……………………………………（143）
　　一　仁川的开放交涉及初期港口建设 ………………………（143）
　　二　仁川的近代城市发展 ……………………………………（146）
　第四节　近代华商在朝鲜港口城市的发展 …………………………（150）
第六章　殖民城市大连的近代化之路 ……………………………………（154）
　第一节　俄据时期的达里尼与港城掌控权的易主 …………………（154）
　　一　甲午战争后的"三国干涉还辽" …………………………（154）
　　二　俄国对大连港的规划建设 ………………………………（157）
　　三　日俄战争与大连控制权的转换 …………………………（160）
　第二节　日据时期大连港口建设与城市近代化 ……………………（164）
　　一　日本殖民大连时期的港口建设 …………………………（164）
　　二　日本殖民大连时期的铁路建设 …………………………（167）
　　三　日本殖民大连时期的城市规划 …………………………（168）
　第三节　日据时期大连殖民工业运营状况 …………………………（171）
　　一　大连轻工业及化工业的发展 ……………………………（171）
　　二　大连船舶制造业的发展 …………………………………（173）
　　三　机车制造业发展状况 ……………………………………（176）
结　语 ………………………………………………………………………（180）
主要参考文献 ………………………………………………………………（185）
跋 ……………………………………………………………………………（200）
后　记 ………………………………………………………………………（204）

绪　　论

19世纪40年代以来，在欧美列强冲击下，东亚地区进入近代化时期，中国的洋务运动，日本的开港锁港之争、幕末改革以及明治维新运动，朝鲜的开化派改革运动等，都是东亚地区早期现代化的方式与路径探索。在这个过程中最早接触欧风美雨的沿海地区率先开埠，开启了东亚地区近代城市化的序幕。横滨、大阪、上海、釜山、烟台、大连，在这些新兴的城市中，传统观念与现代思潮不断碰撞，贸易与工业从无到有。在短短的数十年间上述新兴城市就实现了跨越式发展，成为东亚乃至世界瞩目的港口大都市。而这些城市的发展轨迹，都深深烙印着某些近代化的特点：与港口共生，同贸易增长同步，身不由己地吐纳着西方近代文明与中国传统文化，在充当商品集散地的同时，也扮演了近代文明辐射地的新角色。

东亚新兴港口城市的发展，在某种意义上来说，是资本主义经济为完成世界市场放下的最后一块拼图。资本主义为了建成真正意义的全球化经济体系，不惜动用武力，强行将东亚地区变成原料供应地以及商品倾销市场，正如马克思在1858年致恩格斯的信中所说的那样，"资产阶级社会的真实任务是建立世界市场（至少是一个轮廓）和以这种市场为基础的生产。因为地球是圆的，所以随着澳大利亚的殖民地化，中国和日本的门户开放，这个过程看来已经完成了"[①]。

即便同属于东亚地区近代化时期的重要港口城市，不同的开港过程，地理位置上的差异，在各自国家经济体系中的地位高低等因素造就了各个港口城市异彩纷呈的城市发展史。上海在开港前只是一个发展时间较短的

---

① 《马克思恩格斯全集》第29卷，人民出版社1962年版，第348页。

县城。开港之后在沿江设立的租界区域里，近代化的城市规划与城区建设赋予了上海有别于周边城市最明显的视觉标志。不同风格的欧式高楼大厦在黄浦江边拔地而起，欧洲式的城市管理与公共设施随处可见。近代化的市政规划思想与市政建设，借由租界范围的不断扩大，逐渐从租界地区向非租界地区扩展。上海的城市功能与居住环境都进入了近代意义的城市建设范畴。

与上海相比，烟台建港的历史至少可以上溯到隋唐时代，当时的烟台以莱州及登州之名闻名于世，是日本以及朝鲜半岛使节登陆首选之地。到明清时代，烟台改称芝罘，属登州府、莱州府。烟台港口条件优良，开港后贸易兴盛，但其近代化之路却处处受西方列强的制约。但即便如此，烟台也逐渐完成了以地区行政功能为主的传统城市向对外通商口岸转型的过程。在这一过程中，外国商人利用西方人把持税关的便利以及资本优势，在烟台率先创办金融业、近代性质的工业等，以此来控制烟台的经济贸易发展。与此同时，以传教为目的的外国传教士也来到烟台，在传播宗教的同时，也兴办了烟台地区最初的近代学校及医院。

与上海、烟台等城市一样，大连的近代化发展历程也受到了列强的左右。旅顺原本是清政府北洋水师的基地之一。在被俄日强占之前，港湾、市街已经初具规模。相形之下，大连的城市建设则晚于旅顺筑港，直到1898年俄国强租旅大地区之后，俄国人才开始在大连建设"达里尼"市。之后"达里尼"市又在1905年落入日本殖民者之手，改称大连。大连因港而生，大连城市功能在近代化阶段也几乎完全体现在航运中心与交通中心上。在夺取了南满铁路之后，日本对大连的城市定位，集中于建成南满铁路的枢纽，铁路运输中心与港口海运中心。大连的港口运输业、交通制造业、化工业由此进入了一段高速发展时期。

与中国的开港城市相比，日本在近代化时期开港的城市，既有大阪、长崎等具有一定规模的海运枢纽，也有横滨、新潟从小渔村发展起来的海港城市。后二者在还没有具备城市基本要素之前，都只是一个小小村落。罗马不是一天建成的，近代日本都市的建立也非一朝一夕所能完成的。这些城市在完成开港的历史使命之余，也有自己的发展史，在日本的近代化启动阶段既有普遍性，也有特殊性。

从普遍意义上来说，日本开港城市的发展历程就是日本近代都市兴起与发展的一个缩影，也可以说是日本城市近代化建设的典范。在开港之前，由于幕末时期日本社会动荡不安，武士纷纷破产，国内的传统城市——"城下町"的人口不断减少；而开港后，港口城市的发展速度远远地把传统城市甩在了身后，新兴港口城市的人口骤然增加，贸易额持续上涨，市区规模不断扩大，城市功能不断完善，逐渐成为日本城市在近代化发展中的范例。

以横滨为例，开港30年间，从一个人口不足1000人的渔村，迅速发展成人口约12万的国际性贸易都市。明治初年推行文明开化政策期间，横滨起到了开风气之先的作用，是当时外国人员、物资以及情报等进入日本的门户。当时象征现代文明的铁道、电信、瓦斯灯、上下水道等无一不是首先在横滨诞生、使用，然后扩散到日本各地的。横滨的开港，最重要的原因就是近代欧美列强"西力东渐"的冲击，这是横滨得以发展的最重要的国际契机。横滨与东京、大阪等其他城市比较而言，是一座年轻的城市。尽管建城时间较短，其建设成就却颇为引人注目。特定的历史条件与客观环境使得横滨发展为日本最重要的港口城市之一。

新潟的发展与横滨类似，二者都是在幕末开港运动中崛起的近代港口城市。与其他开港城市背靠经济发展较为发达地区不同，新潟港地处发展程度较为缓慢的越后地区，缺乏商品贸易的传统。虽然在地理条件与商品化程度等方面，新潟与横滨、大阪等城市存在着很大差距，但新潟作为当时日本海唯一的开放口岸，还是对日本越后地区乃至日本东北地区的近代化有着举足轻重的意义。越后地区最早的邮政系统诞生在新潟，最早的近代金融机构也诞生在新潟。作为开港城市，新潟的城市建设也为越后地区的城市化提供了最直观的范本。

中日开港都是西力东渐的直接后果，而朝鲜的开港则更多地体现为东亚国家在近代化之路上对西方国家的模仿与赶超。朝鲜的开港过程，以及开港过程中体现出来的东亚三国政治角力是本书的重点之一。在朝鲜开港的过程中，东亚华夷秩序以天下观念作为其结构的"阻尼器"而导致的矛盾暴露无遗。以天下观念与华夷之辨作为理论核心的华夷秩序是一种典型的金字塔结构。日本与朝鲜之间以对马藩双属身份为基础的，双方各自表述的"敌礼关系"随着明治维新，幕府封建政治终结而不得不面临地位与性质的重构。日本一方面希望完成封建外交双轨制多元化向单一模式一元化的近代转变，另一方面日本又试图通过传统华夷秩序的某些形式保持对朝鲜外交优势。这两种意图在现实中的彼此矛盾导致了日本对朝外交调整的持续失败。朝鲜拒绝接收日本国书，也就在事实上拒绝承认以天皇为首的新政权的合法地位。这对刚刚完成封建政体向专制政体转变的日本来说，其敏感性是毋庸置疑的。而同一时期，清政府在西力东渐的巨大压力面前，错误地将同处东亚地区，在文化上极为接近的日本视为潜在的同盟者。这一错误认识不但直接导致了日本对台湾武力进犯之时清政府的应对失据，在琉球、朝鲜问题的处理上，这一错误认识也一再成为掣肘的因素。琉球地位的解决以及朝鲜开港都未能导向与清政府有利的结局。

日本主导朝鲜开港的事实，导致清政府一改内政外交任其（朝鲜）自主的宗主国传统立场，转而积极介入朝鲜的开港与开放。在敦促朝鲜与欧美缔约，防止日本一家独大，以收"以夷制夷"之效的同时，清政府也与朝鲜签订近代性质的贸易条约，试图将传统的宗藩关系调整为以条约为基础的近代国家关系。在贸易条约的保证下，清政府在朝鲜获得军舰与商船的自由航行权，以及在开港地建立居留地的权利。清政府还向朝鲜派驻了通商大臣，极大地加强了对朝鲜政局的控制能力，而日本在朝鲜的经济与政治影响力也因此大为削弱。

日本与清政府在朝鲜问题上的矛盾无法调和，战争的爆发无可避免。从某种意义上来说，甲午战争就是东亚三国国际关系重构的必然结果。甲午战争清政府战败，中朝之间的宗藩关系荡然无存，日本重新掌握朝鲜的开港地的发展趋势，将朝鲜的近代化途径导向对日本有利的方向。日俄战争之后，日本更是进一步将朝鲜变为其保护国，并于1910年吞并朝鲜。朝鲜的近代化之路也就此走上了与中日两国完全不同的道路。

东亚的近代史是一段传统与近代化，保守与开放交织的历史发展进程。华夷观念与封贡体系支撑着的传统地区国家关系，面对"西力东渐"带来的巨大挑战时，不得不开始向早期近代化国家关系转型。在这个过程中，或权宜，或顺应，东亚国家都不约而同地选择"开港"作为应对巨变的策略，而开港城市在事实上也都成了东亚国家近代化的发端之地。

本书的内容聚焦东亚三国在欧美国家武力冲击背景下的开港历程，勾勒开港城市社会发展轨迹，复现东亚国家不同的早期现代化历史进程。通过比较东亚三国现代化进程的差异，探索不同国家制度、不同对外观念等因素对开港城市社会变迁的具体影响。本书的内容是历史学、城市学、社会学等多学科交叉的领域。研究方法以历史学的研究方法为主，也兼有城市学、社会学考察调研与数据采集等方法，即有内容创新，也有方法创新。此外，本书也不仅仅是站在历史的角度对开港城市的开放历程做出解读，也是要寻找制度变迁、观念变迁与城市社会变迁之间的内在联系，为中国改革开放和探索城市化发展路径提出一些思路和建议。

第一章

锁国时期一口通商的东亚城市

17世纪的东亚存在着一种稳定的国家关系结构，即以中华帝国为核心的华夷秩序。在华夷秩序之下，以港口城市为媒介的"朝贡贸易"是朝贡外交的重要表现形式之一，是通过贸易的形式重申宗主国与藩国，华与夷的政治地位。著名荷兰汉学家包乐史曾说："每个旧世界的商业中心都再现了它们各自服务的政治经济体制的各种筹谋擘划。"① 这一现象也反映在17世纪的东亚三国港口城市的发展过程中。港口城市的开放与封锁基本上取决于同时期国家的政治经济体制，而港口贸易进出口商品结构更是强调了朝贡贸易为政治服务的根本任务。中国与日本逐渐形成以广州和长崎为中心的"一口通商"局面，这一局面背后都是维持本国在华夷秩序以及类华夷秩序国家关系体系中地位的政治考量，贸易的现实与政治的想象共同造就了广州与长崎在东亚城市中的特殊地位。而朝鲜釜山港针对日本的"倭馆贸易"也是朝鲜王国在面临南北交困的国际形势下维持其在东亚国家关系中地位的必要手段。广州、长崎以及釜山三座城市在东亚国家关系中的政治意义与港口贸易集散功能叠加，使三座城市在近代化前夜获得了长足的发展，这也为三座港口城市在19世纪中期成为东亚三国近代化的开放窗口奠定了坚实基础。

第一节 明清两朝海禁与广州贸易

从太祖朱元璋在位时起，海禁政策就是明朝一项有"定制"的国策。据《皇明世法录》记载，当时凡走私者一旦被官府发现不但货物与交通

---

① [荷]包乐史：《看得见的城市——东亚三商港的盛衰浮沉录》，赖钰匀、彭昉译，浙江大学出版社2010年版，第112页。

工具皆要没收，还要受到"杖一百"的处罚，如果携带军器出境甚至要处以绞或斩的极刑。① 更有甚者，明政府甚至要求"禁濒海民不得私出海"，"人民无得擅出海与外国互市"②。为禁止平民私自开展海外贸易，明政府更是下令将所有尖底帆船改为平头船，如有违规擅自建造两桅以上的大船者除正犯要处以极刑之外，全家都要"发边卫充军"③。除了严禁出口贸易之外，明政府也禁止民间私自购买香料等进口货物。当时民间的宗教活动经常使用进口香料以及苏木，明政府为此专门规定"民间祷祀禁止用松柏枫桃诸香，违者罪之"④，"凡私买或贩卖苏木、胡椒至1000斤以上者，具发边卫充军，货物并入官"⑤，1401 年（建文三年），明政府又进一步扩大了禁止使用进口香料的范围，不只贩卖进口香料要受到惩处，留存香料也是犯禁之事，"番货番香等物……其见存者，限三个月销尽，三个月外仍前存留贩卖者，处以重罪"⑥。

在加强对民间贸易管控的同时，明政府也加强了沿海各地的守卫力量，强化海禁政策的执行力度。对于守卫边塞及港口要地的官军，规定"如有假公事出境交通私市者，全家坐罪"，且"凡把手海防武职官员，有犯受通番土俗哪哒报水，分利金银货物等项，值银百两以上，名为买港，许令船货私入，串通交易，贻患地方，及引惹番贼海寇出没，戕害居民，除正犯死罪外，其余俱问受财枉法罪名，发边卫永远充军"⑦。在严刑峻法之下，沿海官兵几乎到了"见船即捕"的地步，只要在海船上发现藏有兵器，不管其是否来自外洋进口，一律没收，逮捕货主，甚至船上载有"米谷鱼盐之类（亦）一切厉禁"⑧。在如此严格的海禁政策之下，走私贸易的风险越来越大，为抵御官军，走私船的武装程度也越来越高，到明英宗正统年间，由部分武装走私者演变而来的倭寇扰边问题越来越严重。福建巡海按察司检事曾奏报："旧例濒海居民，私通外国，货易番货，漏泄军情，及引海贼劫掠边地。"英宗因"比年民往往嗜利忘禁"，

---

① 详见《皇明世法录》卷75，"私出外境及违禁下海"条。
② 《明太祖实录》卷252，洪武三十年四月乙酉条。
③ （明）朱纨：《议处夷贼以明典刑以消祸患事》，载《明经世文编》卷205。
④ 《明太祖实录》卷231，洪武二十七年正月甲寅条。
⑤ （明）熊鸣岐：《昭代王章》卷2，"私出外境及违禁下海"，台湾图书馆1981年版。
⑥ （清）阮元：《广东通志》卷187，兵防，文渊阁四库全书本。
⑦ 《大明律》卷15，兵律、关律，"私出外境及违禁下海"。
⑧ （明）郑若曾、李致忠等：《筹海图编》卷之四，"福建事宜"，中华书局2007年版，第282页。

遂命"刑部申明禁之",并规定"正犯极刑,家人戍边,知情故纵者罪同"①。至明末嘉靖年间,倭寇规模进一步扩大,许多海商如王直、徐海等亦混杂其间,明朝海禁也进入最严格的阶段。在福建、浙江两省,连下海捕鱼和海上航行都遭到禁止。②

虽然海禁政策日益严苛,但作为国家规定的"贡道"主要中转港的广州,明政府却采取了较为灵活的政策。洪武初年,明政府严控对外贸易,令"番商止集(广州)舶所"③,规定广州为占城、暹罗、爪哇、满刺加、真腊、苏门答腊、古麻刺、柯支等东南亚朝贡国贡使入境口岸④。1523年(嘉靖二年),发生了日本大内氏与细川氏因争夺贸易巨利,竞相派出贡使为争夺朝贡贸易权,导致相互攻杀焚掠宁波城的事件,史称"争贡之役"。事件发生后,1527年(嘉靖六年)10月,明政府接连下令裁撤浙江市舶司与闽市舶司,广州成为清朝在东南沿海一带唯一的贸易口岸。1566年(嘉靖四十五年),嘉靖帝崩,皇子朱载垕继位,改元隆庆。福建巡抚都御使涂泽民趁机上奏明中央政府开放海禁,明中央政府下令"准贩东西二洋",史称"隆庆开关"。海禁废除之后,虽然广州港不是指定的民间贸易港口,但朝贡贸易的再次兴盛还是令广州的贸易地位更为凸显,当时的广州"几垄断西南海之航线,西洋海舶常舶广州",海外贸易获得空前的发展。

1644年"明清鼎革",清王朝在入主中原后为维持其统治的稳定,在对外关系方面延续了明朝的海禁政策。当时的《大清律例》规定:"凡沿海地方奸豪势要及军民人等,私造海船,将带违禁货物下海前往番国买卖,潜通海贼同谋结聚,及为乡导劫掠良民者,正犯比照谋叛已行律斩首。"⑤顺治皇帝还曾下令东南沿海文武官员,要求严禁民间海外贸易,为海外商船提供粮食补给或与"逆贼"进行交易"或地方官察出,或被人告发,即将贸易之人,不论官民,俱行奏闻正法,货物入官,本犯家产尽给告发之人"。如果地方官员盘查不力,一律革职从重治罪,地方保甲

---

① 《明英宗实录》卷179,正统十四年六月条。
② 邓端本:《广州港市史》(古代部分),海洋出版社1986年版,第135页。
③ 严如煜:《洋防辑要》卷15,载《广东防海略》(下),台湾学生书局1985年版,第1120页。
④ 详见《大明会典》卷150,朝贡一、朝贡二;另参见《明史》卷8,《食货志五·市舶》。
⑤ 详见《大清律例》"兵律""关律","私出外境及违禁下海"条。

如藏匿罪犯"不行举首，皆论死"①。令下之日，闽、粤等地沿海居民不得不挈妻携子避退内地，沿海一带几乎片瓦无存。当地地方官员还在沿海地区掘沟立墙为界，严令"寸板不许下海，界外不许闲行，出界以违旨立杀"②。清廷以严酷的禁律断绝沿海官民与外界的联系，从而形成了清初的"锁国体制"。

明末与清初"锁国体制"下所禁绝的贸易形式都是政府无力控制的民间海上贸易，对于朝贡贸易，明清两代都视其为国威远布海外，万邦来朝的直接象征。在这样的政治考量之下，广州港的地位始终较为稳固。特别是在明清鼎革之际，清政府为怀柔藩王，更是一度对广州贸易采取开放的态度。1650年（顺治七年）尚可喜率清兵攻陷广州之后被清政府封为平南王镇守广东。广州港的贸易控制权也就此落入尚可喜父子手中。尚氏父子控制广东之后，允许外国商人进行私市贸易，并对私市贸易征收税款，"其所属私市私税，每岁所获银两不下数百万"③，仅此一项已令尚氏父子富甲一方。为了扩充财力维持其割据统治，尚氏父子又进一步要求其控制下的广州港在进行"贡舶"的同时，也开展"走私"贸易。1653年（顺治十年），暹罗国有船至广州，请求开展朝贡贸易，当时在尚可喜幕府中任参将的沈上达与监课提举司白万举一起说服尚可喜以此为契机开展对外互市贸易。尚可喜向清中央政府奏请开市得到允许，于是就利用明朝市舶馆场地作为外国商人居住和贸易之地"厚给其禀，招纳远人"④。据樊封《夷难始末》所载，开市贸易之后沈上达与白万举（白有珩）总理关榷税务，二人"钩稽锱黍，无微不至"⑤。这是尚可喜控制广州港后互市贸易之肇始，通过沈上达与白万举控制盐课市舶提举司衙门"钩稽锱黍"，尚可喜获得了巨额的贸易税收。至康熙初年，清政府为提防南方与海外明朝残余势力，"海禁"政策越发严厉，甚至贡舶船只亦无法进入广东海口，贡舶贸易完全断绝。但在尚可喜等人的庇护下，海上走私贸易又大有抬头之势。尚可喜的幕僚沈上达利用尚氏父子的支持逐渐成为势力极大的走私商人。据李士桢奏告，沈上达借外藩贡舶船只无法入港之机，

---

① 陈捷先：《不剃头与两国论》，远流出版事业股份有限公司2001年版，第76页。
② 关于清初沿海地区"海禁"状况，详见林仁川《明末清初私人海上贸易》，华东师范大学出版社1987年版，第429—430页。
③ 《清圣祖实录》卷91，康熙十九年八月丙戌条。
④ 史澄等：《广州府志》卷162，杂录三。成文出版社1966年版，第834页。
⑤ 黄佛颐：《广州城坊志》，广东人民出版社1994年版，第615页。

"打造海舡，私通外洋，一次可得利银四、五万两，一年之中，千舡往回，可得利银四、五十万两，其获利甚大也"①。

大量外洋商品凭借沈上达等人的走私贸易大量进入广州，贸易额不断增加。不但大量外洋商品涌入国内，以生丝、瓷器、茶叶等为主的商品也大量输出，从具体输出品结构上看，经广州港出口的外销商品主要有如下几方面。

一 生丝及丝织品

生丝及丝织品是17世纪前后广州港最大宗的输出品。经由广州出口的丝织品不但数量巨大，而且种类繁多。作为此一时期广州港口输出的最大宗商品，不仅因为其输出量大，而且流通范围相当广泛，种类繁多。顾炎武在《天下郡国利病书》中谈到生丝及丝织品贸易时曾说，东西两洋夷者都喜欢中国的绫罗丝绸，但外国不养殖桑蚕，只能进口中国生丝再织造锦缎。② 顾炎武所言"东西两洋夷者"是指东洋日本以及大西洋暹罗、柬埔寨、顺化、哩摩诸国。③ 实际上，除"东西两洋夷者"之外，欧洲国家对中国生丝的需求量也很大，荷兰、葡萄牙、英国等国商人也在广州从事生丝贸易。当时不但生丝出口额较大，丝织品如绸缎、纱绫、罗纱等，出口数量亦不少。

顾炎武指的西洋实际上就是今天的东南亚地区。当时广州交易的生丝大部分是出口到东南亚地区的。而生丝流通的最主要形式就是"朝贡贸易"。在17世纪，暹罗船是朝贡贸易的主力，此外，婆罗洲、马来、马尼拉、苏门答腊、安南、苏禄群岛、爪哇等地每年也有数十艘商船以朝贡为名携带当地特产来到广州交易生丝及丝织品。④ 大量的生丝出口甚至改变了东南亚地区人们的衣着习惯，当时的马来西亚人"衣服装饰亦受中国之影响，摩罗妇女所服之有袖短衫与宽大衣裤、玻璃珠、各式礼帽、雨

---

① （清）李士桢：《抚粤政略》卷3，康熙二十一年八月六日：议覆粤东增豁税饷疏，载沈云龙《近代中国史料丛刊》三编第三十九辑，文海出版社2006年版，第354页。

② （明）顾炎武：《天下郡国利病书》，载《续修四库全书》第597册，上海古籍出版社2002年版，第259页。

③ 顾氏原文为"大西洋则暹罗、柬埔寨、顺化、哩摩诸国"。

④ R. M. Martin：China, *Political, Commerical and Social*. Vol. Ⅱ. p. 137，载姚贤镐编《中国近代对外贸易史资料》，中华书局1962年版。

衣、履底等皆由中国传入"①。除东南亚地区之外,生丝也大量经由广州港出口到欧洲。最早来到广州港开展生丝贸易的欧洲人是葡萄牙商人。据《亚细亚葡萄牙》记载,在17世纪初葡萄牙商船的货箱每箱可以容纳100匹丝绒绸缎,或者150匹绢纱,而每年都有5000余箱这样的生丝及丝织品运往欧洲。②继葡萄牙之后,荷兰商人于1656年来到广州。几乎与荷兰商人同一时期,英国商人也加入到广州的生丝贸易活动中来。"1698年9月,麦士里菲尔德号至广州购入5800600两货值之商品,其中生丝及丝织品价值4652400两,占总货值的80%"③;"1700年7月,麦士里菲尔德号再至广州购入208951465两货值之商品,其中生丝及丝织品价值157158265两,占总货值的75%"④,同年又有英国商船"孟买商人号抵达广州获得所希望购取生丝的数量"⑤。

二 瓷器

瓷器是除了生丝及丝织品之外,17世纪广州对外出口的又一大宗商品。与生丝一样,瓷器的出口量也很大,出口地区广泛,产品种类丰富。17世纪中国的瓷器产业进入了一个高速发展时期,瓷器的应用领域更广,制瓷工艺水平不断进步,瓷器的商品化程度日益提高。这一时期,青花瓷制作技术逐渐成熟,成为出口瓷器的主要品类。珐琅彩、粉彩等品类的海外需求也很大。欧洲商人、日本商人以及东南亚商人大量出口青花瓷、珐琅彩以及粉彩瓷器,从中获利颇丰。

前引《海防迂说》中,徐光启谈到日本"彼中百货取资于我,最多无若丝",而"次则瓷"。⑥这反映了当时日本对中国瓷器的需求量较大的

---

① [美]爱尔恩、张立志:《远东史》(上),商务印书馆1935年版,第149页。
② Andrew Liungstedt: *An Historical Sketch of the Portuguese Settelements in China; and of the Roman Catholic Chunch and Mission in China*, pp. 82—84. 载姚贤镐编《中国近代对外贸易史资料》,另据(清)王之春《国朝通商始末记》记载:"葡人在澳门、广州之贸易输出品以绢为大宗,每年由葡人输出之绢约计五千三百箱,每箱装蝎缎卷,薄织物一百五十卷。"
③ 依据[美]马士《东印度公司对华贸易编年史(1635—1834)》,(一),区宗华译,第89页货品单价及数量所统计。
④ 依据[美]马士《东印度公司对华贸易编年史(1635—1834)》,(一),区宗华译,第96页货品单价及数量所统计。
⑤ [美]马士:《东印度公司对华贸易编年史(1635—1834)》,(一),区宗华译,中山大学出版社1991年版,第97页。
⑥ (明)徐光启:《海防迂说》,载《徐光启集》(上册)卷1,论说策议,中华书局1963年版,第47页。

事实。有记录显示，仅明 1635 年（崇祯八年），荷兰商人经广州中转，运往日本的中国瓷器就超过 13000 件。其中所占比例最大的是青花瓷，超过 1/3。日用品盛器与饮器是出口瓷器品种，占到总数的 2/3。而到 1637 年（崇祯十年），瓷器出口量在两年内猛增到 25 万件。①

三 茶叶

在 17 世纪茶叶并不是广州港出口大宗商品的主力，直到 18 世纪前期，茶叶才逐渐成为广州港贸易舞台上的主角。欧洲人对茶叶的需求之高到了"茶叶是上帝，在他面前其他东西都可以牺牲"的地步。当时在广州的法国商人罗伯特·康斯坦特甚至说："茶叶是驱使他们前往中国的主要动力，其他商品只是为了点缀商品种类。"②

最早在广州开展茶叶贸易的是荷兰人。荷兰东印度公司几乎垄断了 18 世纪早期的欧洲茶叶。1729 年，荷兰商人自广州购入货物总价值超过 28 万荷盾，其中茶叶总值超过 20 万荷盾，占到货物总价的 80%。1730 年荷兰商人在广州购入商品价值超过 23 万荷盾，茶叶所占比重超过了 86%。1731 年，荷兰商人在广州购入商品总价值相比前年翻了一番，超过了 52 万荷盾，其中茶叶所占比重有所下降，占总货值的 63%。1732 年，荷兰商人在广州购入商品总值超过 56 万荷盾，其中茶叶总价值接近 40 万荷盾，这一数字已经是 1729 年荷兰商人在广州购入茶叶总值的一倍。③

英国商人在广州开展茶叶贸易的时间要稍晚于荷兰商人，茶叶贸易的规模相较于荷兰商人也更小。1715 年"英船达特茅斯号前往广州，所带资本 52069 镑，仅用 5000 镑购买茶叶"④。茶叶在欧洲的流行让英国商人意识到扩大贸易规模是有利可图的。从 1716 年开始，茶叶逐渐成为英国商人在广州购入的最大宗商品。同年，两艘英国商船从广州购入 300 担茶

---

① 陈万里：《宋末—清初中国对外贸易中的瓷器》，《文物》1963 年第 1 期。

② Earl H. Pritchard, *The Crucial Years of Early Anglo-Chinese Relations*. 1750-1800. P163, Washington, 1963; Louis Dermigny, *La Chine et I' Occident. Le Commerce a Canton au XVIIIe Siecle*, 1732-1833, 3 vols, vol 2, P545, Paris, S. E. V. P. E. N, 1964. 转引自庄国土《茶叶、白银和鸦片：1750—1840 年中西贸易结构》，《中国经济史研究》1995 年第 3 期。

③ 依据 C. J. A. Jry, *Procelain and Dutch China Trade*, Martinus Nijhoff, 1982, pp. 217—220 所统计。

④ H. B. Morse, *The Chronicles of the East India Company Trading to China* 1635-1834 vol. Ⅰ, Oxford, 1926, p. 148.

叶,其价值是前一年英国商人采购茶叶价值的 7 倍有余。① 此后,英国商人采购茶叶的规模迅速扩大,"1722 年输出茶叶 4500 担、1723 年输出 6900 担、1730 年增至 13583 担"②。除了荷兰商人以及英国商人之外,"在 18 世纪,其他欧洲国家如法国、瑞典、丹麦、美国的对华贸易中,茶叶所占的中国货值比重也高达 65%—75%不等"③。茶叶在很短时间内就超过了生丝及瓷器,成为出口欧洲的最大宗贸易货物。

四 棉布及糖

在生丝、瓷器、茶叶之外,棉布及糖的出口在广州港的贸易中也占有举足轻重的地位,叶显恩在研究 18 世纪中叶至 19 世纪的广州贸易时写道:"值得注意的是土布和食糖在 18 世纪、19 世纪之交以后,日显重要。"④ 而实际上,棉布及糖作为广州港主要贸易商品的历史可以上溯到 17 世纪末。棉花种植区域的扩大以及棉纺织技术的进步,为明代棉纺织业的发展提供了充分的保障。棉布在明代已经取代了丝、麻、毛织品,成为普通人最主要的衣料来源。到明万历年间,棉纺织业已经达到了"棉布寸土皆有……织机十室必有"⑤ 的程度。在江南地区逐渐出现了很多棉纺织较为发达的地区,其中松江地区更是成为当时全国最大的棉布生产中心。据统计,明晚期仅松江府一地的棉布年产量就达 2000 万匹的程度。到清中叶时期,松江地区的棉布年产量已经超过了 3000 万匹。⑥ 棉纺织业的发达以及棉布的商品化为棉布的出口提供了最根本的保证。明末时期,松江地区生产的棉布已经出口到日本、东南亚以及欧洲地区,特别是日本,当时日本社会对中国棉布的需求量极大,以至于到了"大抵日本

---

① H. B. Morse, *The Chronicles of the East India Company Trading to China* 1635-1834 vol. Ⅰ, Oxford, 1926, p. 157.

② 依据上引 H. B. Morse, vol. Ⅱ-Ⅳ 所统计。

③ Zhuang Guotu, "International Trade in Chinese Tea in18th Century", pp. 30-33. *A Paper Presented to the 34th International Congress on the Asian and North Africa Studies*, HongKong, 1993.

④ 叶显恩:《世界商业扩张时代的广州贸易(1750—1840 年)》,《广东社会科学》2005 年第 2 期。

⑤ (明)宋应星:《天工开物》(一),上卷,乃服第二卷,载《万有文库》本,商务印书馆 1933 年版,第 38—39 页。

⑥ 依据吴承明、徐新吾的统计,详见吴承明《论明代国内市场和商人资本》,载中国社会科学院经济研究所集刊(第五集),1983 年;吴承明《中国的现代化:市场与社会》,生活·读书·新知三联书店 2001 年版,第 111—143 页;徐新吾《鸦片战争前中国棉纺织手工业的商品生产与资本主义萌芽问题》,江苏人民出版社 1981 年版。

所须，皆产自中国"①的程度。西川如见在其《华夷通商考》中也提到，当时中国江浙地区以及福建、广东等地生产的棉布也经由广州大量出口到日本。② 东南亚地区进口中国棉布的历史更久。从中国出口的棉布与丝织品在很长一段时间里都是当地居民最重要的衣料来源。当西班牙人在17世纪来到菲律宾之后竟然发现当地居民因为基本都使用中国衣料而不再种植棉花织布。为改变这一点，西班牙人曾试图禁止当地人使用中国丝绸和其他中国纺织品，但效果非常不理想，"中国商人收购菲律宾的棉花，转眼就从中国运来棉布"③。由此可见当时中国与东南亚地区之间的棉纺织品贸易兴盛的程度。

在中国与日本，以及中国与东南亚地区之间从事棉布贸易的商人既有本地商人，也有欧洲商人，但经营中欧之间棉布贸易的商人基本上都是欧洲商人，其中又以英国商人居多。从18世纪30年代起，英国东印度公司就已经派遣贸易船只赴广州"购买南京手工织制品，特别指定幅宽一英码的南京棉布"④。到19世纪初，中英间的棉布贸易规模逐渐超越瓷器，棉布成为仅次于生丝、茶叶的第三大出口商品。当时的英国人也承认，"中国土产的'紫花布'，无论在质地和成本上，都优于曼彻斯特的棉布"⑤。

明末清初时期，广州港口的糖出口量已有一定规模。据日本学者岩生成一统计：当时由中国商人贩运到日本的各种糖类制品的数量平均每年接近170万斤。虽然这些糖类制品中包含一定来自东南亚地区的砂糖，但由广州出口的中国糖仍占到日本进口砂糖的绝大部分。⑥ 欧洲也是经由广州港出口的各类糖制品的重要目的地。17世纪，在中欧之间从事糖类制品贸易的主要是荷兰商人，进入18世纪，英国商人逐渐取代了荷兰商人，成为从事中欧之间糖类制品贸易的主力。

17世纪，虽然日本与欧洲也是广州港出口商品的主要目的地，但广

---

① （明）姚士麟：《见只编》（卷上），载《丛书集成初编》本，商务印书馆1936年版，第50—51页。
② 参见[日]西川如见《华夷通商考》（上），"南京、浙江、福建、广东省土产"。
③ 樊树志：《晚明史》，复旦大学出版社2003年版，第128页。
④ [美]马士：《东印度公司对华贸易编年史（1635—1834）》（一），区宗华译，第223页。
⑤ [英]格林堡：《鸦片战争前的中英通商史》，康成译，商务印书馆1964年版，第1页。另据作者注："1834年2月《中国丛报》的商情报告中有同样意见，也可参考。"
⑥ [日]岩生成一：《近世日支贸易に关する数量的考察》，《史学杂志》1953年11月第62期。

州港出口的商品最大的买家都来自东南亚地区。各国商人从广州贩运大量的生丝、棉布、瓷器、糖到暹罗、越南等地区，从这些地区购入香料至广州贸易。从广州港输入的香料种类丰富，其来源几乎遍及东南亚地区，当时人们将东南亚地区称为西洋，"西洋交易，多用广货易回胡椒等物，其贵细者往往满舶，若暹罗产苏木，地闷产檀香，其余香货各国皆有之"①。虽然欧洲和日本的商品也在广州港随处可见，但来自东南亚的香料始终在广州港进口商品结构中占有一席之地。早在1374年（洪武七年），明廷所积"三佛齐胡椒已至四十余万数"，且"今在仓椒又有百万余数"②。即便如此，东南亚各地以朝贡贸易为名输入的香料数量依然可观。1378年（洪武十一年），彭亨贡胡椒两千斤、苏木四千斤及檀、乳、脑诸香料等③；1382年（洪武十五年），爪哇贡胡椒七万五千斤④；1387年（洪武二十年），真腊贡香料六十万斤，又暹罗贡胡椒一万斤、苏木十万斤⑤；1389年（洪武二十三年），暹罗贡苏木、胡椒、降真等十七万一千八百八十斤⑥。据统计，仅洪武年间，东南亚地区以朝贡为名输入的香料就达96万余斤。明代对香料的需求十分巨大，以明廷内需为例，正统初年，内务府每年要消耗香蜡3万斤，这一数字到弘治年间已经突破10万斤的大关。⑦ 1550年（嘉靖二十九年），内务府供用库要求户部从广州催征购入"内用香品"，包括"沉香七千斤、大柱降真香六万斤、沉速香一万二千斤、速香三万斤、海添香一万斤、黄速香三万斤……"⑧，据学者统计，仅内务府供用库所征之香料，到明中后期已经到了动辄二十余万斤的程度。对于数字如此庞大的内用香料，明政府制定了一整套储运制度："凡进苏木、胡椒、香蜡、药材等物万数以上者，船至福建、广东等处，所在布政司随即会同都司按察司官格视物货，封堵完密听候，先将番使起送赴京，呈报数目。"⑨ 除了将大宗香料运送至北京之外，明政府还在南京内

---

① （明）顾炎武：《天下郡国利病书》第三三册，"交趾西南夷"，载《续修四库全书》第597册，上海古籍出版社2002年版，第588页下栏。
② 《明太祖文集》卷7。
③ 《明太祖实录》卷121，洪武十一年十二月丁未条。
④ 《明太祖实录》卷141，洪武十五年正月乙未条。
⑤ 《明太祖实录》卷183，洪武二十年七月乙巳条。
⑥ 《明太祖实录》卷201，洪武二十三年四月甲辰条。
⑦ 《明英宗实录》卷198，弘治十六年四月丁未条。
⑧ 《明世宗实录》卷361，嘉靖二十九年六月辛酉条。
⑨ 《正德明会典》（万历重刊）卷1，礼部五十五。

务府储存一部分硫黄、胡椒等香料。① 对于胡椒、苏木等数量较多的香料，明政府除了内廷使用之外，也将其作为对官员的赏赐。低级文武官员一般都会在年节庆典时受赐一定的胡椒与苏木，甚至普通百姓也会获得胡椒、苏木的赏赐。② 除用作赏赐之外，苏木与胡椒也被用作俸禄折支，永乐至成化年间，"京官之俸，春夏折钞，秋冬则苏木胡椒，五品以上折支十之七，以下则十之六"③，此尤可证明香料输入量之大。到清中叶，经由广州港进口的东南亚香料数量不断扩大，经广州输入之东南亚香料仍不断增加，"雍正七年后，皆通市不绝"④。胡椒等香料已经成了市场上寻常可见之物。

随着欧洲国家对东南亚地区的殖民力度不断加大，欧洲商人几乎垄断了东南亚同日本、中国之间的贸易。从广州港进口的香料虽然名义上仍为保持"朝贡之物"，但实际上有很多是荷兰、葡萄牙等与朝贡外交无关的欧洲商人在从事香料贸易。⑤ 在16世纪早期，据一位葡萄牙商船的意大利船员描述："船舶往那里⑥（广州）载来香料……每年从苏门答腊运来胡椒大约六万坎塔罗，从科钦和马利巴里，仅胡椒一项就运来一万五千坎塔罗至二万坎塔罗，每坎塔罗价值一万五千达卡甚至二万达卡。用同样方式运来的还有生姜、肉豆蔻干皮、肉豆蔻、乳香、芦荟……"⑦ 仅此一项记录就可知欧洲商人从事香料贸易的规模。另据林次崖记载："佛郎机之来，皆以其地胡椒、苏木、象牙、苏油、沉速檀乳诸香，与边民交易，其价尤平，其日用饮食之资于吾民，如米、面、猪、鸡之数，其价皆倍于常，故边民乐与为市。"⑧ 从此记录可知，当时的欧洲商人并不仅限于旧朝贡贸易体系下的交易方式，而是直接与东南沿海居民开展互市贸易，以

---

① （明）刘斯洁：《太仓考》卷150，礼部六十四，北京图书馆出版社1999年版，第42页。
② （明）王世贞：《弇山堂别集》卷76，"赏赉考"上，中华书局1983年版，第1456页。
③ （明）黄瑜：《双槐岁钞》卷9，"京官折俸"，中华书局1999年点校本，第184页。另广州当地官员以苏木、胡椒折支更是常见，"广东都、布、按三司文武官员……其余卫所……"见黄佐《广东通志》（嘉靖本）卷六十六，外志三，"番夷"。
④ 《清朝通典》卷98，边防二，南序略，"柔佛（丁机奴单咀彭亨附）"，商务印书馆1935年影印版，典2379下栏。
⑤ Andrew Ljungstedt, *An Historical Sketch of the Portuguese Settlements in China: and of the Roman Catholic Church and Mission in China*, pp. 82—84.
⑥ 原文为"船舶从那里载来香料"，据作者注似为"船舶往那里载来香料"之误。
⑦ 张天泽：《中葡早期通商史》，姚楠、钱江译，中华书局1988年版，第39—40页。
⑧ （明）林希元：《与翁见愚别驾书》，载《皇明经世文编》卷165；另《林次崖先生文集》卷5，载《与翁见愚别驾书》有同样记载。

香料交换商船所需的补给。这也使大量香料未经统计绕开官府的控制流入市场。

从17世纪开始，荷兰人取代早期来到东南亚地区的葡萄牙人垄断了该地区的香料贸易。荷兰殖民者决定了最适于控制香料生产的地方——例如安波伊纳专种丁香，万打专种荳蔻，特尔纳特专种腊梅——并且无情地破坏马六甲其他岛屿一切别的树木，从而把这些口岸的贸易据为己有。①除了建立殖民地之外，荷兰商人更多地是通过各地的商馆来控制亚洲地区的香料贸易。当时的荷兰商馆遍布锡兰、波斯及巴达维亚等地。而其中以巴达维亚最为重要，荷兰人以巴达维亚为贸易据点，集中大量胡椒、槟榔、蜂蜡等物运至广州港供应中国市场的需要。②据庄国土先生统计，"在18世纪30年代后期，荷兰人每年在广州销售约50万荷磅；在40年代，每年在广州销售胡椒达150万—200万荷磅；在50年代的某些年份，胡椒销售额高达300万荷磅。300万荷磅胡椒约值180000两，相当于荷人在广州购买的茶叶价值"③。

从18世纪开始，英国东印度公司也开始逐渐介入亚洲的香料贸易。"1738年'威尔士王子'号提前三个月到马辰，装载了3112担胡椒前往中国销售；'沃尔波'号也装载1943担胡椒至广州"④。"1770年3艘东印度公司的船只载着980吨胡椒从明古连出发前往广州。第二年，又有3艘东印度公司的商船作同样的航行……1807年，运到广州的明古连胡椒价值为92868两白银"⑤。英国人贩运香料的规模很快就赶上了荷兰商人，成为东南亚香料出口到中国的最重要中间商之一。在欧洲商人的"勤奋努力"之下，作为当时世界上最大的香料市场，东南亚"大部分香料都销往中国"⑥。

---

① H. B. Morse, *The Chronicles of the East India Company Trading to China* 1635-1834, vol. I, p. 14.
② B. P. P., Report from the Select Committee of the Lords on Foreign Trade, Trade with the East Indies and China, 1821, p. 295, Evidence by J. T. Robarts, Esq.
③ 庄国土：《16—18世纪白银流入中国数量估计》，《中国钱币》1995年第3期。
④ ［美］马士：《东印度公司对华贸易编年史（1635—1834）》（一），区宗华译，第260—264页。
⑤ 散见于《东印度公司对华贸易编年史（1635—1834）》第2卷，第327、432页；第3卷，第50页；第五卷，第571、578、591、604页。
⑥ ［德］贡德·佛兰克：《白银资本——重视经济全球化中的东方》，刘北成译，中央编译出版社2008年版，第147页。

第二节　德川幕府锁国与长崎贸易

当明清鼎革之际的中国处于海禁政策最严厉之时，日本则刚刚结束动荡的战国时代，进入德川幕府统治时期。德川幕府建立伊始，国内统治并不稳定。西南大名在战国时代就已经与葡萄牙、英国以及荷兰商人有所接触，基本上控制了当地的海外贸易，并从中获得巨额利润。地方大名实力的增长显然是不利于德川幕府的封建统治的，除此之外，在西南大名的庇护下开展传教活动的葡萄牙传教士成果斐然，不但大量底层人民信仰基督教，甚至一些大名也被发展为教徒，将自己的资金与土地贡献给教会，这严重影响了日本固有的神国观念，也削弱了幕府的权威。德川幕府出于维护其封建统治的需要，也开始逐步走上了"闭关锁国"的道路。

德川幕府延续了丰臣秀吉时代对基督教的态度，于1605年（庆长十年）开始驱逐天主教传教士及日本信徒，又与1623年（元和九年）关闭了位于平户港的英国商馆，驱逐全部葡萄牙商人及传教士。1624年（宽永元年），幕府又与西班牙断交，并禁止其商船来日通商到1633年（宽永十年），幕府正式颁布了第一道"锁国令"，规定："一、除特许船以外，严禁其他船只驶往外国。二、除特许船以外，不得派遣日本人至外国。如有偷渡者，应处死罪，偷渡船及其船主，一并扣留。三、已去外国，并在外国構屋营居之日本人，若返抵日本，应即处以死罪。但如在不得已之情势下，被迫逗留外国，而在五年以内来归日本者，经查明属实，并系恳求留住日本者，可予宽恕。如仍欲再往外国者，即处死罪。四、如发现有耶稣教蔓延之处，汝二人①应即前往诫谕。五、告发耶稣教教士者，应予以褒赏。告发人之功绩优良者，赏银百枚。其他告发者依其忠行情节，酌量褒赏。六、外国船只到来，应即呈报江户。并应按照往例，通告大村藩主，请其派遣监视舰船。七、如有发现传播耶稣教之'南蛮人'②或其他邪言惑众者，应即押解至大村藩之牢狱。……一六、……

---

① 日"汝二人"指长崎长官，德川幕府统治时期，在长崎设有两个长官共同治理。宽永十年为曾我、今村两人，宽永十三年为神原、马场两人。

② "南蛮人"指西班牙与葡萄牙人。

右列诸条，应各遵守查照办理。"① 这条禁令主要是针对日本国内出海贸易的船只，禁止奉书船②以外船只渡航，进一步强化幕府对贸易的管制力度。

1634年（宽永十一年），幕府颁布第二道"锁国令"，除重申了第一道"锁国令"的内容之外，长崎长官还根据幕府的指使精神发布长崎港口告示："一、禁止耶稣教教士进入日本。二、禁止将日本武器运往外国。三、除特许船以外，禁止日本人渡海前往外国。违背右列各条者，当即严惩。"③ 明确禁止外国传教士进入日本。

1635年（宽永十二年）、1636年（宽永十三年），幕府又连续颁布两道"锁国令"，进一步规定："一、严禁派遣日本船驶往外国。二、不得派遣日本人至外国，如有偷渡者，应处死罪。船及其船主，一并扣留，并备文呈报。三、已去外国并在外国构屋营居之日本人，若返抵日本，应即处以死罪。……八、搜捕耶稣教教士时，应仔细办理。虽船舱之内，亦须详加检查。九、南蛮人之子孙不得收留，此事务须切实严禁。若有违法收留者，本人应处死罪，其亲属亦须依罪行之轻重，各处刑徒。十、南蛮人在长崎所生之子女，以及接受此等子女作为养子养女之人，一律判处死罪。此外，匿救此等子女之性命，将其交送南蛮人；因而此等子女中，或有再来日本，或与日本通讯往来者。上述匿救者本人，应处死罪，匿救者之亲属，亦须按罪行轻重，各处徒刑。十一、禁止各级武士在长崎码头直接购买外国船之货物。……"④ 第三次和第四次"锁国令"除重申了禁止日本人未经允许离开日本、禁止传教士踏足日本之外，又进一步增加了对南蛮人子孙的规定，强化了幕府对海外贸易的管制力度。至1639年（宽永十六年），幕府颁布第五道"锁国令"，除之前规定的条款外，又禁止葡萄牙船只入港。随后的1641年（宽永十八年），幕府又将同基督教传教无关的荷兰人迁至长崎出岛，并废止了与东南亚地区进行贸易的朱印船制度。从1605—1639年，德川幕府用了34年的时间，连续颁布多道"锁

---

① 宽永十年"锁国令"共十六条，限于篇幅未能全列，第八至十六条为强化"丝割符制度"，详见张荫桐《1600—1914年的日本》，载《世界史资料丛刊初集》，生活·读书·新知三联书店1957年版，第10—11页。

② 奉书船即引文中所指特许船，即出海航行的日本船需持有幕府颁发的朱印状及老中签发的文书。

③ 张荫桐：《1600—1914年的日本》，载《世界史资料丛刊初集》，第11—12页。

④ 张荫桐：《1600—1914年的日本》，载《世界史资料丛刊初集》，第12—13页。

国令"，最终以长崎"一口通商"的方式，完成了全面的锁国。

日本的"锁国"是德川幕府幕藩体制的延伸。也只有在完成锁国之后，幕藩体制才能在与外界基本隔绝的前提下保持稳定，发挥维护幕府封建统治的效能。可以说，锁国体制是以加强对藩国的控制为根本目标的。尽管锁国限制了日本对外交往的范围与力度，但是德川幕府在对外关系方面并非全面而严格的自我封锁。在经济领域，幕府将长崎作为唯一对外开放口岸，以长崎为中心建立了与中国及荷兰的通商关系。在政治方面，幕府利用长崎港建立起海外情报收集制度，掌握海外，特别是邻国的政治局势。在这一背景下，长崎港的地位就显得尤为重要。

长崎港在幕府海外情报收集制度中的意义，主要是通过"唐船风说书"①的采集来实现的。日本现存于世的重要史料《华夷变态》一书中辑有大量的"唐船风说书"内容。②"唐船风说书"所记载，多为中国明末清初的情势记事、诏书、上谕、咨文、檄文、实务论策等。例如，"崇祯登天弘光即位"记载了明崇祯皇帝自缢后，福王朱由崧即位为南明皇帝等状况③；"崔芝请援兵"记载了南明朝廷派遣周崔芝乞师日本一事④；"郑芝龙请援兵"记载了南明将领郑芝龙乞师日本一事⑤；"吴三桂檄"记录了吴三桂讨满的檄文⑥；"郑锦舍檄"记录了郑经伐清的檄文等⑦。正如林春胜在《华夷变态》序中所写："崇祯登天，弘光陷虏。唐鲁才保南隅，而鞑虏横行中原。是华变于夷之态也。云海渺茫，不详其始末……尔来三十年所，福漳商船，来往长崎，所传说有达江府者，其中闻于公，件件读进之，和解之。"可见幕府对当时中国政治形势变化的关切。虽然德川幕府试图通过朝鲜以及琉球来重建对中国的官方信息渠道，但由于德川幕府始终没有加入以中国为中心的华夷秩序之中而致"云海渺茫"，"不详其始末"。在这一前提之下，通过"唐船风说书"获取中国的政治

---

① 国内外学术界对"唐船风说书"定义颇多，观其要旨即：来日中国商船在到达长崎港口后，由幕府派出唐通事询问入港商船船头后写成的报告书。
② 《华夷变态》流传至今，其版本主要有：内阁文库本，三十五卷，抄本；通行本，五卷，抄本，有两种；岛原松平家本，三十七卷，抄本；汉译本，不分卷，刊本；《崎港商说》，三卷，抄本。笔者所用为早稻田大学馆藏五卷本《华夷变态》，抄本。
③ 参见《华夷变态》（一），"崇祯登天"。
④ 参见《华夷变态》（一），"崔芝请援兵"。
⑤ 参见《华夷变态》（一），"郑芝龙请援兵"。
⑥ 参见《华夷变态》（二），"吴三桂檄"。
⑦ 参见《华夷变态》（二），"郑锦舍檄"。

情报就成了幕府有限的选择之一。

正因为此,幕府将来长崎贸易的中国商人向幕府当局提供"风说书",作为了"唐船"入港长崎展开贸易的必要程序之一。当时的中国商船入港后,长崎奉行下属专职官员会亲身登船,通过唐通事的翻译向商人询问中国形势,并将中国商人的解说记录下来制作成"风说书"。之后,长崎奉行会将"详细记录之草稿,上交审阅,如无异议,即要求誊清,誊清稿共上交三分。上呈(幕府),有印章一份;在府奉行留底,无印章一份;次方,留底一份"①。"唐船风说书"提交幕府后,"老中呈其大意,先考于御前进读,评议数日。尾张、纪伊两大纳言,水户中纳言亦登城,上述书简,春斋读之。因阿部对马守为当月轮值,故保管上述书简,每日出纳,每次亲自封缄,绝不许外人得见"②。当时有资格了解"唐船风说书"内容的,基本仅限于将军以及同为德川氏的"御三家"家主。也就是说,"唐船风说书"是德川幕府核心决策层才可以掌握的机密文件,是绝不许外人阅览的,是幕府最高层制定内外政策的重要参考,其意义十分重大。而收集"唐船风说书"的长崎港也就成为了德川幕府对外获取情报的重要渠道之一。

长崎在德川幕府建立之前在数个世纪里都是日本西南沿海大名与南蛮商人进行贸易的最主要港口。德川幕府建立之后,特别是1641年(宽永十八年),幕府将平户荷兰商馆迁至出岛,长崎"一口通商"的经济地位得以进一步巩固。幕府下达锁国令之后,长崎对外贸易对象仅限中、荷两国,主要出口商品包括贵金属、俵物、诸色物、粮食等。

一 贵重金属

这里所指的贵重金属为金、银、铜,而其中以银、铜的输出最多。日本在17世纪进入了大规模开发金银矿山的时期。金银产量的激增,促进了长崎港金银出口量的提高。③ 据德川家宣时期幕臣新井白石统计,"自德川氏执政,开始海舶互市以来,百余年间(1601—1708),我国宝货(指铜钱)流入外国已及大半。金货失1/4,银货失3/4,此尤指公开所

---

① [日]日浦廉一:《唐船风说书的研究》,载《帝国学士院纪事》第5卷第1号。
② 参见《华夷变态》(一),"郑芝龙请援兵"。
③ [日]小葉田淳:《日本矿山史の研究》,岩波书店1969年版,第4页。

知可以推算者"①。

长崎"一口通商"时期，从事黄金贸易交易的主要是荷兰商人以及中国商人。1640年（宽永十七年）荷兰商人从长崎运出金币大判300枚、小判21000枚。翌年，又"采购黄金20吨以应付哥罗曼勒鲁及士拉德所订购之货物"②。此后，荷兰东印度公司为维持其中转贸易的发展势头，开始长期从长崎赚取黄金以支付其在印度哥罗曼勒鲁及士拉德等地所订购之货物。1664年（宽文四年），郑氏控制下的台湾船及奥船也开始从长崎交易中获取大量黄金。在不到十年的时间，中国商人输出的黄金总额为59万7102两4步③。这些黄金中的绝大部分被用于南洋地区的商品交易，中国商人在这一系列贸易中"获得比黄金价格高出20%的利益"④。从17世纪后半期开始，日本经由长崎港出口的黄金数量开始下降，而白银则超过黄金，成为出口贵金属中的第一位。⑤

白银在长崎乃至在整个东亚区的贸易体系中有着举足轻重的地位。日本、中国、朝鲜以及东南亚很多国家的货币体系在很长时间里都以银本位为基础的。白银不但是衡量进出口商品价值的重要标准，也是进出口贸易的最主要支付手段。日本的白银曾一度大量输送到中国台湾、巴达维亚等东南亚及南亚地区，成为当地的流通货币。从事日本白银出口贸易的主力是当时郑氏台湾的商人。从1648年（庆安元年）至1667年（宽文七年）的20年间，长崎贸易中唐船货物的总输出额为30万8895贯，而其中白银的输出额为18万0340贯，占到输出商品总额的60%。⑥除了中国商人之外，荷兰商人为缩短转口贸易的货币支付流程，也会从日本获取白银用以支付荷兰东印度公司在巴达维亚、锡兰、波斯等地商馆所采购货物的货款。"1644年12月12日，夫雷德船田·采爱尔号于日本采购'士回德'银25000两运至巴达维亚"⑦，"1645年12月15日，长崎商馆长爱鲁舍拉克于日本运送'士回德'银81箱作为订货之补足银款转载于勒·诺尔多

---

① ［日］新井白石：《折焚柴记》，周一良译，北京大学出版社1998年版，第134页。
② 《巴达维亚城日记》（二），中国台湾省文献委员会1989年版，第243页。
③ 依据《长崎记》、《通航一览》统计，详见［日］山胁悌二郎《長崎の唐人貿易》，吉川弘文馆1996年版，第212页。
④ ［日］山胁悌二郎：《長崎の唐人貿易》，第221页。
⑤ 任鸿章：《近世日本と日中貿易》，六兴出版株式会社1988年版，第305页。
⑥ 依据《长崎记》统计。
⑦ 《巴达维亚城日记》（二），第439页。

士达号开往哥罗曼勒鲁"①。当时经由长崎港流出的白银数额巨大，甚至成了长崎港出口商品的主力，以至于德川幕府不得不颁布"贞享贸易令"，限制唐船及荷兰船的白银贸易额，然而"幕府针对白银流失海外所采取的一系列控制措施又促进了铜贸易的发展"②。

从某种意义上来说，江户初期的铜贸易是随着白银的限制输出而逐渐发展起来，贞享至元禄年间，长崎铜的输出量大为增加。清朝初建之时，由于铸币的要求，铜的需求量极大，但当时中国国内产铜甚少。1684年（康熙二十三年）铜价腾贵，按法定比价"每钱一千值银一两"，而"今每一两仅得钱八九百文"。③ 时任布政使王士祯言："近自洋铜（日本铜）不至，各布政司皆停鼓铸，钱日益贵、银日益贱，今岁屡经条奏，九卿杂议，究无良策，即每银一两抵钱一千之令，户部再三申饬，亦不能行，官民皆病。"④ 日本铜对清初钱价稳定的作用极为重要，中国与日本间的"生丝—铜贸易"建立起来，日本铜开始大量输入中国。

与此同时，鉴于"欧洲及亚洲各地铜贸易的景气"⑤，荷兰商人亦发现商机，开始从日本大量进口铜。1655年，荷兰本国铜价由每斤36盾涨至56盾，荷兰东印度公司开始加大了从日本采购铜出口至欧洲的规模。到18世纪初，日本出产的铜在阿姆斯特丹市场上仍起着重要的作用。当时欧洲采用铜本位货币体系的瑞典开始向南发展，荷兰就利用由东印度公司从日本进口的铜来操纵作为欧洲交易中心的阿姆斯特丹市场上商品价格，从中牟利。⑥ 正是因为铜的货币属性，中国与荷兰对日本铜的需求量在17—18世纪始终保持在高位。

二　俵物

俵物，是指用草袋包装的煎海鼠（干海参）、干鲍、鳝鳍（鱼翅）等三种海产品的统称，是专供出口的高级别的海产品。长崎贸易时期俵物贸易的发展，与德川幕府对贵重金属流失海外的控制有极密切的联系。作为

---

① 《巴达维亚城日记》（二），第444页。
② 任鸿章：《近世日本と日中贸易》，第305页。
③ 《清朝文献统考》卷14，钱币考二，浙江古籍出版社2000年版，第4974页。
④ （清）王世贞：《居易录》卷9，上海古籍出版社1987年影印版，第869页。
⑤ ［日］山胁悌二郎：《长崎の唐人贸易》，第216页。
⑥ ［日］速水融、宫本又郎编：《经济社会的成立17—18世纪》（《日本经济史》1），厉以宁等译，生活·读书·新知三联书店1997年版，第22页。

幕府将军德川家宣最重要的经济顾问，新井白石对日本贵金属的流出极其担忧。他认为金、银、铜的输出不似五谷粮食的出口，五谷粮食等商品可以不断生产，而贵金属"则似骨骼，不复重生"，以大量贵金属出口换取民生并非必需之物，是"以我有用之材，易彼无用之物，非我国万世之长策"①。在他的主持下，幕府开始进一步加大了对金银铜等贵金属的出口管制，进一步"抑制兴盛一时的铜输出，转而促进如'指甲毛发一类'有再生可能的渔业加工物（草袋包装等各种物品）的输出"②。长崎俵物贸易就是在这样的背景下逐渐发达起来。

俵物贸易主要在日清之间展开，荷兰商人虽亦出口俵物，但规模较小且次数有限。清初上海、宁波、南京等地对煎干海参的需求量很高③，当时人们将煎干海参视作人参的替代品，用于小孩身体虚弱。此外，中国江浙沿海一带对日本出产的昆布（海带）、鳁（乌贼类干制品的总称）、鸡冠草（草药的一种）、鲣节（鲣鱼）、千切干鲍（切片干鲍）、藤海鼠（藤海参）、干海老（干虾）等产品的需求量也很大。

中国商人大约是在1683年（天和三年）开始从长崎购入各类俵物的。当时一艘广南船一次购入俵物近300丸④；在此之前，1666年（宽文六年）也有暹罗船来到长崎购买鲣节及鳁。⑤ 1696年（元禄九年），长崎俵物出口总额大致在银240贯到250贯，幕府见俵物出口利润很大，开始有意识地推动俵物贸易。1711年（正德元年）幕府开始控制经由长崎出口的贵金属总量，俵物贸易额由此进入高速增长时期。仅1711这一年，俵物及诸色物的出口额就超过了2300贯，是五年前出口额的近10倍。享保年间，俵物出口额继续提高，1734年（享保十五年）幕府在长崎设立了专门从事俵物贸易的杂物替会所。⑥ 俵物贸易也成为长崎港口主要贸易输出品之一。

---

① ［日］新井白石：《折焚柴记》，周一良译，第134页。
② ［日］速水融、宫本又郎编：《经济社会的成立17—18世纪》（《日本经济史》1），厉以宁等译，第159页。
③ 参见《华夷变态》（下册）刊本，第2032—2033页、第2061—2113页。
④ 参见《华夷变态》（上册）刊本，第389—390页。
⑤ 参见《唐通事会所日录》（一）刊本，第53页。
⑥ 关于长崎俵物贸易具体研究，请参考［日］宫本又次《长崎贸易における俵物役所の消长》，载《九州经济史论集》。

三 诸色物

诸色物原本泛指种类繁多的杂货。从元禄年间开始,诸色物中的海产品交易额开始增加,昆布、鸡冠草、天草、鳂等出口大增,因而被划分为广义上的俵物。在这之后诸色物一般多指艺术作品或装饰物。其中多以莳绘品、铜制品及锌铜合金制品等装饰品、生活用品以及摆件居多。据《唐蛮货物帐》记载,1711年(正德元年)长崎输出诸色物品目最为丰富,其中莳绘类制品49件;铜制品17件,含赤铜制品6件;锌铜合金制品16件;塗制品18件,含黑塗制品5件、赤塗制品2件、朱塗制品2件;烧物9件;此五类占输出诸色物的大多数,另包括其他物品30件,共130件。长崎港口诸色物的输出,从数量上来说,远不及贵重金属、俵物及粮食,但诸色物以其多样的输出种类成为长崎贸易中又一主要输出品。

四 粮食

德川幕府初年,在长崎港从事粮食贸易的主要是荷兰商人。从日本购买粮食是荷兰东印度公司"中转贸易"中的关键一环。"中转贸易"需要能够构成贸易网链的多个商业据点,通过维持不同货物在各个商业据点的中转流通来获得巨额收益。17世纪的荷兰商人能够成为"海上马车夫",与其在日本、南亚、东南亚、中东波斯等地区建立众多商业据点,并维持货物在各个商业据点之间舒畅流通不无关系。若想维持各个商业据点的正常运作,补给是必不可少的。而从荷兰本土向遍及亚洲的商业据点进行补给无异于天方夜谭,因此从亚洲本地的产粮区采购粮食,运送到各地商业据点进行补给就成了荷兰商人的唯一选择。也因此,长崎港的粮食贸易对荷兰商人的的意义就显得尤为重要。

1661年5月,荷兰印度参事会在讨论物资供应时提出,为维持其在巴达维亚及印度等地商馆的贸易运转,日本之"米及小麦,可无限采购"①。同年7月,夫罗伊特船纽波特号在运送巴达维亚订购的货物之外,又尽可能购入了白米及小麦超过300包。② 12月,亚哈特船胡格兰德号及夫罗伊特船卢斯比宁号、白鹭号自长崎出发开往台湾,载有"米1000袋、

---

① 《巴达维亚城日记》(三),第215页。
② 《巴达维亚城日记》(三),第236页。

小麦 1600 袋、硬面包 30000 斤、蚕豆 1000 袋、Cadian 豆 150 袋、稻谷 50 袋、盐 800 袋"①。同月 6 日，又有亚哈特船霍夫兰德号及夫罗伊特船卢斯比宁号、白鹭号满载运往台湾的粮食，包括食米 200 袋、蚕豆 100 袋、豆 150 袋、稻谷 50 袋、大麦 50 袋、盐 800 袋、咸鱼 100 袋、火腿 270 袋、酱油 20 桶、活猪 77 头、活鸡 200 只、鸭子 100 只、山羊 9 头②。同日，又有荷兰商船运载粮食开往马六甲，其中"夫罗伊特船 Buyenskerke 号载有食米 300 袋；Goeree 号载有小麦 1220 袋；Hert 号载有小麦 1400 袋；Nieupoort 号载有食米 200 袋、小麦 1430 袋"③。从 1661 年开始，每年均有大量荷兰商船自长崎搭载所采购之日本食品运往台湾、巴达维亚等地。

第三节　朝鲜王朝闭关与釜山贸易

17 世纪的中日两国相继构建了自身的"锁国体制"，而同一时期的朝鲜却仍未摆脱"壬辰战争"的阴霾。16 世纪末，丰臣秀吉发动壬辰战争入侵朝鲜。这场战争给朝鲜带来了巨大的伤害的同时，也是 17 世纪初朝鲜被动陷入"南北交困"国际格局的重要原因之一。壬辰战争之前，朝鲜的外交与贸易对象仅限于宗主国中国以及临海相隔的日本。壬辰一役，日本之于朝鲜乃"万世必报之仇"，朝、日两国的"通信"交往就此断绝；与此同时，中国东北地区建州女真势力迅速崛起，令明朝政府逐渐丧失了对周边藩属国的控制，朝鲜与明朝之间的外交与贸易往来亦被迫中断，朝鲜在一定程度上已经陷入了外交隔绝的状态。

壬辰战争期间，日军极尽侵略之能事，在朝鲜大肆破坏。据《朝鲜宣祖实录》记载："礼曹启曰：'……园陵久为贼薮，焚掘之变，在处皆然，惨不忍言。'"④ 且"勿论老少男女，能步者掳去，不能步者尽杀之，以朝鲜所掳之人，送于日本，代为耕作，以日本耕作之人，换替为兵，年年侵犯"⑤。更有甚者，侵朝日军甚至挖掘朝鲜王陵，盗取王陵中的宝

---

① 《巴达维亚城日记》（三），第 257 页。
② 《巴达维亚城日记》（三），第 265—266 页。
③ 《巴达维亚城日记》（三），第 267—269 页。
④ 《朝鲜宣祖实录》，宣祖二十六年正月壬午条。
⑤ 《朝鲜宣祖实录》，宣祖三十年十月庚申条。

物。① 这一系列行径导致朝鲜国内仇日情绪极为强烈。朝鲜宣祖不但声称日本乃朝鲜万世必报之仇，更谕令朝野"凡以和为说着，此乃奸人所为，必先斩枭首"②。朝鲜方面也就此终止了与朝鲜的外交贸易往来。

壬辰战争结束未久，明朝东北地区建州女真势力迅速崛起。努尔哈赤用二十余年完成对女真各部的统一，于1616年（万历四十四年）建国。女真的崛起引起了朝鲜政府的担忧。朝鲜政府很早就认识到，努尔哈赤的崛起必然会成为宗主国明政府的肘腋之患，自己作为明朝藩国，虽然有与宗主国"合力以守之"的义务，但未必能阻挡努尔哈赤南下的脚步。朝鲜与女真之间"区区一带之水"，一旦冬天河水结冰，女真铁骑"长驱直捣之患，安保其必无乎"③。在这种担忧之下，当壬辰战争正酣之时，努尔哈赤向明政府请求出兵援朝抗倭的消息传来，朝鲜上下大为恐慌，认为努尔哈赤援朝或可导致朝鲜亡国的结果，于是乞求明朝政府"即明饬凶徒，痛破奸计，杜外胡窥觊之渐"④，坚决拒绝努尔哈赤的援军。实际上，在朝鲜与明联军对抗日本侵略之际，朝鲜在北部边境一直与女真摩擦不断。朝鲜曾以投降倭寇为先锋攻打女真易水部，"尽歼胡人老少，死者七八百口"⑤。这种局面正如诚如朝鲜史臣所言："北虏有窥发之凶，南贼稔再寇之谋。"⑥ 朝鲜同时面临南北压力，与中日外交贸易断绝，虽无"锁国"之名，却有"锁国"之实。虽然朝鲜艰难努力地与宗主国明朝之间保持必要的朝贡往来，但巨大的外交与贸易压力还是迫使朝鲜在日本寻求改善日朝关系的时候做出一定的妥协。

在日本对马藩的斡旋之下，1604年，朝鲜以礼曹参议的名义致书对马藩，表示允许对马藩继续从事对朝贸易，甚至表示"日本若能自此更输诚意，始终不息，则帝王待夷之道，自来宽大，天朝亦岂有终绝之理哉，唯在日本诚不诚如何耳"⑦。与此同时，朝鲜政府也派遣惟政为"探贼使"赴日交涉朝日恢复外交的可能性。在对马藩的努力下，朝鲜以

---

① 汪向荣、汪皓：《中世纪的中日关系》，中国青年出版社2001年版，第305页。
② 《朝鲜宣祖实录》，宣祖二十六年三月辛未条。
③ 《朝鲜宣祖实录》，宣祖二十八年九月癸巳条。
④ 《朝鲜宣祖实录》，宣祖二十五年九月甲戌条。
⑤ 《朝鲜宣祖实录》，宣祖二十七年三月己卯条。
⑥ 《朝鲜宣祖实录》，宣祖三十九年十月戊戌条。
⑦ 《朝鲜通交大纪》卷4，万松院公，庆长九年条；《通航一览》卷27，朝鲜国部二。

"礼曹谕文"的形式许可"俾马岛倭人等遵照谕贴内事意"①,允许对马藩商人在釜山从事贸易。

1609年,对马藩与朝鲜政府达成《己酉约条》,约条规定了对马藩在朝贸易货物的种类、贸易时间、贸易船只规格等具体事项。② 1611年9月对马藩的第一艘岁贡船来到釜山,因丰臣秀吉发动侵朝战争而一度中断的朝日贸易关系又重新恢复,因而也形成了釜山港口"一口通商"的贸易格局。与此同时,朝鲜政府出于"倭人狡诈"的认识,也以釜山港口为窗口,通过釜山"倭馆贸易"收集、打探日本国内情报。据《承政院日记》载:"睦性善以备边司言启曰:'今此差倭之来,虽以调兴、玄方物为言,而彼自江户而来,实未知到馆之后,更有何等说话;而至于平成连三年在馆,备知国情,今忽入归,代以他人,其间事情,亦所难测。"③即朝鲜方面通过釜山"倭馆贸易"探知平智连将接替"三年在馆,备知国情"的平成连进驻釜山倭馆;另据清崇德四年倭情咨报记载:"朝鲜国王为传报倭情事。本年八月初六日,东莱府使李民寏牒呈,据庆尚道观察使李命雄状启,节该七月二十九日倭差平智连、藤智绳等持岛主书自倭京来,即遣译官洪善男、李长生等就馆相见。平智连等称,去年大君有疾,久不听政,今春始瘳,山猎船游,与前无异。岛主辄得陪侍,连被恩赏,此诚一岛之荣幸。而大君左右用事之人,需所贵国土产甚多,稍违其意,谗谤随之,此岛主之深患之……"④即朝鲜政府通过釜山港口"倭情咨报"制度收集日本国内政况信息。"一口通商"的釜山港也就此与长崎一样,成为了朝鲜获取外部情报信息的主要窗口。

---

① 详见《古事类苑》,外交部九,朝鲜三。
② 《己酉约条》共规定十二条贸易约条,详见《朝鲜通交大纪》卷5,万松院,庆长十四年条;《东莱府接倭事目抄》,万历三十七年五月条。
③ 《承政院日记》,崇祯十二年六月十七日条。
④ "清崇德四年倭情咨报"原文详见《清太祖实录》,崇德四年九月乙丑条。

第二章

外来冲击与东亚国家开港

东亚地区的国家形态迥异于西方,也与美洲、非洲的情况截然不同。欧洲国家对亚洲的殖民虽然较早,但更多地集中在东南亚地区以及南亚地区。对于国力更为强盛的中、日、朝三国,西方国家始终无法找到有效的渗透办法,贸易也长期处于入超状态。直到19世纪中叶,英美等国才相继找到打开东亚国家国门的办法,中、日、朝三国亦在外来武力冲击下先后开港。

第一节 英国主导下的中国开港

一 中英鸦片战争

17世纪的中日朝三国相继实施闭关锁国的政策,将东亚地区隔绝于高速发展的世界之外。而在同时代的西方,地理大发现以及新航路的开辟为大规模商品生产奠定了市场与原料基础,工业革命又带来全新的生产方式与生产关系。在极短的时间里,西方世界的经济面貌已经大为改观。有资料显示,在工业革命之前,世界经济年增长率常年没有明显变化,而1780—1830年,世界工业年增长率达到了2.6%,世界贸易年增长率接近1.4%。这种变化主要依赖各主要资本主义国家生产力的提高,资本主义生产方式显著提高了欧洲各国的经济实力,以英国为代表的西方国家也就此逐渐确立了对世界经济的统治地位,对东亚的殖民掠夺随之展开。

中英贸易往来由来已久。在明清两代"一口通商"时期,英国商人已经在广州从事茶叶、棉布、生丝、瓷器等商品的出口贸易。这些商品经由英国商船运抵欧洲,为英国商人带来了巨额利润。17世纪末,英国商人逐渐取代了荷兰与西班牙商人,成为在中国通商口岸最为活跃的商业力量。当时英国商人几乎垄断了中国与欧洲之间的茶叶与瓷器贸易。特别是茶叶,随着英国殖民地的扩张,成了世界最流行的饮料之一。茶叶的大量出口使得英国与中国之间的贸易入超极为严重,大量白银流入中国,也令英国主导的世界贸易金融体系面临银价腾贵,通货紧缩的局面。而同时期英国的工业产品在广州市场上销路不畅,贸易入超以及海外银价高企的问题也始终无法解决。直到英国商人发现,鸦片贸易可以从中国换取大量白银,英国与中国之间贸易入超的问题才得到了缓解,国际市场的白银价格才得以稳定。

鸦片贸易对于英国商人来说是利益巨大的,但是鸦片的大量进口对于中国民众的身心健康造成了极大的伤害。白银大量外流,也影响到中国的金融稳定。清政府因此曾多次下令民间不得吸食鸦片,并且要求广州海关严禁鸦片进口,但在巨大的利益面前,英国商人要么将运送鸦片的商船停泊在广州外海,通过中国船只避开海关转运入港,要么就直接贿赂清政府海关人员违法走私进口。当时英国政府派驻在中国的商务官员也故意包庇英国商人的违法行径。1839年6月,钦差大臣林则徐在广东虎门集中销毁从英美商人手中收缴的鸦片。7月,英国水兵在九龙尖沙咀酗酒并致村民死亡,英国商务总监义律拒不交出凶手。英国商人与清政府之间的关系更为紧张,同年8月,林则徐下令中断中英贸易,中英之间的矛盾进一步扩大,于当年11月爆发了武力冲突,即穿鼻洋之战。而在此之前,英国内阁已通过决议,要以战争手段"保护"其在中国的商业利益。1840年6月,由47艘舰船和4000名陆军组成的英国远征军,在英国海军少将懿律(Anthony Blaxland Stransham)的指挥下,驶抵珠江口海域,封锁了广州港。林则徐等人在广东沿海布防严密,战事一度焦灼。英国舰队遂利用其机动优势北上驶抵大沽口。清政府上下大为震动,道光皇帝对于战争的态度也由战合不定转为求和。

1841年1月,琦善因擅自与英国签订《穿鼻草约》而被道光皇帝罢免。8月,曾殖民印度的男爵璞鼎查指挥英国舰队离开香港,发起第二次大规模进攻,占领厦门。10月,攻占定海、镇海、宁波。时英军兵力不足,遂停止进攻,等待援军。

1842年3月,清军展开反攻,但浙东诸战均告失利。道光皇帝指派盛京将军、龙渊阁大学士耆英为钦差大臣,全权负责与英国议和。同年

6月，英军攻占吴淞；7月，攻占镇江之时，英军按照既定计划，意图沿长江而上，控制中国主要航运水道，截断北京与江南之间的漕运，令江浙富庶地区的税收与漕米无法抵达京畿重地，以此为要挟，攫取更多利益，英军根本无意停战。8月初，英军兵临南京城下，在燕子矶登陆。英军的突然出现令南京城陷入混乱，清军未战先怯，清政府不得不求和乞降。

二 《南京条约》对中国城市经济的影响

对于中国来说，鸦片战争及《南京条约》的签订，不仅是割地赔款、国家主权流失的耻辱，还意味着面对三千年未有之大变局，古老的传统社会正在被迫向近代社会转型。对整个亚洲来说，中国作为东亚国家关系体系的核心，中国的开港与开埠带来的影响也同样巨大。日本与朝鲜都对中国在鸦片战争中的战败感到震惊，在同样面临西力东渐压力时，两国统治阶层都试图从中国的战败中吸取教训，却选择了两种不同的应对方式。中、日、朝三国之间的关系也因此出现了一些新的变化。

《南京条约》是东亚三国与西方国家签订的第一个遵循近代外交原则的条约。《南京条约》签订之后，中国的经济形势发生了巨大的变革。英国通过条约从中国领土上割取了香港，获得了对华贸易与殖民掠夺的据点，英国商人以及随之而来的其他欧美商人开始通过沿海开放口岸向中国内地大肆倾销商品，中国的自然经济结构遭受了前所未有的冲击。清政府以大量白银支付战争赔款，"每年预付战争赔款达七千多万元，为了赔款，清政府大幅提高各种税收，每年附加的税收额相当于道光一年税收的好几倍"[①]。与此同时，进口包括鸦片在内的外国商品又导致中国的白银大量流出，加之海关等重要部门受制于人，中国的经济发展面临前所未有的阻力，普通百姓的生活愈加困苦。在鸦片战争之前，中国南方沿海一带手工业发展较快，而廉价洋行洋货的涌入造成了中国手工产品的滞销，许多手工业工场纷纷倒闭。仅以棉纺织业为例，鸦片战争前松江、嘉定一带曾经是江南最重要的棉布生产地区，"往者匹夫匹妇，五口之家，日织一匹，赢钱百丈，自洋布盛行，土布日贱，计其所赢，仅得往之半耳"[②]。

[①] 王仁忱：《中国近现代史》，上海人民出版社1984年版，第35页。
[②] 杨振福：《嘉定县志》卷8，第16—17页。

据统计，1840年，中国进口的棉纱数量3万余担，仅占到市场总量的0.4%。① 而到了1894年，中国进口机制棉纱的数量已经超过70万担，占到当年市场棉纱总量的24%。② 在此之前的1890年，中国进口机制棉纱的数量已经突破了百万大关，达到108万担，这一数字约相当于160万手工纺纱工人的年产量。③ 如此巨大的棉纱进口数量对中国传统的手工棉纺织业的打击是巨大的，大量原本从事手工棉纺织业的工人纷纷失业，许多原本手工业发达的地区不得不经历生产方式转型的巨大痛苦，社会矛盾丛生。《南京条约》令西方国家获得在中国沿海口岸传教的权力。不同宗教信仰之间激烈的冲突进一步动摇了中国传统社会的稳定结构。据统计，"从鸦片战争到义和团的60年间，由传教士激起的教案共达400余起，在1870年前后江苏、江西等省几十个城市和广大农村几乎都发生了暴动。"④

《南京条约》规定的通商口岸是第一批面对巨大经济社会变革的中国城市。1842年8月29日，停泊在南京江面上的英国军舰"康华丽"号上，中英两国政府代表正式签署了《南京条约》。据此，英国在中国获得了第一块殖民地香港，并得以"立法治理"，此外，清政府还被迫开放了广州、福州、厦门、宁波、上海五处贸易港口为通商口岸，《南京条约》规定，"自今以后，大皇帝恩准英国人民带同所属家眷，寄居大清沿海之广州、福州、厦门、宁波、上海五处港口，贸易通商无碍；且大英国君主派设领事、管事等官住该五处城邑，专理商贾事宜，与各该地方官公文往来；令英人按照下条开叙之例，清楚交纳货税、钞饷等费"⑤。这一条款不但明确规定要向英国开放五口通商，更是将派驻领事、英国商人按照议定的条款缴纳货税钞饷作为开放通商口岸的条件。关于"货税、钞饷"，《南京条约》又规定，前第二条内言明开关俾英国商民居住通商之广州等五处，应纳进口、出口货税、饷费，均宜秉公议定则例，由部颁发晓示，以便英商按例交纳。根据条约这一部分的规定，英国实际上获得了与中国

---

① 徐新吾：《近代中国自然经济加深分解与解体的过程》，《中国经济史研究》1988年第1期。
② 陈善本、苗士亮：《晚清沿海农村经济的遭遇和命运》，《乐山师范学院学报》2007年第1期。
③ 张建磊、刘蕴莹、程隆棣：《鸦片战争后中国手工棉纺织业的衰落及原因》，《丝绸》2017年第9期。
④ 郑师渠：《中国近代史》，北京师范大学出版社2007年版，第127页。
⑤ 王铁崖编：《中外旧约章汇编》第一册，生活·读书·新知三联书店1957年版，第31页。

政府议定关税的权利，中国的主权遭到了损害。

"五口通商"对于中国社会的影响是深远的。中国的社会性质与经济结构都发生了巨大的改变。对于以英国为首的西方列强，"五口通商"是其梦寐以求的"胜利"。中国放宽了对外国商品进入中国的控制力度，西方国家就可以通过"自由贸易"进一步占领中国市场，改变对华贸易入超的局面。而对于中国的近代城市发展来说，"五口通商"之后，广州港乃至整个广东地区在中国经济结构中的重要地位开始下降。与广东在进出口贸易领域的衰落相对应的，则是上海的快速崛起。依托长江三角洲富庶的农业、制丝业与长江黄金水道，上海逐步取代了广州港在东亚国际贸易的领先地位。

第二节　美国主导下的日本开港

一　欧洲国家对日冲击及幕府的对应

德川时代实行闭关锁国政策，使日本保持了两百多年和平稳定的发展。应该认识到，大君外交体系作为锁国体系的重要一环在其中也发挥了一定的作用。但是大君外交体系不可能超越时代的局限，也不能割断与日本国内封建制度之间的联系而独立产生某种近代性。即便是对外交往的模式与制度，也必然要为体制性的"锁国"封闭服务。而在日本以及东北亚自我封闭的时间里，世界日益朝向经济文化联系更紧密的趋势发展。到19世纪中后期，保持一种体制上的封闭，已经不能再有效地应对"西力东侵"的外交课题。大君外交体系，甚至幕藩体系都必须做出必要且适当的调整以应对"前所未有之局面"。1853年美国"黑船"的出现给了这一调整一个历史性的契机，无论偶然与必然，历史都在这一时刻给了地处东北亚一隅站在"世界"之外长期锁国的日本，一个打开国门还是继续闭关自守的抉择。

16世纪以来，西欧殖民国家纷纷在印度和东南亚建立殖民据点，并开始北上东北亚活动。在开展贸易、传教、伺机占领土地的同时，对中日韩等国发起"西力东渐"的冲击。到了18世纪，欧美列强冲击日本的行动越来越活跃。从1794—1823年的30年，欧美列强的舰队来日活动有19次，其中俄国8次，英国8次，美国3次。而从1824年到1854年增加到30次之多。其中英国11次，美国10次，俄国6次，法国2次。① "自1640年起到1853年潘理海军准将来临时止，就对外交通而言，日本一直是酣睡未醒。"② 服部之总将培理率"黑船"来日之前的日本外交问题划分为三个时期。第一个时期指18世纪70年代以后的北方问题，它开始于17世纪以来的俄国对远东殖民地的经营；第二个时期指1825年幕府颁布"外国船驱逐令"开始到第一次鸦片战争结束；第三个时期指从鸦片战争后到培理舰队访日。③

俄国早在18世纪初期就对日本表示出浓厚的兴趣。"沙皇俄国因为染指日本北方领土而成为列强中最早冲击日本的国家，充当了向锁国日本叩关的急先锋。"④ 沙皇彼得一世于1681年继位后，极力推行领土扩张和寻求出海口的东进计划。1699年，俄国人在堪察加当地居民的一个部落里发现了一位大阪出生的商人，名叫传兵卫。1702年，彼得一世在彼得堡亲自召见传兵卫，让他教授俄国人日语，以培养对日翻译人员。⑤ 1778年，俄国来到北海道要求与虾夷族通商。1792年，俄国官方首次派遣拉克斯曼使节团前来日本。舍利科夫则计划向千岛群岛移民，并于1794年首先开拓得抚岛。⑥ 1804年，俄国使节列扎诺夫来到长崎，还随船带来了4个日本漂流民。幕府虽然接受了俄方送来的漂流民，却粗暴地将俄国人赶走，这是因为当时的日本人"还没有对本国漂流民受到照顾表示感谢的那种国民性的连带感"⑦。1853年7月，俄国海军司令普提雅廷率领的4艘军舰抵达长崎，要求日本划定国界以及开国通商。幕府答应2—3年后解决，而普提雅廷因克里米亚战争即将爆发而匆匆离去。随后，战争爆发，俄国遂放松对日冲击。

第一次鸦片战争结束后，英国试图借战胜中国的余威，对日施加压力。"鸦片战争带来中国开港，（英国）与日本接触的机会增多，加大了对日本的关心。"⑧ 1845年，英国军舰"萨马兰号"驶抵长崎执行海洋测

---

① ［日］信夫清三郎：《日本外交史》1，东京每日新闻社1964年版，第19页。
② ［美］马士：《远东国际关系史》上册，姚曾廙译，商务印书馆1975年版，第43页。
③ ［日］服部之总：《幕末的世界形势及外交事情》，岩波书店1932年版，第17—18页。
④ 万峰：《日本近代史》，中国社会科学出版社1981年版，第25页。
⑤ ［日］内藤智秀：《俄国的东方政策》，目黑书店1942年版，第118页。
⑥ ［日］信夫清三郎：《日本政治史》第一册，上海译文出版社1982年版，第111页。
⑦ ［日］波多野善大：《东洋的历史》第10卷，载《东亚的开国》，人物往来社1967年版，第140页。
⑧ ［日］石井孝：《日本开国史》，吉川弘文馆1981年版，第5页。

量任务。1849年，英国测量船"海员号"访问了浦贺和下田两地，进行测量。英国驻清朝首席贸易官德庇时爵士打算制订对日通商计划，并获得本国外交大臣授权，然而没有成功。① 当时，日本市场不具备堪与中国市场相匹敌的吸引力，因而英国并不急欲动用武力来迫使日本开国。到了19世纪50年代，英国面临国际事务中的多事之秋。1853—1856年发生的克里米亚战争，1856年爆发的第二次鸦片战争，1857—1859年的印度民族大起义，都令英国手忙脚乱，无暇顾及日本。法国人到日本活动相对较晚，大致始于服部之总所说的第二个时期。1844年3月和1846年5月，法国军舰先后两次驶抵琉球王国的那霸港，使命是要求与琉球之间缔结商约，并保护到琉球传教的传教士。琉球当地官员拒绝了法国的要求。法国舰队随后又驶抵长崎港，要求对遭遇海难的法国船员给予良好待遇。幕府在法国海军的威逼下，采纳萨摩藩的建议，接受了法国的要求。在长达近200年的锁国时期，幕府允许荷兰在长崎进行"出岛"贸易，长崎成为日本了解海外情况的窗口。荷兰政府于1844年派特使到日本，向幕府将军递交威廉二世的国书，劝告日本开国。国书详述了中国在鸦片战争中彻底战败而媾和的情况，指出："我们对于日本的将来，不禁忧心忡忡。"然而，幕府以"祖法乃历世之法"不可更改为由加以回绝。② 1852年，荷兰政府向日本派遣新的商馆长。商馆长向长崎奉行提出了"日荷通商条约方案"。这个方案是临时性质的，提出开港地仅限长崎一港，进行"会所"贸易，规定外国官员进驻长崎。然而幕府决定不考虑荷兰的条约草案。

1825年幕府老中松平定信发布"异国船驱逐令"，要求沿海诸藩将驶近日本海岸的外国舰船赶走。然而，清朝军队在第一次鸦片战争中节节败退的消息，很快传到长崎奉行那里，并立即报告给幕府当局。这场战争给日本带来极大的冲击和震动。但是，"日本对邻国的这种不幸并未给予任何声援，而只是做出袖手旁观，隔岸观火的姿态"③。鸦片战争这一前车之鉴，促使德川幕府必须调整固有的锁国政策。"鸦片战争和太平天国革命是近代中国向锁国日本频频发出的强烈警报，引起了巨大反响，促使日

---

① ［日］石井孝：《批判学说明治维新论》，吉川弘文馆1962年版，第86页。
② ［美］丹涅特：《美国人在东亚》，姚曾廙译，商务印书馆1959年版，第223页。
③ ［日］小西四郎：《开国与攘夷》，中央公论社1974年版，第6页。

本国民从闭关自守的迷梦中苏醒过来。"①于是，幕府于 1842 年 8 月下令撤销"异国船驱逐令"，改为向外国船只提供燃料、饮水、粮食后令其离开的"薪水给与令"，允许对遇难的外国船只给予救助。巧合的是"薪水给予令"与《南京条约》的签署几乎同时进行。换言之，尽管中日两国不约而同地被迫修改锁国政策，但是，比起清政府来说，蓄意避战的日本幕府显示出了一定程度的灵活性。

二　美日交涉与培理初次访日

一般认为最早访日的美国人是培理及其"黑船"② 舰队随员。其实，此前已有许多官方或非官方的美国人造访过日本。最初航行到日本的是两艘商船，即"华盛顿夫人号"和"天恩号"，都是于 1791 年漂流到纪伊国（今和歌山县）南端的一个大岛上。此后，第一艘真正进入日本的美国船是波士顿的"富兰克林号"。因为当时幕府厉行禁止天主教的方针，该船在接近日本沿海时得到一项指示："人民和官员的一切书籍，特别是宗教书，在临近日本的时候，必须装箱钉死；岸上来的官员会在箱上加贴他们的封条，起运上岸，待船舶离埠时，再原封搬运到船上。"③

1803 年，美国第一次要求与日本直接通商，遭到幕府拒绝。1833 年，洛比兹从巴达维亚向美国政府呈报说："我对于得自此间具有头等信誉的商人方面的消息，深信不疑，据说如果调度得益，日本各主要口岸必会对美国贸易全部开放。美国人是唯一可以办到这一点的人。葡萄牙人和西班牙人都依照帝国法律永远被排斥在外……"④ 洛比兹回国后，于 1834 年向美国国务院建议：拟议的沟通日本之举，应该由一艘国家船舶来进行，目的地最好是靠近政府所在地。虽然全面贸易会被拒绝，但是作为一个开端看来大概是可能的。洛比兹对时局的分析很到位，其看法亦很有前瞻性，比如他认为美国是唯一可以使日本开港通商的国家。而美国政府后来的行动也证实了这一点。

1837 年，美国船"摩理逊号"驶抵江户湾要求与日本通商。然而，幕府命令该船驶离日本，继而各炮台便对美国船进行炮击。为打开和幕府

---

① 沈仁安：《日本史研究序说》，香港社会科学出版社 2001 年版，第 272 页。
② 当时美国军舰将船体涂成黑色，日本人称为"黑船"。
③ ［美］丹涅特：《美国人在东亚》，姚曾廙译，第 213 页。
④ ［美］丹涅特：《美国人在东亚》，第 214 页。

当局的来往，该船又在鹿儿岛做了第二次努力。但是，祸不单行，该船再次遭到炮击。1845 年，美国国会议员普拉特向政府建议敦促日本开国。1846 年，美国派东印度舰队司令准将毕德尔赴日要求建交通商。毕德尔率同"哥伦布号"和"冯森兹号"军舰于该年 7 月驶入江户湾，询问日本政府是否愿意开放它的口岸对美国人通商。日方对此加以回绝。1849 年，美国又派海军准将格林去日本交涉，但是均未成功。美国学者丹涅特认为："美国人往往在日本遭受虐待的原因，乃是由于日本当局或许鉴于在日本出现的美国人数越来越多，以致疑心美国方面心怀叵测，正派遣间谍进入帝国。"①

值得关注的是，虽然英国在世界资本主义市场形成的过程中处于核心地位，但是在日本开国进程中扮演主角的却是美国。美国在 1846—1847 年的墨西哥战争中将加利福尼亚纳入版图，成为横跨两洋的国家；广阔的西部土地吸引大量的移民，1800 年到 1850 年，美国人口从 530 万增至 2300 万以上。② 随着金矿的发现及由此而产生的"淘金热"使美国人将视线投向西部，因为在太平洋的彼岸，有一个崭新的市场——中国。种种原因促使美国比任何国家都更加迫切地要求日本开国。

当时的蒸汽轮船是低压的单气筒式，续航能力不强，如果保证这条航线畅通无阻，则需要在中途补给煤炭和淡水。另外，当时很多美国捕鲸船在北太平洋和日本近海捕鲸。因而，美国一直想建立捕鲸船队的供应补给基地。1851 年 11 月，美国代理国务卿康拉德发布训令给海军准将培理，其中提到：日美两国的交往已经大为频繁，且其日后的扩展是不可限量的；对于这个民族所作的一切说理或劝解之词，除非助以武力的宣扬，是绝对不会有用的；美国总统甚愿和皇帝和平友好相处，但是，如果日本改变它并视美国人民为仇敌的政策，则两国之间自无友谊可言。③ 当然，培理也受到告诫，要避免一切挑衅行为。除非人身受到威胁而做出自卫行动外，不得诉诸武力。

1853 年 7 月 8 日，培理率领 4 只"黑船"组成的舰队驶抵日本，停泊地点在江户湾入口处的浦贺鸭居冲。④ "日本人……这桩事虽已先有所

---

① ［美］丹涅特：《美国人在东亚》，姚曾廙译，第 219 页。
② 周一良、吴于廑：《世界通史·近代部分》（上册），人民出版社 1972 年版，第 396 页。
③ ［美］丹涅特：《美国人在东亚》，姚曾廙译，第 228—229 页。
④ ［日］松信太助：《横滨近代史综合年表》，有邻堂 1989 年版，第 2 页。

闻，但并未预作任何攻守的准备，以致培理率同所部黑船一到，日本朝野一致惊慌失措。"① 王室立即敕令巫祝僧侣祈祷外国人退去，幕府也马上下令在品川一带构筑炮台，命令诸藩严整武备。幕府向培理传达在长崎进行交涉的意见，而培理极力主张在幕府的所在地江户交涉。美舰开始测量江户湾，并驶向金泽的小柴冲，打算确认一下"在江户湾深处航行大型军舰的可能性"②。

幕府奉行指出，这种测量是违反日本法律的。培理狡辩道："我只是按照美国法律行事，就如阁下遵从日本法律一样，美国人有遵守美国法律的义务。"③ 幕府拒绝接受美国总统的国书，培理则威逼：如果不接受国书，而且不给予任何答复的话，这被认为是对美利坚合众国的侮辱，因此对于其产生的后果美方人员不负任何责任。幕府虽然命令各藩加强沿岸警备，然而考虑到作战于己不利，遂屈服于培理的压力，在浦贺久里滨海岸的"应接所"受理了美国总统的国书。然而，"第一次谈判与其说是谈判，毋宁说是接受外国人的说教。而要与之对抗，军事上没有获胜的实力，辩论上也无胜算的可能。如若承诺其要求，又恐怕激起国内人民的愤怒"④。这充分暴露了幕府对外政策首鼠两端的特征。三天后，培理舰队起锚驶离江户湾。

三 《美日和亲条约》的签署与日本开国

1854 年 2 月 13 日，培理率领由七只军舰组成的舰队再次驶入江户湾，停泊在金泽的小柴冲。幕府立即命令近海诸藩加强江户湾沿岸的警备，同时决定把浦贺或者镰仓作为与美方交涉的地点。但是培理主张在江户谈判，并以浦贺不适于停泊大船为由，下令测量江户湾，进而派小船奔赴本牧一带。最后幕府只好让步，提议将舰队停泊地附近的横滨村作为会谈场所。培理予以接受。

2 月 25 日，阿达姆斯参谋长率 30 名美军士兵首先登陆。在神奈川奉行的陪同下，他们进行实地调查，将横滨村北端临近海岸的驹形定为接待

---

① [美] 马士：《远东国际关系史》上册，姚曾廙译，第 283 页。
② 宫城县图书馆·横须贺开国史研究会：《彼理日本纪行》，横须贺开国史研究会 2001 年版，第 10 页。
③ [日] 伊部英男：《开国——世界中的日美关系》，MINERUBA 书房 1988 年版，第 52 页。
④ [日] 田口卯吉：《日本开化小史》，岩波书店 1942 年版，第 253 页。

地点。① 于是，来了许多当差的人建造"应接所"，在极短的时间内建了五栋房子作谈判接待处。美国人将其称为"条约馆"（Treaty House）。② 3月7日，幕府任命的"应接挂"林大学头、町奉行井户觉弘等日方全权代表乘船从神奈川宿赶赴横滨"应接所"，迎接培理一行的到来。当天正午培理与30余名随员在军乐队的先导下，迈着整齐的步伐登陆。与此同时，舰上发射了17响礼炮，轰鸣的炮声在沿海的居民中造成不小的骚动。③ 该日双方在应接所开始举行第一次交涉谈判。幕府官员向培理递交了转送美国总统的书信，内称：第12代将军家庆病死，家定新近继任将军一职，尚无暇顾及其他事项，因此希望给予5年准备的时间。这显然是幕府的权宜之计。培理提出有船员病死在船上，要求埋葬在金泽的夏岛。幕府接待官员当时指定到浦贺灯明台，可是培理以距离太远为由表示为难，最后决定葬在横滨。在死者墓碑上写着："船员罗伯托·威廉姆斯，1854年3月6日于日本江户湾（内海）之合众国蒸汽船密西西比号中逝世，终年24岁。"④

在接下来的会谈中，幕府表示愿意开放长崎口岸，五年届满后再开放第二个口岸。培理要求日方至少立即开放三处口岸，并于短期内另开两处。培理提出将《美中友好通商条约》加以若干修正的"美日修好通商条约草案"，这是由25项条款构成的极为片面的不平等条约草案。3月25日，日方回复说不同意与清朝同样的通商条件，同时提出包括7项条款的"日美修好条约草案"。双方的草案互相对立，会谈陷入僵局。培理威胁说，"如果开战，他还有50只军舰在近海待机，另在加利福尼亚的50只军舰亦将在20天内到达"⑤。"对日本政府采取毅然决然的态度是提督（培理）的指导方针。"⑥ 结果，1854年3月31日，在横滨应接所缔结了由12项条款构成的《日美和亲条约》，亦称《神奈川条约》。

该条约的主要内容有：第一条，日本与美国及其人民间缔结永世不朽

---

① ［日］瓜生卓造：《横滨物语》，东京书籍1979年版，第49页。
② ［日］富田仁：《横滨开化物语》，秋山书房1984年版，第6页。
③ ［日］太田久好：《横滨沿革志》复刻板，白话社1974年版，第8—9页。
④ 乡土资料集成编纂委员会：《未刊横滨开港史料》，神奈川图书馆协会1960年版，第17页。
⑤ ［日］升味准之辅：《日本政治史》1，商务印书馆1997年版，第56页。
⑥ ［日］土屋乔雄：《培理提督日本远征记》2，［日］玉城肇译，岩波文库1961年版，第191页。

之和睦；第二条，伊豆之下田、松前之箱馆两港，日本政府准许美国船停泊，以便补给柴薪、饮水、食料、煤炭以及其他需用物品。第三条，美国船舶漂流至日本海滨时，当由日本船舶予以救助；第九条，日本政府若将此次对于美国未曾准许之事予其他外国时，当亦对美国予以相同之准许……①其中的第九条，即所谓的最惠国条款。因为条约中有补给煤、水的内容，所以该条约亦被称为"薪水条约"。这样，幕府以固守"祖法"而一直坚持的锁国政策走向瓦解。值得注意的是，条约中并没有强烈要求日本开港通商。罗兹曼指出："对欧洲列强来说，日本系属中国势力范围之外的第二位的国家；对美国来说，它是通往中国的途中之国，谁也没有指望从日本的开放当中捞到财政和贸易上的巨大好处。"② 服部之总认为之所以能缔结"和亲"条约而拒绝"贸易"，是因为美国主导的（抛开英国的）对日交涉主要目的在于获取横渡太平洋直达中国的航线，而在途中首先需要日本作为暂时停泊地。③ 但是条约确认在下田设置的美国领事馆，这样，就为日后哈里斯赴日谈判，签订通商条约埋下了伏笔。交涉期间，日美双方互赠了各种礼物。美国的礼物着实让日本人吃惊不小。其中最引人注目的是电信机和火车模型。当然，还有许多其他赠品。比如，献给幕府将军的礼单上有："铜保命小艇一艘（头尾有气箱，不能沉水）、小手枪20管、千里镜连架一箱……"献给阿部伊势守的有："三鞭酒一箱、大时辰钟一个、大鸟枪一管……"④ 作为还礼，日方向美方赠送了大米等物品，还从江户招来5名相扑力士。力士们把装满大米的袋子轻松地提到海岸，并做出各种表演动作，使美国人佩服不已。培理迫使日本签署了亲善条约，只完成了促使日本开国的任务，至于敦促日本开放通商的使命则有待于后来美国首任驻日总领事哈里斯来承担。根据《日美和亲条约》第11条的规定，美国可于18个月后派出领事或代表驻扎下田。于是，培理和参议员威廉·西华德联名推荐哈里斯出任下田总领事。1856年8月，美国总领事兼外交代表哈里斯被派遣到日本下田港，其目的是缔结通商条约，为与日本进行自由贸易做准备。此是后话。

一般认为，《日美和亲条约》是日本近代对外签订的第一个不平等条

---

① 参见周一良、吴于廑《世界通史资料选辑·近代部分》（上册），第434页。
② 参见［美］吉尔伯特·罗兹曼《中国的现代化》，江苏人民出版社2003年版。
③ ［日］服部之总：《幕末的世界形势及外交事情》，第21页。
④ 乡土资料集成编纂委员会：《未刊横滨开港史料》，第20—21页。

约。但是，加藤祐三教授认为以往日本各界有关"a 无能的幕府，b 屈服于美国强大的军事压力，c 签署了极端不平等条约。"的理解是值得商榷的，换言之，他对"幕府无能无策说"、"极端不平等条约说"是持反对意见的。① 他认为当时世界上存在四种不同体制的国家：(1) 资本主义宗主国——英、法、美、俄、荷以及西班牙、葡萄牙等国；(2) 殖民地国家——印度、印度尼西亚等国；(3) 战败条约国——中国；(4) 交涉条约国——日本、泰国等。"由于条约起源于交涉，也就因为交涉而能够得到修改。"② 揭示了幕末日本与欧美交涉与签约的独特性。因为在 19 世纪的国际关系中，经过交涉签订条约的国家虽然条约中伴有不平等的款项，但是没有惩罚性的割地和赔款。

尽管近代日本并未遭遇中国那种割地赔款的命运，但并不能说《日美和亲条约》是平等的。由于条约的某些规定以及后来外国人居留地的设立和英法军队进驻横滨，都使日本具有了半殖民地的特征。质言之，近代日本与中国一样，均遭到西方殖民主义的武力冲击并被迫签订不平等条约，其性质是一样的。如果说有所不同的话，也仅仅是受冲击和被侵略的程度上，日本比中国轻微一些。

当然应该看到，开国给日本带来了一些积极的结果。"开港，既意味着空前严峻的民族危机，也意味着弃旧图新的历史机遇的到来。"③ 例如，"开国前，幕府和各藩一样，均认为所谓国家乃是私有的机构而非其他。国家对武士而言即是藩。纳入幕藩体制的只有武士，人民仅仅是被统治者，没有任何权利。……但是，当外部世界的强大势力出现在眼前，并强行提出一种要求时，遂使人们渐渐感悟到一种超越幕府、藩，也包含人民的所谓国家的存在，或者说是一种必须存在"④。不能否认，幕府上层以阿部正弘、堀田正睦等为代表的避战开国派在对外交涉中并非一筹莫展，而是"有所作为"的，并在某种程度上维护了日本的国家利益。但是，他们毕竟只是对风雨飘摇的"幕藩体制"做了些修修补补的工作，而真正挽救日本于危亡有赖于维新志士们。

日本由打开国门走向开港基本是通过外交谈判完成的。进而言之，

---

① ［日］加藤祐三：《幕末外交与开国》，筑摩新书 2004 年版，第 244—245 页。
② ［日］加藤祐三：《东亚近代史》，蒋丰译，中国社会科学出版社 1992 年版，第 45 页。
③ 宋成有：《新编日本近代史》，北京大学出版社 2006 年版，第 74 页。
④ ［日］伊部英男：《开国——世界中的日美关系》，第 78—79 页。

1854年签订的《日美和亲条约》标志日本的开国，1858年的《日美修好通商条约》则象征着开港。从某种意义上讲，后发型的日本现代化正是由这两个条约而启动的。由于两个条约规定的内容不同，造成"开国"与"开港"含义上的差异。当然，日本有些学者也将开国与开港区别看待，正如石井孝先生所言："开国的真正历史意义是日本作为世界资本主义市场开放国门，因此，从这种意义上讲，日本真正的开国是将日本纳入世界资本主义市场的1859年的开港。所以，1854年的开国，是走向真正开国的第一阶段。"[①] 换言之，"日本的开国构成世界资本主义远东市场形成过程中的一环。"[②]

日本开国与开港的过程始终伴随着欧美列强"炮舰政策"的巨大压力，所以说，以横滨、长崎、神户、新潟、箱馆五个口岸开港为起点的日本早期现代化历程，从一开始并不顺利。但难能可贵的是一批有眼光的开明派官僚，尚能对世界发展趋势敏于体察并及时做出应变。尽管这种认识和行动离不开维护幕府统治的基本政治立场，但在客观上，为近代日本的历史进步发挥了某种程度的积极作用。对于日本来说，"闭关的最大支柱之一，即勉强维持下来的封建经济以及它的全部上层建筑，由于开港，'正如小心保存在密闭棺木里的木乃伊，一接触新鲜空气'，便迅速地肢解了。"[③] 由于缔约开港，德川时代200余年的"太平之梦"被彻底打破，幕府的统治进入风雨飘摇的危机时期，日本从传统社会向近代社会的转型时期终于到来。

第三节 日本主导下的朝鲜开港

与中日两国的开港不同，朝鲜在近代外交与开港问题上，除了面临来自欧美列强的冲击之外，更深受中日两国的影响。朝鲜并非被欧美列强打开国门，亦非主动实行对外开放政策，而是在邻国日本的武力逼迫下签订《日朝修好条规》（亦称"江华条约"），被迫走上开港的曲折道路。日本由被冲击者嬗变为冲击者，对其自身发展和日朝关系均产生深远影响。

---

① ［日］石井孝：《从世界史的范围内看日本开国》，载《续舶来事始》，横滨开港资料馆1958年版，第1页。
② ［日］石井孝：《日本开国史》，第388页。
③ ［日］井上清、铃木正四：《日本近代史》（上册），商务印书馆1972年版，第49页。

一 朝鲜开港的过程

历史上的朝鲜同中日两国一样,长期实行闭关锁国政策。自李朝建立以来,朝鲜同外国的贸易就已经大幅减少,只与中国和德川幕府在釜山进行有限的贸易往来,即所谓的"倭馆贸易"。大院君执政期间,朝鲜加强检查制度,不得进口欧美商品,违者严加惩罚。大院君在进行"弊政革新"(亦称"弊政刷新")改革的过程中进一步加强锁国措施。在他看来,只有防止列强的入侵,使朝鲜与欧美国家隔绝,才能使朝鲜王朝江山永固。因此,他强化了闭关自守政策。当时称这种政策为"国禁"[①]。应该说,锁国是朝鲜封建统治者为了维护封建国家安全和专制统治的本能的反应,是一种被动的自保行为;然而,客观上却隔绝了朝鲜与外部的联系,更失去了了解外部世界,求得发展的历史机遇。

第二次鸦片战争之后,欧美各国因为频繁北上而开始关注地处朝鲜半岛的神秘的"隐士之国"。具体而言,俄国从西伯利亚南下,英法两国从东南亚地区北上,美国则横跨太平洋西进,试图冲开仍处于锁国状态的朝鲜王国之门。早在1831年,英国商船曾经驶近朝鲜,停泊于忠清道洪城郡古代岛附近,要求通商。这是西方商船首次要求与朝鲜进行贸易。1846年,法国军舰出现在忠清道的洪州冲;1865年,俄国船队来咸镜北道庆兴冲停泊。朝鲜政府因了解到宗主国中国亦陷入欧美国家侵略的窘境,越发感到开港的危险性,所以拒绝了列强的开港要求。[②]

当时的朝鲜王朝是在第26代国王李熙统治之下。其父"大院君"摄政李昰应是个坚定的"攘夷"论者,主张闭关锁国,反对对外开放。以王妃闵氏为首的政治集团则在外国势力和清政府的倡导下,寻求对外开放,使得朝鲜政治局势十分复杂。而华夷观念的影响,更让普通朝鲜人视西方文化为"妖魔之道",对西方传教士与天主教信徒大肆杀害,仅1866年就处死近3万名信徒。同年,朝鲜又逮捕并杀害了9名法国神甫。这直接招致了法国舰队的报复,法舰攻击了江华岛炮台并加以短期占领。也在同一年,美国武装商船"舍门将军号"闯进大同江下游,要求朝鲜缔约、开国通商。美国人嚣张的态度激怒朝鲜官民,结果船只被焚,全体船员被杀害。1871年,美国军舰舰队为此事向江华岛发动炮击并实施占领,但

[①] 朴真奭、姜孟山等:《朝鲜简史》,延边大学出版社2007年版,第389—390页。
[②] 张晓刚、韩英:《韩国开港缘起考》,《历史教学》2008年第5期。

旋即撤离。这两次事件中，法国与美国驻北京公使考虑到朝鲜与清王朝之间的宗藩关系，都曾经向总理衙门交涉，希望清政府以宗主国身份出面对纠纷进行干预，遭到了清政府的拒绝。法国与美国在远东地区的军事力量准备不足，两国目的亦不明确，加上清政府态度暧昧，两国舰队也都在占领江华岛之后撤退。而法国与美国舰队的撤退被朝鲜政府宣扬为"攘夷"的胜利，大院君到处刻碑纪念，告诫国人抵抗到底，坚定其攘夷的必胜信念。

欧美列强在朝鲜半岛"扣关"失败，打开朝鲜国门的，却是同为东亚国家的日本。在江户幕府时代，日朝之间的交往形式较为独特，朝鲜通信使可直达江户，而幕府却不能直接向朝鲜派遣使节，必须以对马藩为中介，且使节在朝鲜也受到诸多限制。在对两国关系地位作出各自解释的同时，朝鲜政府与江户幕府都允许了对马藩对朝鲜的岁遣船制度以及釜山倭馆贸易的存在。明治维新之后，日本由封建幕藩体制向中央集权体制过渡。在这个过程中，对马藩的地位发生了根本转变，以对马藩为中介的传统日朝关系丧失了存在的最根本基础。日朝两国在重新建立外交关系的过程中摩擦不断。

1875年4月，负责对朝外交工作的日本外务省官员广津弘信提议，派遣军舰在对马岛和朝鲜之间的海域测量航道，以此声援日本的外交活动。于是，日本军舰"云扬"号等舰只先后入侵朝鲜海域。在日朝交涉陷入僵局之时，"云扬"号于9月20日再度驶入江华岛附近测量海岸，并派出小艇驶近江华岛试图登陆获取淡水遭到江华岛炮台开炮警告。"云扬"号舰长井上良馨随即开炮还击，并于当天下午击毁了江华岛对岸永宗岛上的炮台。此即为"江华岛事件"。事件之后，日本当局决定派出以黑田清隆为特命全权办理大臣，井上馨为特命副全权办理大臣的使节团，赴朝鲜进行交涉。在日本武力冲击与外交压力之下，朝鲜政府于1876年2月26日与日本签订了《日朝修好条约》。鉴于《日朝修好条约》规定了开放釜山、元山、仁川等港口，设立外国人居留地，允许日本人自由贸易、自由测量航道等条款。该条约的签订，标志着朝鲜被迫开国开港。

二 朝鲜开港地的设立及管理

《日朝修好条约》共计12条，许多内容与《日美修好通商条约》相近。其第4条规定"朝鲜国釜山草梁项立有日本公馆，久已为两国人民通商之区，今应革除从前惯例及岁遣船等事，凭准新立条款，措办贸易事务。且朝鲜国政府须别开第五款所载之二口，准听日本国人民往来通商，就该地赁借地基，造营家屋，或侨寓所在人民屋宅，各随其便"；第7条规定"朝鲜沿海岛屿岩礁，从前未经审检，极为危险，准听日本国航海者随时测量海岸，审其位置深浅，编制图志，俾两国船客以得避危就安"；第10条为"日本国人民在朝鲜国指定各口，如其犯罪交涉朝鲜国人民，皆归日本官审断"①。从上述条款中不难发现，日本实际上已经利用外交条约的不对等获得了包括领事裁判在内的一系列特权，也获得了在朝鲜京城设立使馆的权利。

如条约中所言，釜山倭馆"久已为两国人民通商之区"，这是日本选择釜山作为首个开港地的直接原因。在江户幕府时代，对马藩开展的"倭馆贸易"是很长一段时期内日朝间贸易往来的主要形式。明治维新之后，"倭馆"也成为日本与朝鲜两种不同外交观念不断碰撞的舞台，日朝围绕"倭馆"的地位、贸易的范围等问题争执不断，"倭馆"数度被封闭。保证一个由日本控制，且朝鲜对这种控制认同并"保护"的贸易"据点"不但有利于日本对朝贸易的开展，更有利于日本宣示其政治与外交先进者与胜利者的形象，后者更是标志着日本在时隔近300年后，在政治与外交两个方面重新涉足朝鲜半岛。相对于贸易获利，日本显然更看重在政治与外交方面所取得的进展，"釜山居留地"的设立以及贸易规制的刷新，正是这一"进展"的最好表现。

日朝虽于条约中约定在釜山地区"凭准新立条款，措办贸易事务"，但条约只是做出原则性约定，开港的具体事项仍需重新议定。负责日朝贸易条款及釜山开港等事宜谈判的外务大丞宫本小一向采"朝鲜小国论"的主张，"对于日本从朝鲜获得的经济与战略价值持极为现实的论断"②，认定从朝鲜获利有限。这使得宫本小一对于釜山开港也更着眼于尽可能多的攫取政治利益。在与朝鲜官员的交涉中，宫本声称"我政府并无急于开港之意，且贵国地理亦未分明……多开港口无益莫如先繁盛釜山一所"③。日朝双方交涉焦点则集中在"釜山居留地"的范围上。在赴朝之

---

① 参见日本外务省编《日本外交文书》第9卷，第115页。
② 参见［日］諸洪一《明治初期の朝鮮政策と江華島条約：宮本小一を中心に》，载《札幌学院大学人文学会紀要》第81卷。
③ JACAR（アジア歴史資料センター）Ref. B03030154200、対韓政策関係雑纂/宮本大丞朝鮮理事始末，第一卷（B-1-1-2-037）（外務省外交史料館）。

前，三条实美太政大臣曾以训条的形式向宫本小一提出"赴朝鲜国交涉要领指示"，第一条即为"对于日本人游步规程十里（之要求），彼（朝鲜）先提出多少予以缩减之时，可许诺减至五里"①。由于朝鲜的"里"与日本的"里"存在较大差异，日朝官员反复交涉，最终于1876年8月24日在汉城签订了"日朝修好条规附录"。

附录的第三款、第四款规定"从前同国（朝鲜）政府于釜山草梁项日本公馆设立守卫之门，今后废止。新定程限依界标所立。其他二港亦比照此例……嗣后，于釜山港设立日本国人民行步道路之里程，定为以埠头起算东西南北各直径十里。……于此里程之内，日本国人民可随意通行，买卖其地物产及日本国物产"②。这一点也与《日美修好通商条约》中"十里四方之地"③的相关规定极为相似。日本人等于把欧美列强逼迫日本签订的不平等条约又依样画葫芦般地强加于朝鲜身上。根据前述条款，日朝于1877年1月30日签订了"釜山港居留地借入约书"，正式在釜山设立了日本人居留地。

在釜山居留地设立之初，日本就设置了管理通商事务的"管理厅"，并委派了管理官。与西方各国在东亚地区设立的各种"居留地"或"租借地"不同，日本设置朝鲜居留地建设的官方主导色彩极浓。这与日本国内经济发展远未达到急需海外市场与原料产地的现状有极大关系。面对这一现实，日本政府不得不对通航及贸易实施奖励政策。大久保利通甚至亲自劝说国立第一银行在釜山设立了分行。在日本政府的促进下，釜山居留地人口迅速增加，到1880年，其常住人口就超过了2000人。釜山居留地作为日本经济侵略的"桥头堡"的作用也日益凸显。

在经济利益之外，与日本本土隔海相望的釜山对于日本的国防意义是显而易见的。明治初年，日本朝野大多认为日本的国防压力来自俄国，驻俄公使榎本武扬曾于1875年向明治政府建议，要趁俄国势力尚未染指朝鲜半岛之前，先占据朝鲜的战略要冲，以此作为其大陆扩张计划的第一步。《日朝修好条规》签订之前，榎本武扬又上书提出，无论是否"经

---

① 参见日本外务省编《日本外交文书》第9卷，第219页。
② JACAR（アジア歴史資料センター）Ref. A01100140200、公文録・明治九年・第二十二卷・明治九年六月~七月・外務省伺（国立公文書館）。
③ 日本在幕末时期被迫与欧美列强签订《安政条约》，按照规定在横滨、长崎、神户等开港地设立了"外国人居留地"，类似于同时期上海的"外国人租界"，形同"国中之国"，在此进行所谓的"居留地贸易"，直至1899年通过"条约改正"后被废除。

济"，都必须将军事要地釜山码头置于日本的控制之下。政治与军事因素左右着日本决定朝鲜开港地的情况，并不只限于釜山的开港。选择永兴湾地区作为第二个居留地同样出自军事方面的考量。这种考量的矛头所在，也如釜山开港一样指向了俄国。

在这一过程中，榎本武扬从俄国获悉其有意租借元山港的消息也起到了至关重要的作用。时任外务卿寺岛宗则在给花房义质的信中直接将与"邻邦兵备攸关"作为元山必须开港的重要理由。参照釜山开港旧例，元山于1880年5月正式开港，元山的日本居留地也为东西南北各十里范围。开港当年，元山与日本之间开通隔月一回的定期邮船，元山邮局也依据釜山旧例开设。元山开港之后，井上馨外务卿又以"无军舰泊驻，贸易则生种种妨碍，招致我人民损失"[1] 为由，希望海军省能够派出军舰巡回于釜山、元山两港，以杜绝"商路阻塞"情况的发生。

元山开港前一年，代理公使花房义质与釜山管理官近藤真锄考察元山之时，朝鲜政府派出携带枪支的护卫人员，并于途中逮捕过两名强盗。这给日本官员留下了元山地区治安混乱的口实，外务省以保护居留民的名义，提出向元山居留地派遣警部一名，警部候补一名，巡查30名的计划。[2] 最终，日本不但在元山居留地建立起了警察体制，同时也向釜山居留地派出了规模略小的警察队伍。元山开港同一年，釜山与元山的居留地管理厅升格为领事馆，管理官也升任为领事。而在此前一年，日本政府就已经要求管理官前田献吉将"内地施行之条例加以取舍"[3] 作为居留地的风俗及治安法令加以实施。日本政府在釜山、元山居留地急速推行领土化与殖民化政策。居留地俨然成了朝鲜的"国中之国"。

元山开港与釜山开港一个比较大的不同在于，釜山开港是在《日朝修好条规》中明确约定的。而元山及其后的仁川，并未作为开港地和事先做出约定，而是笼统确定于忠清、咸镜等五道选取"择便通商之港口二处"[4] 作为开港场。这为日本选取优越战略地位作为踏足朝鲜半岛的据点提供了便利。相较于元山，仁川的战略意义更为巨大。仁川位于朝鲜西海岸，是朝鲜京城的门户。对于日本在仁川开港的企图，朝鲜政府

---

[1] 参见日本外务省编《日本外交文书》第13卷，第431页。
[2] 日本外务省编：《日本外交文书》第13卷，第402页。
[3] 参见JACAR（アジア歴史資料センター）Ref. A01000055200、太政類典・第三編・明治十一年～明治十二年・第十九巻・外国交際・諸官員差遣（国立公文書館）。
[4] 日本外务省编：《日本外交文书》第9卷，第116页。

以仁川开港必会导致人心浮动为由极力阻挠，提出可否将南阳作为开港地。而日本方面态度极为强硬。井上馨根据日本海军的报告，要求负责谈判开港事宜的花房义质拒绝南阳、乔桐等地为开港场。朝鲜方面无计可施，要求仁川延期开港，日本方面表示拒绝，要求必须在条约期限内实现仁川开港。

为达到这一目的，日本方面甚至提出要直接与领议政李最应直接谈判，这实际是以变相的谈判破裂相要挟。面对日本的强硬态度，朝鲜不得不同意开放仁川。说起来，仁川开港之争与横滨开港之争既有颇多相似之处，亦有不同之点。当时日本面临美国驻日总领事哈里斯要求开放神奈川的强大压力，因神奈川距离江户太近，幕府当局提出以横滨取代神奈川；虽然遭到美国方面反对，但经过反复交涉，最终得以避免神奈川开港。这在某种程度上体现了日本在国家利益面前锱铢必较的特点，在外交策略上亦比朝鲜高出一筹。总言之，日本选择釜山、元山、仁川等地开港乃是出于本国的战略利益的考虑。选择釜山是因为其长期保持对外联络和交往，有倭馆贸易的经验，开港基础较好；选择元山则是因为地处东海岸，战略地位重要，或可对抗来自北方俄罗斯的威胁；至于选择仁川，乃是因为仁川地处京畿门户的重要位置，控制了仁川亦等于把汉城置于日本的掌控之下。

三 开港的余波与朝鲜的近代化

虽然《日朝修好条约》声称朝鲜为"独立之邦"，但朝鲜一直视清政府为其宗主，清政府虽不直接干涉朝鲜的内政与外交，但也在朝鲜事务方面拥有一定的影响力。朝鲜的独立地位是片面的"虚像"，日朝关系也并非完全意义上的近代国与国关系。然而，《日朝修好条约》毕竟是以近代条约的方式对日朝关系作出了规范，朝鲜也借由开港，有限度地打开了国门。这不但是朝鲜开放的契机，也是一直对朝鲜虎视眈眈的列强诸国染指"隐士之国"的绝佳机会。日本以条约的形式重建日朝外交，主导朝鲜的开港，令日本在朝鲜事务上的话语权陡然提升，列强诸国也自然而然地循着日本的足迹，以新的模式迈出重归朝鲜半岛的脚步。

相对于远隔欧亚大陆的欧洲各国，同样位于太平洋沿岸与朝鲜隔海相望的美国，对于打开朝鲜国门的意图尤为迫切。1880年3月，美国驻日公使致函井上馨，表示美国将派遣使节赴朝，希望日本驻朝官员能够从中斡旋协调朝美建交之事。这对日本来说，一方面是欧美国家对其在朝鲜半岛影响力的承认，另一方面是朝鲜半岛外交局面的复杂化也有利于推进朝鲜"去清化"。虽然将其他势力引入朝鲜，对并未站稳在朝脚跟的日本来说也同样存在着未知的"风险"，但毕竟对于打造朝鲜"独立之邦"的形象是明显有利的。因此，日本外务省在面对美国的请求时，表现出一种谨慎的积极态度，要求驻朝官员对可能赴朝的美国使节"勿失礼遇"，但同时也要求其官员运用影响力使朝美间尽可能只签署涉及救助、补而不涉及通商、开港等事项的"亲善条约"。

美国使节薛斐尔抵朝后，日本驻釜山领事也向朝鲜政府转递了井上馨的书信及美国政府的书函，但朝鲜方面以文书文句有误为由，拒绝接纳美国政府的文书，并答复井上馨"敝邦之独与贵国交际修好三百年……如外洋各国非徒壤界之隔绝，初无声气之相及乃是天下万国之所共知者"[1]，这实际上是声称开放只针对"交际修好三百年"的日本，采用近代化的外交模式与体制是特例而不可成为常态。至于文书所用文句有误，这也是当年明治维新之后朝鲜方面拒绝接纳日本国书的理由。

文书所用文句上的矛盾，实际上也还是近代化的与非近代化的两种不同外交观念之间的矛盾，这也是日朝外交一系列问题的源头。朝鲜在美国寻求建立外交联系之时所表现出的外交上的保守与封闭主义姿态，使日本深感进一步巩固朝鲜开港所取得的成果的必要性。如此，实现《日朝修好条约》所约定的"使节驻在京城"项就显得尤为紧迫。对于朝鲜方面在日朝交涉中的反感与抵触态度，日本方面也有了一定的认识。

1880年1月，花房义质向日本外务省提出建议书，指出日朝双方在交涉过程中缺乏"友好"的交涉气氛，提出应利用朝鲜急于获取西方科技，掌握西式武器的迫切心情，向朝鲜赠送新式武器以换取朝鲜在交涉上的"欢心"。这一建议得到了井上馨的认可。井上馨于其后将花房义质的建议送呈岩仓具视，认为向朝鲜提供新式武器"于将来交际之事，必得好处"[2]。这种"好处"，在井上馨看来，如果日本政府事先向朝鲜展示足够的好意，那么朝鲜国内的开化派必因此对日本更具好感。同时，向朝鲜展示其舰船武器的精良，也可以震慑朝鲜国内的主战论者。

此外，首先向朝鲜提供武器也可借此谋求朝鲜的军政改革采取日本的

---

[1] 参见日本外务省编《日本外交文书》第13卷，第449页。
[2] 日本外务省编：《日本外交文书》第13卷，第417页。

方式。花房义质的原意,是通过向朝鲜赠送礼物改善交涉过程中过于强硬的态度,之前宫本小一赴鲜洽谈《日朝修好条约附录》之时,也曾经向朝鲜方面赠送已于朝鲜失传的《医方类聚》,① 这都是日本展现亲善形象的手段。但赠送武器的意义绝不是赠送医书文献所能相比。正如井上馨所言,这既是对朝鲜"改进论者"展现日本近代化的成果,巩固"改进论者"对朝鲜改进的信心。同时,这也是遵循日本对朝外交以武力威胁为基础这一贯的思路,以强制性的"阅兵"为手段,宣示日本武力的强大。而最重要的是,这将成为日本继续主导朝鲜在军事近代化方向的基础。这是日本主导朝鲜开港的延伸,也是保护开港取得利益的必需手段。日本政府批准了这一构想,向朝鲜政府赠送了各种枪支共计50支,朝鲜政府则以人参等朝鲜特产回赠。

为了显示近代化的成果,促导朝鲜走日本式的近代化道路,早在《日朝修好条约》刚刚签订之时,日本就曾经以加特林机枪作为送给朝鲜的礼物。而朝鲜政府官员当场表现出极大的好奇。而此次日本向朝鲜方面赠送的枪支在表现亲善之意之余,更希望以此批武器为基础,将朝鲜的军事改革置于日本的指导之下。但是日本方面的意图并未实现,作为手段所释放的些微善意并不能够抵消朝鲜方面对日本的不信任感,朝鲜方面更倾向于借助清政府实现早期现代化的军政改革。

早在1879年,朝鲜就表示希望派人"在天津等处学习军器武备",李鸿章对此批示称"如以后朝鲜有员到津,敝处于练兵制器之法,不难罄其秘要,随宜指授。俾获有成,籍作自强之基,增我藩篱之固"②。此事很快被日本驻清外交官员获悉。此外,美国驻牛庄领事也曾对日本外交官员谈到,牛庄当地有150名朝鲜人接受清政府西式武器训练的传闻③。一旦朝鲜的军政改革在中国指导下进行,日本试图主导的"朝鲜军政改革之肇始"必将彻底流产。为应对朝鲜派人赴清学习军事与军工技术,花房义质也主动提出可以向朝鲜派遣军工业发展所急需的教师与技术工人,并提议朝鲜派遣留学生赴日学习军工技术。这些举措虽不能视为日本对于朝鲜的政治、军事等方面的近代化抱有单纯的善意,但事实上,这不

---

① 日本外务省编:《日本外交文书》第9卷,第229页。
② 郭廷以、李毓澍主编:《清季中日韩关系史料》,台北"中研院"近代史研究所1972年版,第394页。
③ JACAR(アジア歴史資料センター)Ref. A01100215100、公文録・明治十四年・第三十三巻・在外公使報告第四(独国公館・澳国公館・清国公館)(国立公文書館)。

仅影响了朝鲜开化派的对外观念，也给朝鲜早期现代化带来了较大的影响。

毋庸讳言，开港给朝鲜人思想观念带来了一些积极的影响，至少促使人们逐步开化，开始睁眼看世界，逐渐改变以往那种抱残守缺、与世隔绝的封闭状态。金允植在《天津奉使缘起》一文中提到："我国素无他交，惟北事清国，东通日本而已。自数十年来宇内情形日变，欧洲雄长东洋诸国皆遵其公法。舍此则孤立寡助无以自保。"① 这样，对外来事物，尤其是对西洋文明从最初的排斥、抵制渐渐转向了宽容、接受的心态。人们逐渐认识到，"朝鲜的锁国政策既然已被打破，就不能回避与欧美列强的交往"②，于是，由知识精英们倡导，普通民众随之响应，"开化"思潮在朝鲜盛行开来。受这股思潮的推动，以及清政府的"以夷制夷"外交政策的影响，朝鲜王朝于1882年5月与美国政府签订了《朝美修好条约》，"近代朝鲜终于从不自觉的被动开国走向自觉的主动开国"③。因此，韩国学者李光麟在《韩国开化史研究》一书中指出："所谓开化，在1870年，意谓'开国'、'开港'，在1880年，意思变成引进西洋学问和技术以谋求富国强兵，到了1890年，又增加了倡导国权和民权的含义。"④

开港对朝鲜现代化的影响也是显而易见的。最初的开港城市的发展轨迹打破了早期城市发展多是一个渐进过程的模式。比如釜山等港早在开港之前已经颇有规模了，而开港后进一步走向繁荣，这是传统的城市发展模式。而仁川等地则不然，开港前是地处偏僻，经济落后的渔村码头；开港后在很短的时期内发展为初步繁荣的近代都市，成为对外开放的"试验场"。从各地而来的移民不断增加，开港建设有条不紊地进行，呈现出一种畸形发展的繁荣景象。应该看到，这种发展模式也是近代东亚其他沿海开港城市的共同特征。即沿海城市既最早遭受"西力东渐"的影响与资本主义的侵蚀，又率先成为接受欧美文明的窗口。

---

① ［日］奥平武彦：《朝鲜开国交涉始末》，刀江书院1969年版，第162页。
② ［日］田保桥洁：《近代日鲜关系研究》，原书房1972年版，第744页。
③ 王明星：《韩国近代外交与中国》，中国社会科学出版社1998年版，第56页。
④ ［韩］李光麟：《韩国开化史研究》，陈文寿译，香港社会科学出版社1999年版，第3页。

第三章

中国开港与城市近代化

1840年鸦片战争之后,依照条约规定开港的城市,与传统的一口通商的港口城市之间在发展道路上逐渐展现出巨大的差异。以条约形式确定开港的城市,先天带有不同于天下观念下朝贡贸易集散地的政治基因。因其城市规模以及经济发展速度,人为选址的地理优势以及政策的倾斜而显现出巨大的后发优势。对近代上海、烟台、营口的发展变迁进行考察,可以对中国近代商约开埠城市发展历程略窥端倪,亦可为今天的城市化与现代化发展建设提供些微的历史借鉴。

第一节 五口通商背景下的上海开港

一 上海开港经过及城市建设

上海控江临海,东向太平洋,具有优越的地理位置,是天然的不冻港。一个英国人曾经这样描绘过上海的特殊地理位置和优势:"上海在中国海岸上占有对外贸易最重要的位置,因此吸引了大量公众的注意。在我们熟悉的城市中,没有一个拥有这样的利益,实际上,它是中华帝国的大门,主要的进口港。"[1]

上海在开港前已经是一个有着几百年历史的港城,清朝乾嘉时人施润曾用"一城烟火半东南,粉壁红楼树色参"来形容上海港区的繁华景象。上海港的繁荣,为上海开埠之后形成一个国际性大港打下了良好的基础。1843年11月17日,上海正式开港,英国人做的第一件事情便是为自己

---

[1] Robert Fortune. *Three Years Wanderings In China*, University Press, Shanghai. 1935, p.112;薛理勇:《老上海城厢掌故》,上海书店出版社2015年版,第75页。

开辟一个新的港区，英国领事在发布的开港告示中就公布了与上海道台议定的上海港港界和洋船停泊区。接着，英、美、法三国陆续在上海设立了租界，界址临江而设，沿着旧港区下游的黄浦江依次延伸，占据了黄浦江自十六铺至杨树浦的岸线。租界由东向西逐步推进和成长，在港区后边慢慢发展起来。港口及港口贸易推动了租界的成长，从这个意义上来说，正是新港区的出现，推动了上海以租界地为核心的新城区的发展。

上海港开港后，港口的优势逐步显现，直接提供了城市对外航运的基础和条件，进出港口的外国商船日益增加。1850年，大英轮船公司开辟了上海至香港的定期航线，美国的罗素轮船公司也于同年开辟了纽约至上海的定期航线。1862年，美国在上海成立了旗昌轮船公司，70年代又有一批轮船公司和招商总局成立，上海港一跃成为全国最大的轮船航运基地港口。之后，各国的轮船公司相继在上海开辟航线，远洋航运进出上海港的比率不断增加，"1912—1918年进出上海港的远洋船吨位占进出轮船总吨位的70%以上"[①]。一直到20世纪30年代，已经完成了以上海港为中心的完整的环球航线，世界环形航线也大多以上海为到达中国的停靠港。随着进出上海港口船舶的增多、进出口货物的不断增加，上海港从19世纪60年代开始兴建码头、堆场和仓库，港区自黄浦江两岸一直向南北延伸，纵深也不断加大。

上海开港后，作为主要的条约港口，因为地理位置优越，成为西方与中国贸易的主要城市，各国商人纷纷踏进上海，开办洋行，进行贸易活动。在出口贸易上，上海以丝、茶为主，上海本身就接近杭嘉湖这个中国最大的生丝产区和江浙皖的茶叶产地，所以在上海开港后，马上就取代了广州的贸易地位，中国的丝、茶都直接从上海出口，"上海立刻取得了作为中国丝市场的合适地位，并且不久便几乎供应了西方各国需要的全部"[②]。据海关贸易统计报告，1867年上海生丝出口占全国出口额的73.7%。[③] 另据英国驻沪领事商务报告，1844年上海出口的茶叶占全国出口的58%，而1864年占到了64%。[④]

---

① 茅伯科：《上海港史》，人民交通出版社1990年版，第233页。
② [美] 马士：《中华帝国对外关系史》第1卷，生活·读书·新知三联书店1958年版，第403页。
③ 上海社会科学院经济研究所、上海市国际贸易学会：《上海对外贸易》，上海社会科学院出版社1989年版，第59页。
④ 罗兹·墨菲：《上海——现代中国的钥匙》，上海人民出版社1986年版，第141页。

不仅如此，大批从事进出口贸易的商行开办，很多经销进出口货物的商店也应运而生，来自全国各地的人口大量地汇集在上海，出现了各种与市民衣食住行相关的行业，百业兴旺，上海商品市场日渐成熟，上海的商品经济高速发展。与此同时，在外滩一带划地造物的洋行大量出现，比如怡和洋行、仁记洋行、卫斯洋行、巴地洋行和宝顺洋行等。上海开港后一年，大批原本将贸易基地设在广州的英美商人转移到上海，据统计，当时已有11家英美商行在上海开业，常驻上海的英美商人共23人．这些商人大多在上海城内租赁了房产用来供自己和家眷居住。此外，他们还在城外另觅场地建设商行和仓库，甚至还在港湾里建立临时码头以供自己的货船停靠。随着大批外国人涌入上海，"携眷居留"和"租地造屋"等问题产生，但是《南京条约》对此并无具体规定，这样一来，"租界"的出现就显得尤为急迫。

"依国际公法之原则及国际上现实言之，租界制度为一种畸形之制度，只于我国领土内有之。"[①] "租界二字，国际公法中无此规定也，即前世纪各国字典中亦不见此字也。于国际史中遍为搜讨，其略比附现制者，则有十八世纪瑞士国以某商埠出租之一故实，然完全以双方国家订民事上之契约，丝毫不涉及政治关系也。"[②] "南京条约"与"虎门条约"为英国在上海设置租界提供了"法理依据"。1845年，上海道与英国驻沪领事正式签订了"上海土地章程"，划定了上海英租界的最初界址，上海就此出现了近代以来中国国土上第一处专供外国人居住生活的"国中之国"。在这之后，租界统治者利用清政府的腐败无能，又先后于1854年、1866年、1899年三次擅自对"上海土地章程"做出重大调整，进一步扩大了租界地范围以及殖民者在租界地的治权。"其条文由简而繁，其规定由疏而密，其权力亦由小而大"[③]。

租界，虽然是西方列强入侵中国的产物，但租界也是西方市政建设、城市自治等诸多因素在中国社会得以普及的源头所在。租界为现代化社会奠定了基础，具有一定的建设性意义。

上海租界的市政建设是从修筑马路开始的，开港前，上海的街道狭窄，宽度仅为两米，路面多为碎石或泥土，行人步履艰难。开港后，英国

---

① 阮笃成：《租界制度与上海公共租界》，法云书屋1936年版，第1页。
② 姚公鹤：《上海空前惨案之因果》，载《东方杂志》第22卷第15号。
③ 上海人民出版社：《上海公共租界史稿》，上海人民出版社1980年版，第43页。

租界当局认为首要的任务便是修筑新式马路，1845年签订的最初的"土地章程"中规定，租界要修建东西向主干道7条，南北向主干道3条。"西人辟筑路形，铺土沙、碎石、铺砌小方砖、大条石乃至浇筑混凝土"，为进一步开发和建设租界，租界当局还成立了"道路码头委员会"，负责租界内部的道路建设以及交通管理。① 到1854年，上海租界在近10年的建设之后，在苏州河南岸总共修建了26条主干道，南北向与东西向各为13条马路。租界道路面积占到了整个租界总面积的14%以上，10年后，这一比例更是上升到超过20%，远高于同时期的中国传统城市，而这一区域也成为租界在日后建设发展中的核心区域。②

与此同时，租界的马路于1865年10月开始使用煤气灯照明，并且工部局还向附近农村买来树苗种植在外滩江边的马路上，一并作为道路交通的配套附属设施。租界统治者在租界开展的建设是对上海市民的一次近代物质精神文明的近距离展示，给中国传统社会带来了极大的精神震动。晚清的李维清对上海租界与华界的道路就做了如下对比："租界马路四通，城内道途狭隘；租界异常清洁，车不扬尘，居之者几以为乐土；城内虽有清道局，然城河之水，秽气触鼻，偏静之区，坑厕接踵，较之租界，几有天壤之异。"③ 双方对比差距之大可见一斑。

1845年，英国殖民者制定的《土地章程》规定租界内的市政建设及管理均归外国人所有。这一章程成了租界"国中之国"政体制度的渊薮。1854年，《土地章程》重新修订，将原本租地的"永租"规定改为"卖绝"。据此，租界更完全脱离了中国政府的管制，自行成立了具有行政立法功能的"行政委员会"，并设置了警察机构。其后，英美法三国又在"行政委员会"的基础上，设立了市政管理机构"工部局"以及租界警察治安机构"巡捕房"。至此，租界的行政管理已经完全脱离了清政府地方政权的职能范围，租界成了完全独立于晚清地方政府管辖范围之外的"自治地区"。租界在事实上成了中国的"国中之国"。④ 1866年，租界《土地章程》再次修订，更是进一步明确由各国领事机构构成的领事团具有对租界行政管理进行监督的权力，并进一步扩大了"工部局"在行政

---

① 上海市档案馆：《工部局董事会会议录》（第一册），上海古籍出版社2002年版，第570页。
② 张仲礼：《近代上海城市研究》，上海人民出版社1990年版，第223页。
③ 李维清：《上海乡土志》，上海古籍出版社1989年版，第68页。
④ 费成康：《中国租界史》，上海社会科学院出版社1992年版，第392页。

立法方面的权限。工部局制定的租界《土地章程》附则只要经过领事团及纳税人会议的批准就具有了租界法律的地位。至此，领事团、纳税人会议以及工部局分别行使立法、司法以及行政的政体制度正式建立起来。租界《土地章程》成为租界政治制度运行的根本法。除了上述政治机构之外，租界还成立了一个中外合组的司法机关"会审公廨"来具体行使司法裁判权力。原本租界内只有与外国人有关的案件才允许外国领事参与会审，而随着租界外国人自治权力的不断扩大，司法裁判权也完全归外国人掌管了。

租界政体制度的建立毫无疑问严重侵犯了中国的领土和主权完整，但不得不承认的是，"租界对于近代上海的影响，并不全依殖民主义者动机为转移。……动机与效果不一致甚至相反的事，历史上多次出现过。……殖民主义者在上海租界的经营，不管其目的多么卑鄙，它在刺激上海社会进步方面，毕竟是充当了历史的不自觉工具"[①]。相对良好的制度环境在一定程度上促进了上海的经济发展，也为上海城市近代化的形成与发展提供了必要的条件。

上海在最初开港时，进出口货物总额无法与长期开放的广州相比。随着江南及长江流域出口丝茶的优势，贸易中心慢慢向上海转移，很快便成为当时中国最大的贸易港口和外贸中心，由此带动了商业的发展。近代上海的商业有两个特征，第一，行业种类多，店铺多。"据1909年第一版的《上海指南》汇载，商店有60余类，430家，第二年《上海指南》再版，统计的商店已达636家。到1914年，《上海指南》出至第八版，其上登载的上海各业商店名号已达1693家。"[②] 第二，大批大型的百货公司在上海创办，这些百货公司实力雄厚，实际销售的商品种类达到数万种，它们的出现标志着上海的商品经济高度发达。

上海开港后，充满活力的经济高速发展，催生了颇具规模的近代工业。与西方资本主义经过长达数百年的由简单协作、手工工场，再由产业革命形成大工业不同，上海的近代工业是在外国资本的刺激下，通过引进外国先进的生产设备和工业技术，快速产生和发展起来。上海成为通商口岸后，外国资本不经清政府的许可，自行在上海开办近代工业。最早出现的近代工厂，主要是为远洋对华贸易服务的船舶修造厂，包括1852年以

---

① 张仲礼：《近代上海城市研究》，上海人民出版社1990年版，第32页。
② 郑祖安：《上海与横滨的开埠和都市形成》，载《城市史研究》1998年，第34页。

前开办的美商船厂和1853年开办的英商浦东船坞公司。

甲午战争之前，随着西方资本主义对华由商品输出转为资本输出，许多外商把投资重点转向轻工业。19世纪60年代初，由英国怡和洋行开办的外资在中国开设的第一个用机器代替手工的纺丝局；1878年，美国旗昌洋行开办的旗昌丝厂；1881年英商开设的公平丝厂和怡和丝厂等。与此同时，在洋务派官员的推动之下，中国最早的官办或官督商办的工商企业，如轮船招商局、江南制造总局等也先后创办，民族资本也涉足近代工业，在上海开设了许多采用近代技术生产的工业企业。但是总的来说，民族资本企业还是局限在轻纺工业部门并且以中小企业为大多数。

甲午战争之后，中日两国签订了《马关条约》。《马关条约》允许日本资本在华设厂，欧美列强也借由最惠国条款获得与日本同样的权利。在随之出现的外资在中国投资设厂的高潮中，在上海新设的外资工厂无论是数量与资本总额，都几乎是当时外国在中国投资的一半左右。外国资本的涌入推动了某些行业，特别是轻工业的高速发展，这在客观上为民族工业的壮大提供了契机。当时的上海几乎集中了中国最有实力的外资资本与民族资本，先进的工业技术也几乎都最先由上海的工厂企业采用，再逐渐向全国各地推广。一时间，上海在工业技术、工厂数量以及投资总额方面，远超同时代的中国其他城市，也为上海逐渐发展成为中国近代工业中心打下了坚实基础。

甲午战争之后至20世纪初，在30余年里，上海的工业发展已经初具规模。并且在第一次世界大战前后进入了发展的黄金时代。"上海已经不仅是全国的对外贸易中心，而且上海的特征有了相当大的变化，以前它几乎只是一个贸易场所，现在它成为一个大的制造业中心"[①]。以纺织业为例，1913年上海各华商纱厂共有纱锭数14万余枚，占当年全国纺织业纱锭数的近30%，到1920年，这一比例进一步上升到36%，到抗战全面爆发前的1936年，上海华商纱厂的纱锭数已经比1913年扩大了两倍，占到全国总数的40%以上。[②] 除了纺织业之外，在其他一些重要的轻工业领域中，如食品加工业、造纸业、印刷业、皮革橡胶业等，上海一地的年产值也占到全国行业产值的60%以上，上海工业在全国工业中的重要性可见

---

① 徐雪筠：《上海近代社会经济发展概况（1882—1931）》，上海社会科学院出版社1985年版，第158页。

② 严中平：《中国近代经济史统计资料选辑》，科学出版社1955年版，第108—109页。

一斑。

值得一提的还有在 20 世纪初，在上海兴办的除机器工业以外的其他工业，如火柴工业、烟草制造工业、制皂工业、面粉制造工业、榨油工业等。综上可以看出，上海从开港起到 20 世纪初，陆续建立了各种近代新式工业，并且于甲午战争后出现了一次发展高潮，在这些工业中，有外国人兴办的也有中国人兴办的。这便是上海近代工业兴起与发展的一个初步轮廓。

二　上海开港后的社会变迁与经济发展

伴随着西方列强叩关的炮声，资本主义社会的政治经济体制、生产方式、思维方式等闯入了中国，首当其冲的便是最早开放的上海，在这里，中西方文化产生了激烈的碰撞，社会发生了翻天覆地的变化。

开港前的上海，经济富庶，人文荟萃，是传统文化高度发展的地方，但同时上海的社会生活也有着自己鲜明的个性，发达的沿海贸易突破了一般城市的规模，上海走出了一条自己的路，逐渐向一个商业化的城市发展。长期以来，中国的文化中心在中原地区，上海所在的吴越地区备受冷落，虽然宋元之后文化中心向吴越一带转移，但是上海长时间处在主流文化的边远地区，各种区域文化汇集于此，使上海文化具有很高的开放性和宽容性，正因为如此，上海在西方文化涌来时，显得从容、大度、兼收并蓄。

在中国几千年的封建社会中，农业生产以及乡村手工业是最主要的经济形式。在中国的传统观念中，农业是"本业"，商业则是"末业"。而土地作为农业生产的最根本要素之一，是很少大规模流转的。上海开港后，随着租界的面积的不断扩张，殖民机构、商店、银行、工厂逐一建设，地价也急剧上升。从此，土地开始被视为商品，世人开始以一种新的视角来看待土地的价值和它的商品化意义。在土地商品化的过程中，土地所有者可以获得高额的租金，即使土地出售后，也可以用回收的资金转而投资其他的工商业，土地的抛售就显得有利可图。"据民国初年江湾乡的统计，这个租界之外的农业乡，田赋收入已在整个税收中占很小的比例，计征银八千五百多两。而其他如货物税（三千元）、杂捐税（一千元）、田房契税（七千元以上）、洋商年租（五千八百多元）、烟土捐（二千七百多元）等工商税收成为重要税收，其中又以地租收入为大宗。"① 可见，在开港后的上海，旧的土地关系和土地所有制已被彻底瓦解。

既然离开了土地而从事工商业也可发家致富，社会上便随之出现一种反传统的重利思想，人们开始为工商业正名。虽然这种思想在当时的社会观念中并非主流，但工商业从业者社会地位的逐渐提升确是一个不争的事实。传统士绅开始反思工商业对于社会的意义所在。很多士人从传统经学中脱身出来，投入到日益兴盛的工商业发展浪潮之后。而这又进一步提高了工商业从业者的社会地位。上海的商人群体也在这一过程中日渐壮大。

商品经济发达，商人的地位的提高，以及生活质量的改善为上海所在的江南地区形成一个多样化的生活观念提供了可能。西方商品的大量涌入，使得上海逐渐形成了在生活方式上追求新奇奢华，在行事作风上力求西化的社会风气，这又为上海对西方文明的受容提供了一定的保证。上海租界建立后，一批批外国人从异国他乡来到上海这个充满机遇和挑战的地方，选择在租界里安家落户，把他们先进的物质文明、议会制度、市政管理、伦理道德、价值观念、生活方式等带到租界，让这些东西在上海逐渐被理解、接受、模仿、采用，很自然地把西方的文化传播到上海，传播到中国。由此，在上海租界里中国和西方文化混合，产生了一种新型文化——租界文化。通过租界所展示出来的西方文化以及租界与华界的巨大差距，强烈地刺激着上海人，影响着上海人对待西方文化的态度。上海商人开始仿效西方，主动设立起煤气公司、电力公司；上海市民也有了日趋健全的公共秩序意识和法律意识；上海人见西方人使用电灯、电话、自来水，也学习他们的样子，照章办理；发现西方严格的市政管理制度和民主制度的有效性和合理性后，自觉仿效；选举产生议事会、参事会，有效仿效租界制度……这些行为都是上海人认同西方文化的表现，也是中西方文化在实践中进行交流及融合的体现。在近代中西文化交流中，极少有人对西方文化做实地考察从而真正地了解西方，因此，中西方文化的交流并没有深入到社会实践的层面上，但由于租界的存在，西方人不仅带来了自己国家的器具，还带来了先进的社会制度、生活方式等，使中西文化在实践的层面上，从容地接触、融合。

自 1843 年开港以来，上海的对外贸易始终处在持续增长的状态之中，

---

① 李天纲：《简论上海开埠后的社会与文化变迁》，载《史林》1987 年，第 104 页。

进出口外贸总额在 10 年间猛增了 40 余倍，到 1853 年达到 2500 万两左右。① 在很短的时间里便取代了广州在我国的贸易中心的位置。随着外贸重心的转移，原本在广州设立贸易中心的商人纷纷来到上海，将其贸易基地从广州搬迁到上海。甚至有些中外商人还参与了上海港的码头建设，或者在上海建立船厂船埠。各国洋行在不到十年的时间里数量扩大了 10 倍，从上海开港之初的 10 余家猛增至 120 余家。从 1850 年开始，上海出现了一大批专营进口棉布销售的清洋布店。同时期，茶叶出口也方兴未艾，专门从事出口茶叶生意的茶栈有三四十家。进出上海港的外国船只总吨位在这十年间也猛增了近 40 倍，达到 30 余万吨。黄浦江边也陆续建成了 10 多座驳船码头，共开设了近 10 家船厂船坞。②

在 19 世纪 50 年代之后，随着外来人口的大量增加，上海的经济进入了缓慢发展的阶段。这个时期的经济仍以外贸为主，近代工业刚刚产生，还相当弱小。经济的发展也一度陷入困境，银行倒闭，码头栈房弃之不用，对外贸易值也变得时增时减徘徊不定。无数曾在码头船埠工作的工人不得不流落街头，大量涌入上海找不到工作的难民随处可见，上海租界内甚至爆发了大规模的瘟疫。直到 19 世纪末 20 世纪初，租界的商贸各业才重新获得繁荣，并开始踏上初步工业化的道路。

上海开港和租界的建立从客观的角度而言，确实使上海经济进入了繁荣发展的阶段，然而在这种繁荣的表象之下，上海的开港和上海租界的出现毕竟是外来者武力侵略和经济殖民的产物，是西方列强控制中国经济命脉，对中国财富进行掠夺的跳板和基地。在这种状态下，租界的外来者是统治者，而原本生活在这片土地上的中国人却成为被统治者，不得不忍受剥削和压迫，这在上海经济高速发展的背景之下，不啻为天大的讽刺。

第二节 烟台的开港与城市发展

一 烟台的历史沿革与开港过程

烟台位于胶东半岛黄海南岸，北纬 37°27′，东经 121°16′，属于温带大陆性季风气候，全年平均气温为 12.6℃。烟台北临黄海，南接青岛，

---

① 张仲礼：《近代上海城市研究》，第 754 页。
② 编写组：《上海港史话》，上海人民出版社 1979 年版，第 146 页。

现在是一个拥有 700 多万人口的经济强市。烟台港终年不冻，具有良好的港口条件，是中国北方沿海的主要港口之一。烟台市因港而兴，但烟台作为城市的历史并不长，在有"孔孟故里，齐鲁大地"之称的山东省，烟台与青岛、威海等城市一样，都是近代以来兴起的城市。

很早就有人类在烟台地区进行活动。1972 年，在烟台市区发现了白石村遗址，可以证明早在 6000 多年前烟台地区就已经有了原始人类的聚落。当时活跃在胶东半岛的族群被中原民族称为莱夷。《尚书·禹贡》记载"莱夷作牧，厥篚檿丝，浮于汶，达于济"①，这说明当时莱夷人的畜牧业和蚕丝业较为发达。莱夷人依靠沿海优势，在长期的生产生活中发展起了渔业和盐业，并且与山东内地互通有无。春秋时期，烟台地区为莱国地，后莱国在公元前 567 年被齐国所灭，烟台地区也被并入齐国，芝罘岛此时也成为了齐国祭祀的圣地。并入齐国后，该地区的文化和经济水平进一步提高，人类活动的范围也逐渐扩大。齐景公曾问晏子曰："吾欲观于转附、朝舞，遵海而南，至于琅琊，寡人何修，则夫先王之游。"② 此处转附即指芝罘，朝舞则为成山，由芝罘、成山沿海向南航行，可见当时该地区的海上交通已经较为发达活跃了，同时能够知道芝罘此时是齐国一个重要的港口。

公元前 221 年，秦灭齐，六国皆亡，秦国完成统一大业。灭齐后，秦在今烟台市福山区设立腄县。此后，一直到清末，福山县都是烟台地区的行政中心。而芝罘岛上作为八神之一的阳神主庙也受到了秦帝国的关注，秦始皇就曾三上芝罘岛亲自祭祀阳神。西汉时期，在今烟台地区又新设两县，为牟平与东牟。此后，烟台地区的行政单位裁撤变化频繁。

元时，南北洋的漕粮运输是影响国计民生的重大经济活动。漕粮海运从朱清、张瑄献策开始一直到废止共有 80 年之久（1283—1363）。而芝罘湾地处山东沿海的北部，是南北洋海上运输线上的必经要道，崆峒、芝罘等岛屿又是天然的航海导航标志，很容易被航海者认识与利用。元代的漕粮海运起始于今苏州太仓刘家港，止于天津杨树码头，全程"凡一万三千三百五十里"。而"荣城之石岛、俚岛，文登之威海，福山之烟台，蓬莱之庙岛，为粮必经之路"③。但是总体来说元代漕船对芝罘湾的利用

---

① 《尚书·禹贡》。
② 《晏子春秋·内篇问下》。
③ 方汝翼：《增修登州府志》卷 22，光绪七年刻本。

还是比较简单，基本上只是将其作为躲避北风、偏北风的避风场所。

明清时期，烟台地区兴起了以军事职能为主的城镇，并大大增加了城镇数量。芝罘湾地处要津，是扼守渤海湾的重要门户，而且与朝鲜、日本隔海相望，可谓"外控诸邦，内卫中夏"①。明朝时，建立了卫所兵制。洪武三十一年（1398），明太祖下诏新建胶东四卫两所，其中就有作为今烟台市区城镇雏形的奇山守御千户所。明朝的军事编制体系分为兵部、五军都督府、都司、卫、所五级，层层隶属。但守御千户所不同于一般的千户所，它直接听命于都司，而不受上一级卫的管辖。因此奇山守御千户所不受登州卫管辖，而直接受命于山东省都司。奇山守御千户所位于成山卫和登州卫之间却不受两卫节制，可以想象它除了镇守地方，防御海寇，应当还有替中央监视地方的特殊功能。

奇山守御千户所的千户官居五品，而县官才七品，因此千户所应当不受所在地方县官的管辖，而具有一定独立性。不过明太祖虽然下诏建立奇山守御千户所，但颁布诏书的当年就驾崩了，即位的明惠宗又立马着手削藩，引起朱元璋四子朱棣起兵"靖难"，造成了夺位的内乱。朱棣靖难成功夺得皇位，即后来有"永乐大帝"之称的明成祖。朱棣本为燕王，明朝建立后一直在北平（今北京）镇守边疆，手握重兵，是诸藩王中最有实力的人。由于朱棣一直经营北平地区，根本皆在此，夺取皇位后，便将首都从南京迁到了北京，这更加凸显了山东沿海各卫所拱卫京都的重责。不过此时奇山守御千户所的资料都还尚未见于史料，直到明宣德六年（1431），第一任奇山守御所千户张昇到任后，才用十年时间将奇山所城建成一定的规模。

清兵入关后，清朝统治者为了对付台湾的郑成功政权，决定实行海禁政策围困它，"将山东、江浙、闽广滨海人民尽迁内地，设界防守，片板不许下水，粒货不许越疆"②，导致北起山东南至广东的沿海化为一片废墟，靠海而生的芝罘湾岸自然也难以幸免。

明时所建的奇山守御千户所是今烟台市区最早出现的城镇雏形，然而所城显然还不具备城市的性质。因军事需要而兴建的所城，更像是一座兵营或者城堡。奇山守御千户所的遗址现今成为山东省省级文物保护单位，也是烟台市奇山街道名字的由来。然而也可以看出，奇山所并不是烟台成

---

① 《山东通志》卷1。
② 《海纪辑要》卷1。

为城市的全部，首先最重要的城市名称就并不是来源于奇山守御千户所。有关烟台一名的由来，"考古无烟台之名，以其附近之罘，故外洋通商，皆直名以之罘。其实之罘尚在烟台北，隔海相望，非一地方"①。据康熙年间罗博所修的《福山县志》地舆图所示，"福山县沿海的墩台共有15座，自西向东的14座均称墩，唯有最东面的一座称'烟台'"②。烟台本建在西南河与东河的河口的小岛上，后来泥沙淤积与陆地相连，人们便将其称为烟台山，并以烟台来指代该地区。但直到中华民国成立前，烟台仍属于福山县的范围之内，不是正式的名称，许多早期的外籍文献也有称烟台为chefoo，即之罘。中华民国成立后，成立胶东道，其道厅仍驻福山县，后来民国政府取消道，1934年设立烟台特区，此时烟台才算正式独立成为一个行政级别。

开港前的烟台，虽然不是著名的商港，但也已经发展为北方较大的商贸港口。明代的海禁以及清朝前期的闭关锁国政策对于需要靠海活动的烟台地区有很大的影响。清道光四年（1825），京杭大运河"高堰漫口，运道浅阻"，漕运困难，因此清廷于道光五年（1826）实行海路运粮，由上海运往天津，并规定海运漕船可以"八成载米，二成载货，由海关查明免税放行"③。烟台正好位于此条海路的中转之地，因此运粮的沙船常在此中转并进行一些简单的贸易，烟台港的贸易由此兴起。

第一次鸦片战争后，东南沿海五港开埠通商，烟台港尚不在开放之列。但因为位于沿海要冲，受到英法等西方列强的关注，走私活动频繁。此外受南方开港的影响，洋货大量出现，也增加了烟台港的商品种类。"（烟台）其始不过一鱼寮耳，渐而帆船有停泊者，其入口不过粮石，出口不过盐鱼而已，时商号仅三二十家，继而帆船渐多，逮道光之末则商号已千余家矣。"④ 随着烟台贸易的扩大，开港前"烟台的贸易已经表明它是一个重要之地，人们已经充分地知晓这一点"⑤。第二次鸦片战争期间，英法联军共同侵犯北京，烟台则被法军当作侵略北京的军事基地。法国很早就对山东省展开了调查，无论地理位置还是自然条件，港口贸易还是物产资源，烟台港都是当时山东北部沿海较为优越的港口，法国侵略者对此

---

① 刘精一：《烟台概览》，烟台概览编辑部1937年影印版，第1页。
② 丁抒明：《烟台港史（古、近代部分）》，人民交通出版社1988年版，第17页。
③ 故宫博物院：《钦定户部漕运全书》，海南出版社2000年版，第355页。
④ 王陵基：《福山县志稿》，烟台福东书局1931年影印版，第709页。
⑤ 英国驻烟台领事馆：《1865年烟台贸易报告》，烟台市档案馆藏。

非常了解。在侵占烟台港之后，法国军队安营扎寨，操兵练员，还对过往的沙船进行劫掠，甚至在"烟台山以东俱造码头"。不过这些在海岸边砌造的码头的规模都不大，对港口的改善效果并不明显。

虽然烟台的地理位置十分重要，在开港前也是比较繁荣的商港，但实际上烟台不是《天津条约》或者《北京条约》所规定的开放港口。根据《中英天津条约》第十一款记载，除南方五口外，清政府应当"在牛庄、登州、台湾、潮州、琼州等府城口，嗣后皆准英商亦可任意与无论何人买卖，船货随时往来"①。后来签订的中英"北京条约"主要是为了承认"天津条约"的有效性，在内容上并无多大改动，因此从条约的实际内容来看，真正的开港地应该是当时主管烟台的登州府城口（即今烟台市蓬莱区）。"天津条约"虽然规定了登州府城口开港，但当时仍然属于待定性质，一直到"北京条约"签订后，才正式确认了登州府城口的开港地位。在"北京条约"签订后，英法联军从北京陆续撤出，英国兵舰在驶抵庙岛海面时，英军的翻译官达文波等四人在蓬莱的天桥口登陆，并"随（遂）至镇署呈出钦差公文一角，外白布包一件，进城内系'和约'告白"②。并要求登州官府允其在庙岛盖房过冬，令当地居民以礼相待，接济食物。实际上他们是以投递"和约"和归还抢夺的沙船为由，达到察看山东内地形势的目的。他们甚至声称"莱州、胶州、利津、铁门关各海口"，都要"设立码头通商"。登州官员指出这不符合条约规定当即拒绝，达文波等人理亏只好放弃。

随后英国派驻登州领事官马礼逊考察山东。马礼逊从天津出发，先是到达山东德州，然后又沿着临清、东昌、济宁、曲阜一线，深入到山东内地。在对山东内河地区以及登州府城口进行一番考察后，认为内地河流"地隘水浅，大船未能前进"③，而登州府城口的港口条件也不甚良好，"它的港口浅，并且非常无遮蔽"④。因此他要求以地理位置优越，自然条件良好，贸易活动兴盛的烟台港来取代登州府城口作为开港地。除了烟台港口条件优越这一点，在第二次鸦片战争期间，法军控制烟台港作为军事基地这一点也引起了英国人的注意。烟台以其地理位置来说是控制京津直

---

① 王铁崖编：《中外旧约章汇编》，第97页。
② 参见《文煜折》，咸丰十年十一月。中国第一历史档案馆藏，第468号卷。
③ 《夷酋行抵省垣前来臣谒见情形折》，中国第一历史档案馆藏，第468号卷。
④ Robert Coventry. *Shantung the Sacred Province of China*. 上海海关出版社1912年版，第7页。

隶地区的要地，选择烟台开港同时也能够将法国排挤出中国北方。不过对于烟台并不是条约中所规定的开港地这一点英国人是非常清楚的，有英国人这样写道"在天津条约签订之前，烟台的贸易已表明他是一个重要之地，人们已经充分地知晓这一点，奇怪的是没有一个英国商人特别提出在条约里规定开放烟台的要求"①。然而，清廷对于英国明显的违约行为并不重视，而是选择了默认。

二　烟台开港后的港口建设与港口贸易

1861年，烟台开港后，随即着手建立海关征收关税。当时清政府主管外国事务的总理各国事务衙门认为"登州向系私设口岸，隐匿多年，现既新立口岸，自应派员专理"②。马礼逊在确定烟台开港后，亦催促登州地方官员加紧筹办烟台开港事宜，地方要员董步云等人商量后，草拟了一份通商章程上报给三口通商大臣崇厚。崇厚认为"所议章程，虽系因地制宜，惟于条约新章多有不符之处"③，决定派王启曾等人直接到烟台办理开港事宜。

当时的董步云早已将烟台厘局重新开办，不过不久便与另一位官员玉廉发生了冲突。董步云为老厘局成员，权势较大，为了削弱其掌控厘局势力，玉廉指使手下到厘局闹事，"初则抢夺徐大荣（董步云派人）戳记，继欲驱逐董步云幕友，并责罚漏税"④。后来山东巡抚谭廷襄了解到此事，便一同查撤了董、玉二人。

烟台厘局的权势之争，对港口税务管理造成了极大的混乱，"……抽收厘金，办理诸形含混"。"除芝罘岛烟台外，尚有石岛、庙岛并武定附属之大山、利津等口，统计大小海口不下数十处之多，中外商船皆可随时卸货。"⑤ 而马礼逊又在烟台山拟建英国驻烟台领事馆，外国商船也接二连三抵达港口装卸货物，港口秩序陷入一片混乱。

在这种形势下，王启曾与随行人员经过短暂的筹备之后，于咸丰十一年七月十七日（1861年8月22日）独自宣布开关征税，烟台港自此对外开港。设立海关后，尽管存在着许多弊病，不过很快就得到了清廷的承

---

① 英国驻烟台领事馆：《1865年烟台贸易报告》，烟台市档案馆藏。
② 《筹办夷务始末》，咸丰朝，卷8，中华书局1979年版，第2677页。
③ 《筹办夷务始末》，咸丰朝，卷8，第2900页。
④ 丁抒明：《烟台港史（古、近代部分）》，第36页。
⑤ 丁抒明：《烟台港史（古、近代部分）》，第37页。

认。咸丰十一年十二月十七日，总理衙门领班大臣奕䜣上奏道："北洋三口自本年开办以来……虽续据该委员（王启曾）等禀报，该口（烟台港）已于七月十七日开办，迄今究未能办理划一，卓有成效。"后又在同治元年继续奏称："闰八月二十三日准办理三口通商大臣崇厚咨称，窃查东海关、山东登莱青道崇芳于本年二月移札烟台接办关务……"① 这说明烟台的东海关已经被清廷认可了。

东海关建立后，立即整顿各海口厘局，把分散在全省沿海的 5 府 16 州县原自行管理的 23 个海口厘局改制为东海关监督衙门管辖的 23 个常关。东海关监督衙门刚设立时，只有监督领导口岸税务员、登录员和后勤人员展开海关工作。东海关监督衙门直属清政府户部，后来逐渐完善和扩大内部机构，分为登录和征收关税两个部门。

1858 年签订的"中英通商章程善后条约"是《中英天津条约》的补充条款，其中第 10 款"任凭总理大臣邀请英人帮办税务，并严查漏税，判定口界"，"各口划一办理"② 成为洋人把持海关税务工作，并将其从上海海关推向全国各通商口岸的条约依据，外籍税务司制度从此确立。东海关开办之初，烟台港便由东海关所管。至崇芳接管东海关时，亦未设立税务司一职，港口管理权仍由中国人掌握。但是当时清廷内部负责通商事务的官员却公开宣称"时外国人充当税务司，能帮同各海关监督实力稽征，已属卓有成效"③。海关迟早会被洋人把控。加之东海关设立之初，洋人货船不允许海关巡役登船检查，又加上语言不通，征税工作便无法展开。在这种情况下，崇芳便出面邀请英法两国领事共同商议征税事由。后来外国人分两批来烟，先是翻译与扦子手，然后是东海关第一任税务司汉南（C. Hannen）。自汉南充任首任东海关税务司以后，东海关管理权落入外国人之手长达 80 年之久已是一个不争的事实。

1861 年烟台开港后就能直接同外国进行贸易，贸易性质有了质的变化。直到青岛开港将其取而代之，烟台可以说一直是山东唯一的贸易中心。从 1864 年到 1894 年，烟台的贸易进出口总额从 902922 海关两增至 15347853 海关两，30 年间增长了约 17 倍。当时的北方三港（烟台、天

---

① 《请将山东省沿海各口州县税务责成登莱青道经理并颁给监督关防以专责守恭折请旨遵行折》，中国第一历史档案馆藏，卷 451 号。
② 王铁崖编：《中外旧约章汇编》，第 118 页。
③ 《筹办夷务始末》同治朝，卷 16，中华书局 1979 年版，第 1660 页。

津、营口）中，烟台的贸易是其余两者之和的两倍，营运进出港艘数一直处在领先地位。其时，烟台港在全国各口岸中，最高时排位第7，最低16，是中国北方的第二大港口。①如此繁荣的港口贸易，自然吸引了众多中外商人及寻求谋生机会的人员来烟，"各路巨商云集，添行铺数百家"②。

烟台同国外市场的贸易（即直接对外贸易），基本上以英国（包括英国殖民地香港）、美国、日本、俄国和朝鲜为主。不过烟台的贸易在甲午战争前，大部分还是依赖国内市场转口，同国外市场的直接贸易所占比重较小。就进口方面来说，国外直接进口的洋货平均值只占进口总值的1/3，其余则是国内（主要为上海）转口输入。1893年烟台"所有洋货进口价值，次数（直接从外国进口数）仅居十之三成，其七成则系由上海进口"③。1894年以后，烟台对国外市场的直接贸易有了较大幅度的增长，到了1901年左右已大致可以与国内外口岸的转口输入值平分秋色。

烟台出口的货物主要由豆类、草辫丝绸、粉丝及海产品等。开港最初十年，豆饼、豆油等豆类品出口值约占烟台土货出口总值的50%。1863年开始出口的草辫至1880年时出口已达4.9万担，货值近112万海关两，占烟台土货出口总量的33%。烟台的生丝及丝织品也大量出口到海外，到18世纪90年代以后生丝和茧绸便取代了豆类和草辫，成了烟台最重要的出口商品，其出口值大约能占到总值的一半。此外1894年，朝鲜仁川开港后，烟台因其地理优势，与朝鲜的贸易额快速增长，在当时中朝贸易总额中所占比重曾一度过半。④在烟台与朝鲜的贸易品中，高丽参则是主要的商品。

此外烟台贸易还具有明显的殖民地贸易特征。其表现为两点：（1）大量的鸦片进口；（2）本地商人贸易权的丢失。烟台开港后，始有鸦片以洋药的名义进口。鸦片贸易的暴利使得在烟台的中外商人都竞相加入到进口和走私鸦片的行列中来。在烟台开港后的几年中，外国鸦片的进口数量激增。从海关的贸易统计来看1864—1872年每年的进口数量分别

---

① 交通部烟台港务管理局：《近代山东沿海通商口岸贸易统计资料》，对外贸易教育出版社1986年版，第4—7页。
② （清）郭嵩焘：《郭嵩焘日记》，湖南人民出版社1980年版，第53页。
③ 海关总署办公厅，中国第二历史档案馆：《中国旧海关史料》，载《光绪十九年烟台口华洋贸易情形论略》，京华出版社2001年版，第99页。
④ 刘畅：《国内、国际交易网中烟台的特点》，《韩中人文学研究》2011年第34期。

为：1401担、2685担、4042担、2971担、3553担、3219担、4192担、3574担、4327担。在烟台进口的洋货中，鸦片和棉纱所占的比重是最大的，在某些年份中鸦片甚至能占到40%。① 出现这种情况的主要原因自然是在1858年签订的《天津条约附属通商章程》中将鸦片贸易合法化了。其规定"向来洋药（即鸦片）……等物，例皆不准通商，现定稍宽其禁止，听商遵行纳税贸易，洋药准其进口"。又规定鸦片税率"凡外洋及内地客商在各省关口贸易者，均照酌定税则：上海一口，议定每百斤税银三十两，所有各海寇及津关，均系一水可通，在内江河面凡船只能到各税关口者，均请照上海一律输税。其民间买卖，于（咸丰）九年（1859）三月初一日，出示晓谕，一月以后，悉照新定条例，一体遵行"②。既然鸦片贸易已经合法化，又定下了关税，则鸦片也就无限制地进入中国市场了。

烟台开港初期的贸易主动权原本是由本地人掌握的，因此还出现了不同的商帮，如山东帮、宁波帮等。他们主要经营水产、煤炭、米谷、铜铁等一系列商品。本地商人开设行栈来进行大宗商品的交易，其中较大的行栈有大成栈、西公顺、双顺泰等。通过这些行栈贸易，进口的洋货和转口土货能够很快地进入腹地市场，促进了烟台经济的发展。但是随着外国商人在烟台建立洋行，本地人逐渐丢失了贸易权。洋人设立洋行既有雄厚的资本优势，又有条约赋予的通商特权，因此在与华人的贸易竞争中占尽了便宜，很快在土货直接出口和洋货输入方面形成了垄断形势。

三 烟台开港后的近代产业发展

为了能够掌握烟台的贸易主动权，外国资本纷纷在烟台设立洋行。其中英国人麦斯·福开于1861年开办的福开森公司是烟台的第一家外国洋行，主要经营航运贸易。1866年，海关码头建成后，该洋行租赁的一艘货船"芬塞尔"号，满载英国煤炭，从英国的加的夫出发顺利到达烟台。为了庆祝这次的试航成功，当时的英国驻烟台领事馆向东海关申请，免除了该船的吨税。1864年，和记洋行以代理一般船务起家。业务逐渐扩大到航线经营与航行保险等领域。30余年后，和记洋行已经发展成为华北地区最为著名的英国企业，是经营烟台港航线最主要的公司之一。1934

---

① 李军：《晚清烟台的鸦片贸易》，《鲁东大学学报》（哲学社会科学版）2011年7月。
② 王铁崖编：《中外旧约章汇编》，第117页。

年和记洋行重组改名为茂记洋行，并在青岛和威海设立了分行。

19世纪80年代，在烟台设立的洋行已经有20多家，其中以英美洋行居多。不过之后也有德国的盎司洋行、日本的三井洋行加入。盎司洋行成立于1886年，主营进出口业务与航运保险业务，同时也经营一些航运代理业务，是德国在烟台地区规模最大的企业。经由烟台港开展的很多贸易活动都能看到它的身影，它不但开拓了烟台出口柞蚕丝的业务，更是将烟台港变成了中国花生输往欧洲的起始港。

三井洋行是日本企业三井组中经营活动最为活跃的部门之一。三井组总部设于东京，于1898年在烟台设立分支机构。烟台的三井洋行主要经营煤炭进出口以及朝鲜高丽参的进口业务。是朝鲜政府唯一授权的高丽参代理洋行。从这两家洋行也可以看出，当时的德国在统一后、日本在甲午战争后，也积极地参与到资本掠夺的行列中来。尤其是日本垄断高丽参经营，也能看出其在朝鲜的影响力之深。这些洋行垄断和控制丝绸、草辫、棉纱、棉布、煤油、火柴的输出入和运销，并进一步将经营业务范围扩大到包括航运、保险、贸易和金融代理等行业，催生了诸如报馆业、经济业、转运业、堆栈业等行业。

开港后，由于贸易和产业的需要，外行纷纷来烟设立分支机构。1901年前，主要有英国的汇丰银行、麦加利银行，法国的法兰西银行，日本的横滨正金银行，以及俄国的彼得堡国际银行和华俄道胜银行等。除了华俄道胜银行有办理定期存款、开设往来账户、发放有息贷款等正常银行业务外，其他银行代理处多寄居在某个洋行内，从事国际汇兑、转账结算以及放款等业务。

烟台开港后，兴起的工业中，既有传统手工业又有近代机器工业。传统手工业有榨油、打铁、缫丝和酿酒等工业。其中打铁业因烟台周围山路曲折，"一切都靠骡子来驮，而没有比这更好的运输方式"，"每天到烟台驮运的骡子达三千头左右，而这里又是他们旅程的终点，所以大多数都在这里换蹄掌"，就带动了此处打铁业的盛兴。据《1882—1891年烟台十年报告》记载"本地区行业变迁中唯一值得注意的为打铁工人数的大量增加。据说1882年就业人数为五百人，到今天，估计已达五千人了"。由此可见当年烟台打铁业的盛景。

而有关机器工业的诞生，首先是由外商投资的。1866年德国的李契曼船舶修造洋行在烟台成立，主营船舶的修理建造，此为烟台机器工业之先河。1872 年，德国在烟台设立属于试办性质的烟台蛋粉厂，制造蛋粉并出口，不过不久即停业。1877 年德国的 Crsemann & hagen 洋行在烟台设立烟台缫丝局，用机器进行缫丝，产品全部用于出口，这是山东省最早的近代缫丝厂，扩大了烟台柞蚕丝的输出量。该厂"备有缫丝用的蒸汽机和其他外国机械"，以缫丝织绸业为主营业务，刚开始用外国的手摇机，有织布机 200 架，配有两个外国技师监督工人，织出的丝绸质量要较土货更好。1882 年改为中德合办后以华资为主，但经营不善，负债较多被收买，成为德国企业后改用蒸汽机，效率大增。到 19 世纪末，在烟台设立的外国投资企业数量达到了 26 家。

华商也开办了一系列工厂，1890 年由华商投资成立协成机器厂，这是烟台首家民族资本创办的企业，但是资本额较小，仅有 1500 元，因此留下记录较少。1895 年爱国华侨张振勋秉着"致强之道以富国为先，理财之原以经商种植为要"的宗旨创办了张裕酿酒公司，开创了烟台新式酿酒业的先河。张振勋自筹资本 200 万元购齐公司必要之设备，资本额为当时民族资本之最，员工数达 300 人，希望"将来大著成效，渐推渐广，所以与中国自有之利益者在此，所以挽历年外溢之利权者亦在此，其于国计民生，裨益岂有穷哉！"这是我国近代唯一的体系完整的葡萄酒企业和当时远东最大的一家葡萄酒公司，在国际上影响深远，致使"舶来品所受影响殊巨"，至今仍然是烟台的一个名片。

烟台开港后，随着它成为山东乃至中国北方重要的经济贸易中心，势必会拓展交通的建设。因港口贸易而兴盛起来的烟台，水路方面得到了较大的发展。到了 19 世纪 80 年代，以烟台为中心的商船货运航线主要有山东沿海、辽东航线、天津航线、江浙航线、闽广航线等，进出烟台的货船既有山东本省也有外省的。原本清廷考虑到江浙闽广的民船漕运的利益在"中英通商章程善后条约"中特别记载"豆石、豆饼在登州牛庄两口者，英国商船不准装载出口"，这大大限制了外国船只的海运。但当时由于清廷为了借助外力来镇压南方的太平天国运动，以至条约不断松动，先是"准洋商雇内地商船在登州、牛庄两口装载豆石，或运往南省，或运至天津"，最后于 1862 年完全解禁，准令外国商船受运。这冲击了当时在烟台的国内航运船只，出现了烟台港海运被国外把持的局面。

在陆路方面，烟台开港后，附近潍县等地商人利用烟台开港贸易量激增的机会，将烟台和潍县之间的烟潍商路发展成了胶东地区的一条主要贸易线。这条贸易路线不但涵盖了几乎整个胶东地区,甚至连接了京津地区,使烟台港的贸易商品可以直达京津要地。19世纪后半期,烟维商路已经发展成为整个山东乃至华北地区最为繁忙的商业路线之一。通过烟维商路,烟台港的贸易辐射能力不但涵盖了登青地区,甚至扩大到山西、河南等黄河中游地区。1886年官府又修筑了烟黄大道,烟台东通文登、宁海、荣成,南达海阳、莱阳直到青岛,形成了以烟台为贸易中心的商路。

烟台也是山东邮局最早发轫的地区。烟台邮局成立于1878年,归海关管理。至1891年,在烟台与山东内地及各埠口之间从事邮政业务的共有5个分部。1885年烟台与上海及国外市场之间开始办理电报业务。1898年,清政府所属的大清邮政总局在烟台成立分部。1900年,在烟台与塘沽、崆峒岛、天津、上海威海卫及青岛之间,铺设了海底电缆,同年,电讯联营的分部在烟台成立。德国还在烟台设立了电话电报局和邮局。这些新型通信工具的出现,方便了烟台与外界的联络,促进了烟台经济贸易的发展。虽然有些尚不够全面,但也是烟台近代化的一个重要标志。

四 烟台开港后城市社会发展

烟台开港后,对其最大的影响就是从一海滨小渔村一跃成为该地区的中心。烟台原本只是福山县下辖的一个渔村,实际上直到新中国成立前,烟台都没有正式的行政级别。但是这并不意味着烟台没有成为该地区的行政中心。

在烟台港开放四个月后,奕䜣等人上奏要求"仿江苏上海,浙江宁绍台等道之例",将登莱青道移驻烟台,以便烟台的关税管理。登莱青道移驻烟台后,道台崇芳同时兼任东海关监督,并将原属厘局征收的山东沿海的税金和厘金全部划归到道署管辖,并开设了户关。户关的管理范围极大,分置五府十六州县,管理大小24港,涉及整个山东沿海。海关和户关设置之初名称混乱,都统称东海关。经过长时间的演变,才约定俗成,户关称为"烟台常关",而东海关专指海关。东海关建立后,制定了一系列的规范和章程,使海关制度得以确立。

东海关的建立是烟台发展史上重要的一个转折,它标志着烟台港由无人管理的状态走上了有机构管理、规划和建设的轨道,"使烟台港开始真正承担起在水陆交通运输中的枢纽职能"。东海关、烟台常关以及登莱青道移驻烟台，说明该地区的政治经济中心已经转移到了烟台。另外，在烟台正式开港后，各国纷纷在烟台修建领事馆。从最早的1862年的英国、法国在烟台山上的领事馆开始，一直到20世纪初相继有17个国家在烟台修建了领事馆，领事馆数量超越省会济南和青岛，由此可见当时烟台的重要地位。在中国古代，"没有一座城是由于工商业的发展和人口的聚集，而逐渐发展演变为城市的"，所有城"都是由政府兴建的"①，而烟台可以说是中国近代由工商业兴起而建立的城市的典型之一。

烟台开港后，城市发生巨大的变化。首先烟台依靠港口，很快形成了以商业、运输业为主的经济中心。在经济上，烟台开港前虽然有一些商业活动，但都是南船北至的小宗贸易，并且具有很强的偶然性，烟台的影响并不明显。而开港后，则"各路巨商云集，顿添行铺数百家"，烟台山麓由于外国使馆的营建，短短几年内"始由荒凉—转为繁华"。②

开港前，烟台仅有奇山千户所（俗称"所城"）和天后宫两处具有城市萌芽性质。开港后新盖房屋万余间，争相购买地皮，尺土寸金。"各国领事馆，美国总领事馆，日本、英国、德国、法国的领事馆都散建在港头突出的烟台山上"③。烟台城区的建设当然受到烟台港的影响，可以说完全是依港而建的。不管是各国领事馆、洋行还是外来人口的定居点，都自然选择了港口附近，并向外扩张，最终将原来的天后宫和所城连成一片，构成了烟台城区。烟台第一座公用码头称海关码头，始建于1865年，全长约257米，西端宽约33.5米，主体由长方石条灰砌成，内部以沙石泥土夯实平整。海关码头的建成，"为更有效地施行检查和更快地卸货提供了极大的便利，各种船只都可以停靠在旁边，并为旅客登岸提供了方便"。海关码头建成后，港口的活动中心也从天后宫一带转向了海关码头。但是，总体来说烟台码头的建设还是比较落后的。总税务司编写的《东海关十年报告（1882—1891）》对烟台的发展前途如此评价："烟台也缺乏宽敞的装卸设施，多年来曾经规划修建外港码头，以便使货物可以不受潮湿的影响随时装卸；……但是由于没有统一的行动，这个规划至今仍未能实现"④。

---

① 全汉昇：《中国经济史论丛》，中华书局2012年版，第335页。
② 日清贸易研究所编：《清朝通商综览》（第一编），日清贸易研究所1882年版，第14页。
③ 东亚同文会：《中国省别全志·山东省》，东亚同文会1917年版，第117页。
④ 海关代税务司卡雷尔：《东海关十年报告（1882—1891）》，烟台市档案馆藏。

随着城市的发展，烟台也吸引了大量的外来劳动力来烟台就业、定居。港口开放十年后，在烟台从事各行各业的人数已经达到三万多人。这三万多人是完全脱离农业的，而且从事的都是跟港口直接或间接关系的行业。由于烟台的人口增长是机械增长，而不是自然增长，也引起了一些人口结构上的问题，比如1874年时，烟台的男性比例高达80%，女性仅有20%，男女比例严重失调。烟台的移民大多来自省内，省外也以北方与烟台有关系的东北河北为主。根据调查，1933年烟台人口中山东籍者有111610人，而省外人口则只有27902人。此外，还存在着人口密度大、受教育程度低等问题。

开港后的烟台成为西方传教士来华的桥头堡。山东省作为孔孟之乡，是西方传教士"福音"传播过程中最渴望征服的对象之一。而烟台是山东省最早开放的通商口岸，传教士在烟台传教能够得到西方政治和军事上有力的支持。诚然，教士的传教活动带有一定的文化侵略性质，但是客观上教会和传教士在烟台的活动，也为烟台带入了许多近代化的因素。比如在教育上，美国籍传教士郭显德在1866年率先创办了文先小学，后又创办了女校会英小学。1896年两校合并为会文学校。创办女校，说明当时的教会学校已经提倡女子教育。郭显得在胶东地区传教长达半个多世纪，烟台境内就有10余所学校是其创办的，促进了烟台地区教育的发展。再如1898年由登州迁至烟台的启喑学馆，男女兼收，教他们学习文化知识，掌握缝纫、编织、木工、烹饪等谋生技能，发展了烟台地区的特殊教育。还有许多专科技能的学校，为烟台地区培养了一定的技术人才。当然这些教会学校的最主要的目的是传教，传教士倪维思就曾明确提道："在中国办学是最省钱、最有效的传教方法，他们只花费差会的力量和传教士的劳力与时间约1/4，却为该地教会提供了很大一部分的教徒。"[①]

此外传教士还在烟台地区兴建了许多的医院，其中最有名的是毓璜顶医院。教会在山东的医疗活动始于19世纪60年代初，初创时期颇为艰难，甚至有传教士因病而死。1911年美国差会派了美籍医学博士寇帕尔和一名中籍医师，共同筹建毓璜顶医院。1914年医院建成，包含内科、外科、化验科等，专业水平很高，是当时烟台唯一设备完善的医院。传教士在烟台进行的医疗活动、创办医院等事业，不仅改善了教会在普通民众

---

① 史静寰、王立新：《基督教教育与中国知识分子》，福建教育出版社1998年版，第41页。

心目中的形象，也确实提高了当地的医疗水平。传教士还对烟台的产业发生过影响。烟台输出品中占有重要位置的花边和发网就是传教士带来的。花边最初是1890年由美国长老会教士海斯夫妇教授给烟台及登州地区的妇女，不过当时花边应该还尚未进入市场。后来，爱尔兰的传教士马茂兰夫妇创办了烟台实业会，使花边正式成为新兴的产业。花边业的发展，带动了烟台农村妇女的就业，增加了农民收入，"一个女学生半日读书听道，半日做工，每月可得五至八千文。四乡之人闻而羡之争送女儿来此学织花边。辗转相传，数年之久，从事花边工艺的妇女遍及烟台及胶东各县城乡"①。我们不可否认的是在华传教士的传教活动带有一定的侵略性质，他们的活动初衷也都是为了进行传教，但是他们的活动也客观上给烟台地区带来了近代先进的思想，培养了近代先进的人才，有力地推动了烟台城市的近代化进程。

第三节 从牛庄到营口的开港地变迁

一 营口代替牛庄开埠

牛庄又名牛家庄，自古以来是辽东地区重镇。明朝初年，是明朝驻军重要屯粮之所，1372年（洪武五年），"元将纳哈出窜到牛庄，焚烧粮食十余万石"②。1390年（洪武二十三年）置辽海卫隶属辽东都司，后设驿为牛庄驿。当时辽东戍军所需的给养粮米，都是从山东、直隶等地经此转运入辽的。为保证补给安全，明政府于1391年（明洪武二十四年），"置广宁中屯、左屯二卫。先是觞舻侯朱寿督饷辽东，领新编士卒至牛庄码头屯守"③。在明朝初建时期，牛庄港一直是南粮北调的海、河转运中心。从内地通过海运抵达牛庄港的粮米棉布等物资在此经由辽河专运至辽阳、海州、沈阳、开源等都、府、卫所在地的，而辽西地区的广宁、锦州等地所需物资也要经由牛庄港转运。直到1397年（洪武三十年），明政府将输送物资入辽东的政策转为"令本处军人屯田自给"④。至此，辽东戍军

---

① 《直隶实业志》第三期"烟台之丝织业品"，1915年，第4—5页。
② 《明实录5》明太祖实录卷76，第1407页。
③ 《明实录5》明太祖实录卷76，第3144页。
④ 《明实录5》明太祖实录卷76，第3684页。

开始主要依靠屯田解决军粮，牛庄港的重要性有所削弱。

1435年（明宣宗十年），明政府的"海禁"政策又进一步扩展到渤海湾的辽东地区。① 下令停止了牛庄与山东、直隶两省的海运贸易。牛庄港再不复明初"千帆万桅"的繁荣。直到明末清初，牛庄才再度成为辽东地区的军事与经济重镇。1628年（天聪二年），皇太极为抵御明朝军队在牛庄修筑了牛庄城。当时牛庄城"高二丈二只有五，加雉堞，除四隅外，每面建腰台四座"，是一座名副其实的军事要塞。一年后，皇太极又下令在此修建赴盛京（今沈阳）的大道。② 大道建成后，清太宗、圣祖、世宗三代皆巡视牛庄，并在置章京，后加巡检治理。由此可见清政府对牛庄的重视。至清中叶，牛庄增设防守卫，添建仓廒，为粮台重地。1684年（康熙二十三年），清政府下令开放"海禁"。开放"海禁"之后，牛庄港的海运贸易很快又发展起来。当时清政府为了发展辽东这块"龙兴"之地，采取了两项促进东北地区发展的措施。第一，鼓励关内移民到关外种田，以发展东北农业；第二，施行"创兴盛京海运"政策。这两项政策都对牛庄港的发展有着积极作用。同时进一步刺激了牛庄港的经济繁荣。1693年（康熙三十二年），清政府下令对于海上商船贸易"货物只征正税"。这一政策极大地刺激了沿海航运的发展。一时间，牛庄港"海舶大集"，"山东、天津、浙、闽商船前后转运以达盛京者数十万有奇"③，牛庄港也逐渐开通了至全国各地主要内贸口岸的航线。除此之外，清政府还发展了辽河及松花江的内河水上运输，形成了"海—河—陆"联运。在此之后，牛庄港成为东北地区与国内各地转运贸易的枢纽。

牛庄港位于辽河出海口，这是牛庄港成为"海—河—陆"联运枢纽的先决条件。但辽河流经辽东平原携带大量泥沙淤积于出海口，这导致牛庄港的港口条件逐渐变差。至清嘉庆年间，大型船舶已经不能行驶到牛庄港，只能向辽河河口白桦沟一带转移，而白桦沟很快也因同样的泥沙淤积问题无法容纳大型船舶，船舶驻泊地只能向下游转移至田庄台，进而又继续向下游转移兴隆台，之后在1821年（道光二年）移至厥营口没沟营。

由于没沟营港口从牛庄下迁而来，在清朝时又属牛庄地方政府管辖，

---

① 辽宁省营口市文化局编：《营口文物》，辽宁省营口市文化局2005年版，第19页。
② 东北文史丛书编辑委员会编，王树楠、吴廷燮、金毓黻等纂：《奉天通志》，沈阳古旧书店1983年版，第495页。
③ 东北文史丛书编辑委员会编，王树楠、吴廷燮、金毓黻等纂：《奉天通志》，沈阳古旧书店1983年版，第500页。

所以没沟营形成海运贸易中心之后，外省商人仍称没沟营为"牛庄海口"。在《盛京通志》中记有，道光时"各海雇工觅船，工食银项"中称没沟营为"牛庄没沟营"。在《海故》一书中载："大辽河入海埠头，初设牛庄，继乃迁于没沟营，至今外省商贩仍名曰：牛庄海口。"没沟营长期被笼统地称为牛庄，并盛名于国内外。

没沟营地名的由来一向众说纷纭。当时没沟营地段里有一条较大的潮沟，人称作西潮沟。大潮时则沟没于水，潮涸时则沟显现，因此得名没沟。至于营字，有人说是当地渔民在高处搭建窝棚避雨遮风，窝棚数量众多，远看如军营一般。另一种说法认为，康熙初年平定噶尔丹叛乱之后，蒙古族巴尔虎部被安置在牛庄以南地区。巴尔虎人曾在没沟营一带放牧。而满族称蒙古人为达子，其住地皆称营子。没沟营就此得名。① 营口应为没沟营海口的简称。这一名字最早出现在1866年（同治五年）11月21日的上谕中。一年后，清政府增设奉天营口海防同知官职，进一步肯定营口之名。② 从此，营口之名正式载入历史文献之中。但由于当时传媒之不畅，新旧地名混用了相当长一段时间。

由于牛庄港是中外皆知的贸易港口，因此英国人只知有牛庄，而不知有营口。《天津条约》签订之后，英国多次派船进入营口，并绘制河图。1860年英船"阿依台恩"号进入营口，测量辽河水深，并认为营口水路状态极好，是理想的天然良港。③ 1861年，英国驻中国牛庄领事馆的首任领事托马斯·泰勒·密迪乐亲赴牛庄考察。经过考察，他发现牛庄出海口较浅，不利于大型商船的停靠，不具有设立大型港口，作为开埠通商口岸的条件。就在此时，英国人发现了牛庄辖管的没沟营。当时牛庄是一个重镇，清朝设有城防尉，没沟营归牛庄城防卫尉管，是牛庄的一个外港。没沟营距海口很近，不但入海口较深，而且河道宽阔，码头离城镇也非常近，开埠通商条件远胜于牛庄。

密迪乐于是会见清政府在牛庄当地的官员，正式提出要将条约中规定的开港地由牛庄改为没沟营的要求。并写信将实地调查和更变地点的情况向英国政府报告。信中说："牛庄作为商业城市已经没有地位，看不到商

---

① 营口港史编委会编：《中国水运史丛书——营口港史》，人民交通出版社1995年版，第22页。
② 李有升主编：《营口地方史研究》，辽宁民族出版社1995年版，第149页。
③ 陶炎：《东北历史与文化》，《社会科学战线》1989年第1期。

业上的活力。根据探查的结果，距离辽河入海口最近的没沟营，必将成为外国贸易的中心地，因此营口应该成为英国领事馆所在地。"① 英方提出，根据《天津条约》规定，易地开港已有成例，如潮州，实际开埠地在汕头；登州，实开烟台为商埠。清政府官员感到既有易地开港的成例，没沟营又是牛庄的辖地，与条约不相违背，便予以默许，同意了密迪乐变更开埠的要求。清政府官文称之为"同意没沟营口岸开埠"，②由此，营口作为地名便流传开来。于是，在英国首任牛庄领事密迪乐的坚持下，1861 年 6 月，大英帝国的"米"字旗在辽河入海之处冉冉升起，营口由此代替牛庄正式开港通商，是为东北地区最早的开埠口岸。

牛庄最初的开埠通商（后改为营口），标志着近代辽宁由封闭走向开放，开始接受近代资本主义渗入和外来文明的影响。同时，辽宁沿海城市也在近代中国历史发展的环境和背景之下，适应"生存需要""发展需要""社会需要"③，开始踏上早期现代化的曲折发展道路。

二　开港后的营口市街建设与发展

辽河是营口（没沟营）的灵魂，早在清道光年间营口便成为商埠，老爷阁一带的辽河码头，"舳舻云集"，"帆樯林立"，构成一幅"桃渡停舟"的美景。清咸丰十一年（1861），营口随着第二次鸦片战争的结束开埠设关，因其优越的地理位置而成为东北重要的通商口岸。随后，西方各国商人纷至沓来，国内富商亦咸集于此，老街上华洋同处，中外并陈，商号林立，贸易聚兴，昔日的小渔村很快发展为近代东北最为繁华的商贸中心、金融中心及各种物资的集散地。开港以后，营口"夏日轮声帆影，万艘鳞集；冬季车尘马迹，络绎不绝；市场之繁荣，贸易之兴旺，为满洲之冠"，被誉为"东方贸易总汇"和"关外上海"。"营口开港，促进了东北资本主义发展。"④码头繁忙，带动了老爷阁东、西大街的繁荣，南北商家纷纷来营口开商店，办分号，借地生财。

正是此一时期，近代西式建筑在营口纷纷拔地而起，与原有的传统建筑一争高下。当时在沈阳、营口等地，单一欧洲情调的城市建筑较少，主

---

① 《牛庄领事密迪乐给英国政府的第一封信》，载《满洲调查月报》卷 25 号 6，第 162—163 页。
② 辽宁省营口市文化局编：《营口文物》，第 19 页。
③ 参见纪晓岚《论城市本质》，中国社会科学出版社 2002 年版，第 90—94 页。
④ 佟冬主编：《中国东北史》第五卷，吉林文史出版社 1998 年版，第 47 页。

要有1898年俄国传教士圣·尼古拉在沈阳西塔新建的东正教教堂、1906年清政府修建完成的盛京时报社、1907年俄国人在京奉线上完成的奉海车站的建筑、当时颇有名气的浑河大铁桥、营口的正隆银行营口支店等。其中东正教教堂属于古代建筑，代表了东正教国家中世纪宗教建筑的技术水平和美学特征。奉海车站、盛京时报社和营口正隆银行都属于近代欧洲古典复兴建筑的代表。营口的近代建筑文化主要以外国领事馆、药房、外国人居留地、大商号、会馆等为代表。以外国驻营口领事馆为例，最多时，全营口有12个国家设立领事馆。直到今天营口还保存着8家领事馆的旧建筑，其中俄国领事馆旧址位于营口市站前区八田地街，在营口市高中院内的西北角，现为该校图书馆。[①] 辽河大街西段（西大街）是历史上著名的临港商业街，20世纪20—30年代的很多商业建筑已老态龙钟。坐落于此的上海瑞昌成总号营口分号，因原产权单位无力出资修缮，将其产权无偿转交给文化部门。

  营口西大街位于今日的营口市辽河大街西段，全长近1.5公里。东起平安路、西至得胜路，整个街区占地面积近0.2平方公里。曾经的西大街客商云集，店铺林立，因为其背靠辽河的地理优势，使营口的口岸贸易首先在此兴起。西大街现存百年以上的历史建筑30余处，这些建筑大多集合了中西建筑艺术之美，形式多变，用途各异，反映了中西文化在营口地区逐步融合的趋势。在不足1平方公里范围内集中了如此之多的不同风格的近代建筑，这在整个辽南地区乃至全国都是不多见的。营口西大街也因此受享有"近代建筑博物馆"的美誉。

  目前营口尚能见到的有代表性的老建筑有：太古洋行办公楼（1890年建，在今西市区延风里）、俄国民政厅厅舍（1903年建，后改为俄国领事馆建，在今站前区八田地里）、正隆银行营口支店（1906年建，在今站前区中兴里）、牛庄邮便局（1906年建，在今站前区中兴里3号）、牛庄日本人居留民团事务所（1907年建，在今站前区农贸里）、东亚烟草株式会社营口制造所（1909年建，在今站前区园林街）、关东都督府观测所营口支所（1909建，在今站前区互助里）、横滨正金银行营口支店宿舍（1909年建，在今站前区中兴里）、三井物产营口出张所（1909年建，在今西市区兴盛里13号）、西海关（1910年建，在今西市区西大庙里40

[①] 辽宁省营口市文化局编：《营口文物》，第39页。

号）、牛庄俱乐部（1915年建，在今站前区中兴里10号）、海口检疫医院（1920年建，在今西市区没营沟里）、东海关办公楼（1922年建，在今站前区互助里1号）、营口东商会（1924年建，在今站前区互助里）、东海关寓所（1924年建，在今站前区互助里1号）、海关税司官邸（1924年建，在今站前区互助里1号）、满洲中央银行营口分行（1934年建，在今西市区劳资街）等。这些老建筑有的得到了妥善保护，有的则年久失修，值得关注。

西大街上的许多建筑在当时都被称为"大屋子"。大屋子是近代东三省一种独特的商贸企业形式。一间大屋子集中了仓储、批发、代理、食宿、信息交换等多种功能。西大街上有很多这样的大屋子。兴福茂就是这些大屋子中的一个典型。它位于西大街上海瑞昌成总号营口分号对面，是一家以经营布匹贸易以及干调杂货为主的货栈。兴福茂是由中国设计师设计建造的，是一座具有典型西大街中西合璧建筑风格的建筑。一层是中式传统建筑格局，二层则是典型的欧式建筑风格。除了兴福茂之外，西大街上的裕兴盛粮栈也是极富代表性的近代建筑，是1919年后营口开始大量使用红砖建筑材料营建楼宇的见证。此外，西大街上的永和祥油坊是营口建立较早的油坊，是营口近代民族工业兴盛发展的标志性建筑。距其不远是惠民医院，惠民医院是营口发展初期出现较早的现代医院，是营口现代医疗事业的起点之一。此外，西大街上还有永昌绸缎庄，是营口近代独特的四合院"大屋子"，以经营绸缎买卖以及进口洋货而为人所熟知。①

当时营口有句顺口溜："一条马路一个岗楼，一个花园一个猴。"内中明显有些调侃城市规模较小的成分，但换个角度看则可以理解为营口是近代东北地区最早按照西洋模式修建马路的城市。"一条马路一个岗楼"，说明当时车辆很多，并且有了交通岗楼维持秩序。"一个花园一个猴"②，是说营口是东北为数不多的有公园的城市。另外，营口西大街，有商号1000多家。1910年，营口远近闻名的大商号瑞昌成开业。瑞昌成地处辽河渡口南端，建筑与西大街众商号不同，天井式的楼房，上下三层，设客房70余间，中间有露天空地，上设安全网，四周竖20根顶天立柱，坚固耐用，雄伟壮观，是当时营口少有的高层建筑之一。瑞昌成是南北客商的交易中心。营口解放后，瑞昌成歇业，2003年，瑞昌成的建筑由市级文物保护单位升为

---

① 参见《营口日报》2008年1月17日。
② 东北地区有些城市的居民习惯于把近代意义上的"公园"说成"花园"。

省级文物保护单位。在外国开办的洋行中，太古轮船公司最为著名。1948年营口解放，太古轮船公司归为公有，如今是营口市西市区日用塑料厂厂址。公司的建筑是帝国主义列强侵占中国的最好历史见证。

宝和堂是营口闻名的老字号中药铺，于清光绪年间创立。从西大庙东行200米左右，便是人们常说的"宝和堂西柜"。它坐南朝北，五间老式的红砖门市房，中间开门，门脸上铸有"宝和堂"三个柳体大字，醒目耀眼。药店经营有方，代代相传。当年的宝和堂，是按照老中药铺的格式建筑的，实行前店后厂经营，前屋为柜台售药，后屋为诊室、制药，兼办药材批发。宝和堂生意兴隆，人员最多时达70余人。汇海楼饭庄是营口的老字号，1861年营口开港后，汇海楼呈繁荣兴旺景象，南北"老客"、官绅富商都来就餐。当时，在营口西部，老爷阁是中心，西行是西大街，东行则为东大街，南行二三里路便是人们熟知的"大平康里"。这一带有饭庄、酒楼、戏园、妓院，繁华热闹，著名的杏花楼、太白楼就在此地。汇海楼位置好，是临街三面相连的两层楼房。店内设中、西两个餐厅，备有礼堂，可唱"堂会"。日本侵占营口后，港口萧条，民族工业破产，饮食业逐渐衰落，经营了35年的汇海楼于1943年倒闭。这条见证了营口发展历程的历史街区已经得到了营口市政府的重点保护，有29处老建筑将被陆续修缮。随着适度而科学的旅游开发，这条曾经拖累城市发展的老街将以东北民族工商业"露天博物馆"的面目重现在世人眼前。①

三 营口开港的影响

港口贸易的繁盛带动了营口工商业和手工业也迈向了一个新的发展阶段。营口的商号主要有三种行业：第一种是前面提到的"大屋子"，是代理批发业；第二种是油坊，主要经营豆类"三品"（大豆、豆油、豆饼），并大量出口；第三种是炉银，这是近代营口特有的金融体制，它经历了从"现扛"到"过炉银"的发展过程，作为一种虚银本位的信用货币，其自身有着诸多不稳定因素。②从营口近代工商业发展历程中可以看到，开港前后均以高粱、大豆为大宗贸易货物。

而开港后经过短时期的建设，营口很快发展为当时东北地区的商贸和金融中心，堪称中国民族金融业的起兴之地。营口鼎盛时期在民国，当时

---

① 《营口城市建设善待文物建筑》，《辽宁日报》2007年12月4日。
② 参见阎海《略论营口炉银》，《北方文物》2010年第1期。

年贸易额 1 亿两白银，按 5% 的盈利算，就是 500 万两。净收入 500 万两，利润相当丰厚，营口从而成为富庶之地，乃至被认为遍地是金钱的城市。在这一背景下，具有营口地方特色的金融制度——"炉银"也随之出现并风行一时。"据统计，营口炉银自 1860 年至 1925 年共有 73 家之众。到 20 世纪 20 年代，仍有 6 家银炉并存，1933 年伪满财政部下令禁止炉银发行流通时，还剩有 4 家，最后在日本人强制干预下取消。"① 炉银业的兴衰直接影响着营口经济的兴衰，炉银的产生、发展、汇兑、波动及其金融资本运作对营口近代经济的发展具有重要的历史作用，对近代东北地区的经济交流亦产生一定的影响。

营口取代牛庄开港后得以迅速发展如同后来大连的崛起取代营口成为东北第一港口城市地位一样，可谓阴差阳错，意味深长。营口 1900 年开通电话，1906 年开始使用电灯，所谓"楼上楼下，电灯电话"；修马路，有"洋沟"②，交通有指挥，按照英国习惯实行左侧通行。那个时代"楼上楼下，电灯电话"就是后来所说的现代化，所以辽宁第一个早期现代化城市应该算在营口名头上，比沈阳、大连还早。

然而，众所周知，近代营口走过了一条由盛而衰的道路。20 世纪初，日俄战争结束后，随着大连的逐步兴起，营口渐趋走向衰落，其地位为大连所取代。营口港得以迅速崛起主要得益于其背靠大豆等特色农产品产区，相对优势的地理位置及航运条件。大连相对于营口港深水阔，港口条件更加优越，加之日本在占据大连后实施"大连中心主义"，试图将大连打造成东北亚航运中心，大连港迅速取代了营口港在东北地区的位置。旧中国对港口治理缺乏经验和技术，以及东北历经多次战争等因素也加速了营口港衰落的进程。③

营口开港是近代资本主义殖民的产物，但营口港的发展也为中国东北近代民族工业的产生与兴盛提供了契机。营口作为当时仅次于沈阳的东北第二大城市，其兴衰历程都对中国东北地区的现代化产生了深远影响。虽然营口开港是以丧失主权为代价的，但营口开港也为相对封闭的中国东北地区提供了一扇对外开放的大门。封闭的东北地区由于营口开港而被纳入了世界经济的开放体系，迈出了早期现代化的缓慢步伐。

---

① 辽宁省营口市文化局编：《营口文物》，第 19 页。
② 指马路两侧露在地面上的排水沟。
③ 佟冬主编：《中国东北史》第 5 卷，第 664 页。

第四章

日本开港与城市近代化

日本的门户开放晚于中国。在导致开放的直接因素以及路径上，日本模式与中国模式存在着较大区别。中英鸦片战争是导致中国不得不开放五口通商的最根本原因，而日本开放横滨等港口虽然也面临着西方国家坚船利炮的直接压力，但日本并不是作为战败国签订城下之盟的，这就令日本在开放港口的选址、时间、步骤等方面拥有了较大的转圜余地。此外，日本国内的政治状态也令条约开港这一模式带有了某些日本式的特别因素。在明治维新前夜，日本又相继开放了神户、新潟等港口，这几处港口的开放与建设过程跨越了江户幕府末期与明治维新前期两个历史时代，港口的开放与建设过程充分反映了大变革之下日本的历史抉择，是日本加速现代化进程中提出的殖产兴业与文明开化口号的浓缩与具象。

第一节　横滨开港与城市社会变迁

横滨是日本与西方列强条约而开港的最具代表性的港口城市。随着1858年《安政条约》的签署，横滨经幕府之手急速发展起来，并于1859年7月与长崎率先开港。横滨开港的历史机遇来自近代欧美列强"西力东渐"的冲击与日本早期现代化的国际契机。横滨与东京、大阪等其他城市比较而言，是一座年轻的城市。然而，尽管建城时间较短，其建设成就却颇为引人注目。横滨在日本近代城市发展历史中之所以鹤立鸡群，机遇与条件是不可忽略的要因。机遇来自美国黑船舰队的造访、两个对外条约的签订、"开港场"的确定；及关东蚕丝产区，优越的地理位置使其作为日本首批开埠港而登上历史舞台。因此，在推进日本早期现代化的过程中，特定的历史条件与客观环境使得横滨成为重要港口城市。换言之，横滨自开港之日起，即开始了现代化的实践历程；开港贸易、城市建设、文明开化是其发展的标志。

横滨开港与锁港之争是幕末日本国内政治斗争的一个重要内容。在某种意义上可以说，日本锁国体制走向崩溃的第一道裂隙是在横滨形成的。在横滨签订且标志着日本开国与开港的两个条约——《日美亲善条约》和《日美修好通商条约》，引起幕末政局的大地震。在幕府向朝廷和诸藩大名征询是否缔约的过程中，幕府200余年来垄断外交的一言堂式的状况被打破。在幕府请求孝明天皇批准条约的过程中，幕府的权威发生动摇，京都的朝廷作为新的政治中心开始崛起。于是，江户的幕府与京都的朝廷成为两大权力中心，主张避战开国的幕府与摇摆不定的朝廷、竭力尊王攘夷的雄藩等三股政治势力展开激烈的角逐，幕末政治史上出现了前所未有的局面。新形势促成新政治格局的产生，为中下级武士们的政治活动提供了广阔的舞台。

在上述政治斗争演化过程中，横滨开港问题犹如猛然投入水池中的巨石，在幕府统治200余年天下太平的一潭死水中，激起巨大的波澜。尊王攘夷的风潮因缔结条约、横滨开港而肇始，横滨及其周边地区也成为冲突频发的场所。两次"东禅寺事件""生麦事件"等暗杀外国人事件此起彼伏。幕末时期的日本，尤其在开港初期，像横滨那样，能够聚焦幕末政治斗争的开港城市实属罕见。

一　安政五国条约与横滨开港

1856年8月，美国总领事兼外交代表哈里斯在日本下田港登陆，目的是与日本缔结通商条约，为与其进行自由贸易做准备。1857年，哈里斯与下田奉行缔结了一个条约，共九条，规定了美国人可以在下田和函馆居住，并享有治外法权，这个条约主要是对于"日美和亲条约"的补充，也是日后签订的《日美修好通商条约》的原型。1857年11月，哈里斯被获准来到江户，向将军德川家定递交了国书并且会见了首席老中堀田正睦，分析了世界大势，向其陈述了锁国的闭塞性和不可行性，要求其与美国进行通商贸易。哈里斯说："各国竞相向日本派遣强大的舰队，是为要求其开国。日本或者屈服，或者必须品尝战争的苦果。即使不发生战争，日本也一定会不断地受到外国强大舰队来日的威胁。……我向日方说明，对于和平的外交使节加以拒绝，从而导致对舰队的屈服与让步，这在日本全体国民面前会丧失政府的威信，实际上就削弱了自己的力量。"①

安政四年十二月，幕府在无奈之下同意了哈里斯通商的请求并开始制定改正条约，但是由于日本国内的政治纷争，条约迟迟不能签字。堀田正睦为此事上京向朝廷请求签约敕许，但是朝廷不予同意。安政五年六月，哈里斯向幕府通告了英法联军对清军的胜利，催促幕府在英法联军攻入日本之前与美国缔结通商条约。当时已出任幕府大老的井伊直弼自作主张，派下田奉行井上清直和目付岩濑忠震两位全权代表于安政五年六月十九日在停泊于神奈川冲的美国军舰波哈坦号上签订了《日美修好通商条约》。

该条约由十四条涉及开港及外国人居留权和七条涉及贸易的章程组成，条约中规定："除下田、箱馆二港外，下列各港各市镇，当于下列之规定日期开放之：神奈川港 1859 年 7 月 4 日开放。长崎港 1859 年 7 月 4 日开放。新潟港 1860 年 1 月 1 日开放。兵库 1863 年 1 月 1 日开放。……神奈川开埠六个月后，下田港即行关闭……"② 接下来，荷兰、俄罗斯、英国、法国也与日本签订了条约，内容大同小异，史称"安政五国条约"。"安政五国条约"是以《日美修好通商条约》为范本的。《日美修好通商条约》是日本历史上第一个承认贸易自由和通商开港的条约。然而，该条约毕竟是在美国总领事哈里斯胁迫下由幕府大老井伊直弼擅自签约的。由于没有得到京都朝廷的首肯，因而在很长一段时间被称为"假条约"。《日美修好通商条约》由 14 条组成，包含着对日本相当不利的条件。比如日本对于进出口物品不能自主地课以关税；在日美国人犯罪后要按美国法律由美国领事馆裁判等，连外汇利率也按照哈里斯的主张进行兑换。总之，这是一项在外来压力下签署的屈辱的条约，此后相当长时期内仍遗留一些引起外交上纠纷的问题。

《日美修好通商条约》规定在开港地排除幕府官吏的仲介，由两国人民自由贸易为主干，并在双方首都派驻外交官，在开港地相互派驻领事。此外，日本与第三国发生纠纷时，美国总统将予以调停，日本政府可向美国购买舰船、军需品，可以招聘美国学者、军人、技术人员。此二项条款可以看出哈里斯意欲向幕府表示善意，从而使美国充当日本的保护者，以获取在日本特殊、有利的地位。但是，条约虽然以自由贸易为原则，却规定了许多不平等条款，因而是不平等的条约。列强在日本领土上攫取了领

---

① ［日］坂田精一：《哈里斯日本滞在记》（下卷），岩波书店1953年版，第87页。
② ［日］中村上美：《日本近现代史史料》，三省堂1985年版，第7—9页。

事裁判权以及协定关税权,日本被迫给予欧美各国以最惠国待遇,允许它们在日本设置"居留地",从而使西方列强对日本的殖民掠夺合法化,在亲善、友好的名义下把日本置于半殖民地的地位。

第一,关税协约制剥夺了日本的海关税主权。关税根据附属于条约的贸易章程确定,出口税全部从价5%,进口税大致从价20%。船舶用品和一部分食品5%,酒类35%。出口税率较低。哈里斯起初主张废除输出税,但是进口税20%是比较高的税率,这与美国重视从日本的输出相比较,表现了美国尚未强烈要求把日本作为美国产品的市场。英国此时已经在克里米亚战争中获胜,并结束了与中国的第二次鸦片战争,遂有充裕的时间和精力顾及日本问题。世界资本主义头号强国的势利一旦进入日本,就开始图谋从美国手中夺取与其地位相称的对日外交的主导权。"结果,美国趁着英国陷入克里米亚战争和对清(中国)纷争的空隙,从其商业资本色彩浓厚的进入东亚贸易的角度,为资本主义世界首先扮演了打破我国锁国的铁门的角色。"① 1858年与美国为首的五国之间缔结的通商条约首先规定了排除官吏(方)所有干涉的自由贸易,解除了妨碍把日本纳入世界资本主义市场的所有障碍,但与此同时不可忘记此条约在将外国人置于日本国家权力支配之外的领事裁判权和否定日本关税自主权的协定关税等,把日本限制在不平等地位的事实。

荷、俄、英、法以《日美修好通商条约》为基准,相继与日本签订通商条约。恰巧此时,英国与中国缔结了《天津条约》,规定了5%的进出口关税及英国为了贸易而到内地旅行的特权。英国当时也想把这种特权强加给日本,由于《日美修好通商条约》已经签订,所以只补充了把本国的重要出口商品棉制品与毛制品的关税定为5%。尽管对美之间的商约的条款不满意,也只好加以确认。

在贸易方面,缔结国的商人在开港地只交付规定的关税,可以进口除禁止品以外的任何货物,所谓不受日本官方干涉的自由贸易,当然不能忽略军需品只允许卖给日本政府和第三国人,以及大米不得从日本出口的例外的规定。所有输出入品都被课以关税。在关税自主权上,既有幕府官吏的无知,没有采取适当的关税率的协定制度,遂造成不平等条约的根本。"这样,综观幕府与欧美诸国缔结的条约的内容,既有对国际法的无知,

---

① [日]石井孝:《从世界史的范围内看日本开国》,载《续舶来事始》(昭和29年5月2日)(百年普),第3页。

又有彼此力量悬殊的因素，所以必须了解我国在许多方面缔结了不平等条约。"①

第二，日本被迫接受了领事裁判权。关于领事裁判权，在日英通商条约中更为严密。比如在刑事裁判上，对英国人犯了罪的日本人由日本官吏按照日本法律处罚，对日本人或第三国人犯罪的英国人由英国领事或者具有相应权力的机构根据英国法律加以处罚。两者量刑不均衡则出现麻烦，所以对双方加以限定，即应该公平合理地执行法律条文。

然而，此领事裁判权的诸项规定，与西方同中国签订的《天津条约》相同，根据最惠国条款，其他国家均可利益均沾。总之，独立于日本司法权之外，而服从于本国的领事裁判。特别是民事裁判的场合，日本人若诉讼缔约国的人首先必须诉讼到其国家的领事那里。所以第一次裁判权归属于与其相关的缔结国的领事。

19世纪中前期，在欧美列强的胁迫下，清政府和德川幕府先后签约开港，结束了闭关自守的局面。与中国在鸦片战争中战败，被迫签约开国的方式不同，日本是竭力避免战争，通过与列强谈判缔约以后打开国门的。虽然也是迫于外来压力下的开国，但是其中反映出日本开明派官僚的灵活性、积极性因素。当然，与欧美列强签订一系列不平等条约的过程，也就是闭关锁国的封建日本被卷入形成资本主义世界市场历史浪潮中的过程。

"西方列强的侵略和开港的冲击，加深了日本的民族危机，加深了由于长期受到人民反封建斗争沉重打击，已经开始动摇的封建制度的危机。这一客观形势，在日本面前尖锐地提出了这样一个问题：要么走印度、中国的道路，沦为殖民地、半殖民地，要么在西方侵略的威迫下，推行所谓文明制度，采用资产阶级的生产方式，对日本强制实行资本主义改造，迅速发展资本主义，建成拥有近代军备和雄厚经济实力的资产阶级近代国家，彻底摆脱殖民地半殖民地危机。德川幕府对这一问题的回答是：一切以能继续维持自己的封建统治为转移，所以不惜投降卖国，致使日本开始走上了第一条道路。"② 对于日本来说，"闭关的最大支柱之一，即勉强维持下来的封建经济以及它的全部上层建筑，由于开港，'正如小心保存在

---

① ［日］富田仁：《瓦斯灯与红靴子——横滨开化物语》，秋山书房1984年版，第11页。
② 汤重南：《明治政权与日本的原始积累》，载《明治维新的再探讨》1981年版，第76页。

密闭棺木里的木乃伊,一接触新鲜空气',便迅速地肢解了"①。

二 横滨开港初期的居留地建设

1859年横滨开港后,尽管在日本国内政争中多次面临开港与锁港的冲击,但与其他开港场所不同的是,控制在欧美列强手中的横滨,其大门始终没有关闭,也没有被延期开港。在这种情况下,横滨凭借其优良的自然地理条件、邻近江户的战略地位以及面向太平洋贸易大通道的优势,迅速进入大开发的快速发展轨道。在较短的时间内,横滨的面貌发生了巨大变化。

开港前,横滨还仅是个几十户人家的渔农村庄,它"似乎要隔断江户湾与吉田新田之间的联系,坐落在横向突出的细长的沙洲上。村名亦是根据那种地形上的原因所命名的"②。文政十年(1827)的《新编武藏风土记稿》中对横滨村有如下描述:"横滨村民户八十七,东北依偎海岸,西为洲干之港,南邻中村、北方二村,东西十町,也有十七八町之处。南北亦有十八町左右。水田少旱田多,故多靠降雨耕种。"③"安政6年临开港之前,横滨村及新田的户数仅101户,人口大概有五六百人。"④ 资料显示开港前的横滨变化并不大,至少可以知道当时人口没有多大增加。

另外,长崎、函馆、神户诸港作为港口城市,早在1859年开港之前已经很繁华了,唯有横滨与札幌例外。换言之,明治百年中,在短短时期内急遽扩张发展起来的城市只有横滨与札幌。横滨自不待言,关于札幌,据记载,明治2年的札幌仅有两户7口人,即丰平川两岸的渡守一家。

幕府设置外国奉行、着手开港的准备工作,但在神奈川宿的实地调查中发现:把神奈川作为开港地并非最佳选择。"安政条约"是幕府不顾尊王攘夷派猛烈反对而签署的,所以把东海道的宿场作为开港地,无疑便利了尊攘夷派随时发动恐怖袭击,造成无休止的外交纠纷。"井伊对东海道的'宿场町'神奈川开港感到为难,所以提出横滨适于停泊舰船,并努力使神奈川湾的一个村庄横滨成为开港地。"⑤

---

① [日]井上清、铃木正四:《日本近代史》,第49页。
② 横滨市立大学:《横滨今与昔》,横滨市立大学1990年版,第18页。
③ 《新编武藏风土记稿》,转引自太田久好《横滨沿革志》(1892年;复刻板:白话社1974年),第5页。
④ [日]瓜生卓造:《横滨物语》,第35页。
⑤ [日]富田仁:《瓦斯灯与红靴子——横滨开化物语》,第14页。

条约明文规定开放的是神奈川，而非横滨，幕府擅自改动显然是违反条约规定的。列强外交人员质问幕府官员：横滨是远离东海道的交通不便的落后村庄，把外国人禁锢在这样的地方，其意图是否在于妨碍贸易的发展？幕府代表回答说，横滨是神奈川中的一个海湾。横滨的西南有浦贺、镰仓等繁华的市街，距离江之岛、金泽等风景区也很近。横滨地处江户交通的要道，适于开港。表面上"日本几乎是在违反条约的情况下建设起横滨租借地的"①。实际上，仍然是欧美国家的贸易利益决定了横滨开港的抉择。

1859年春，幕府投资近10万两白银，开始进行横滨开港地的初期建设。"说起来横滨本是个半农半渔的村庄，原来并没有市区。因此，幕府为了赶上条约所规定的开港日期而加紧了市区的建设。"② 随着条约规定的开港期限越来越近，幕府果断地投入96000两巨资，夜以继日地突击开港地建设工程。在规定的开港日期之前，基本完成了港口必要的各种基础设施建设。新的街区初步形成：在街道的中央，即和亲条约签订的地点——驹形建立了贸易通关场所"运上所"；以此为中心，把东侧元町方面作为外国人居留地，西侧作为日本人街道。

在新市街建设过程中，为外国人服务的官邸、房屋、仓库，包括妓院等形形色色的设施建设进展颇快。到1859年6月，已经建成两座码头、横滨町一丁目到五丁目的外国人居住区地段。在1859年7月1日开港之前，横滨作为一个开港地已经初具规模。翌年，又建成港崎町。开港伊始，在海岸通、南仲通、北仲通、弁天通、本町的五条街道上，也建好了短栅式的木造房屋，初步形成江户风格的市镇。

条约规定的神奈川开港日，1859年7月1日（安政六年六月二日）到来之际，停泊于神奈川冲的各国军舰都装饰起来祝贺开港。在神奈川台·本觉寺的美国领事馆挂起星条旗，哈里斯及其他领事馆的官员互相碰着装满香槟的酒杯，高呼合众国万岁的口号。但是，当时神奈川不用说码头，连外国的居留地等设施都一概没有。与之相反，横滨村已经规划建设完毕，被幕府强行命令"进入横滨"的江户的商人们沿着海边通、北仲通、南仲通、弁天通等五条街道开设起店铺。在开港之前进入横滨的商人在70人以上，而且大部分的店铺是短时间内很快建成的临时房舍。可是

---

① ［日］加藤佑三：《东亚近代史》，第49页。
② ［日］神崎彰利等：《神奈川县的历史》，第260页。

"本町四丁目建成的中居屋重兵卫的居宅却在房檐镶上铜,墙壁和天棚上还镶着金铂。因其做工豪华,甚至取个别名为'滨御殿'。据说遭到神奈川奉行所的叱责,因过于奢华而重新改造"[①]。横滨的居民不断增加,幕府迅速抓紧填充横滨周边沼泽地的工作。日本人街区也人满为患,没有开设新店的余地了。于是开始向吉田町、伊势佐木町、野毛等方面发展。

与房屋、桥梁等建筑工程同时动工的是港口建设。在运上所前面建设了东西两个船只停泊码头。东码头长110米,宽18米,高1.5米,两座码头规模大致相同。培理出访日本时的旗舰密西西比号是1700吨,而横滨开港当时的外国船最大为3000吨级。幕府当局于1858年向荷兰订购了咸临丸,这是日本当时唯一的近代化的军舰,重300吨,全长50米。从3000吨的船舶长、宽、高的立体比例来看,长度在100米左右,那么当时横滨港110米的栈桥已显得不是很宽裕了。

入港的船只渐次增加,横滨的"舶来文化"也由这些船只载运而来。东码头可称为文明的窗口。运上所地处的驹形也成为日本最初的町名。街道的建设日新月异,神奈川奉行所建在了横滨村对岸的户部村,今天来看就是县厅。奉行所下面设置了"运上所"和"户部役所"。5名奉行轮流处理业务,下有组头、调役以下89人的公务人员。

幕府对横滨的建设极为重视,指名让江户的富商到横滨开设店铺。开港两个月后的横滨日本人街区,移居而来者达150余名,幕府准予他们租借土地。横滨的街道热闹起来后,外国人就都从神奈川陆续来到横滨居留地。可见幕府的准备工作是行之有效的,尤其是基础建设做得好,为横滨的逐步繁荣打下了坚实的基础。日本开港后,与其他地方混乱、萧条的状况不同,新兴的开港地横滨内外商人聚集,呈现一派繁荣景象。"从弁天社以南延弁天通填埋了大面积的沼泽地,建起出租的房屋。一时间,尝试着做生意的人往来不断。结果,市街很快繁荣起来。"[②] 幕末日本的城市人口呈减少趋势,因为在城下町居住的武士纷纷破产,流落到农村等地。而开港地横滨却正相反,从各地而来的移民不断增加,盛况空前。与城下町相比,可以说横滨是一种新型的城市。幕末的政治斗争以及井伊大老的死,虽然引起人心的骚动,但横滨开港建设仍在有条不紊地进行。原来贫穷落后的横滨村到了文久元年(1861)已变成气派的商业街,洲干弁天

---

① [日] 小田贞夫:《横滨历史漫步》,第53页。
② [日] 太田久好:《横滨沿革志》(复刻板),第30页。

也很快改变了原来的旧貌。

在建港之初，幕府当局将日本人社会人为地与外国人隔离起来，造成一种孤岛的状态。这样，横滨开港之初即具有与长崎"出岛"相似的性格，是幕府以政治权力创造的一座港口城市。将原来居住的横滨村民迁往别处，而从江户及其他地方招来商人在此居住，成为新的居民。另外，日本人与外国人的居住地严格地被区分开来，不准混居在一起，完全处于神奈川奉行所的控制之下。不仅如此，外国人居留地与外部的往来受到严密的监视，在其周边设置了关门、番所。"特别值得注意的是在横滨与东部的丘陵之间开掘一条运河，其四面均被水围起来，俨然成为第二座出岛。"① 最初被指定为居留地的地方是从现在横滨海关经过海岸通到山下桥，由这里向右折回沿着堀川到西之桥，进而通向现在的加贺町署前的道路，那里被围成三角形的区域。后来外国人移住者不断增加，所以幕府把西南端的沼泽地填埋起来，追加指定为居留地。现在的中区山下町的全部区域即相当于当时的外国人居留地。

开港之后，居留地分配方法是一个难题，英国公使阿礼国责怪神奈川奉行武断地将横滨土地出租给各国商人，要求重新决定土地分配方案。这样，1860年（万延元年）3月，神奈川奉行在运上所与各国领事会面，经过讨论，形成"居留地问题备忘录"。此即将以前租借给外国人有土地收回来，根据老中与各国领事的协议重新划分给各国居民的方案。

开港第五年的1863年（文久三年），外国人居留地面积达到了31公顷（hectare）。在居留地划分了土地的号码。丝绸中心附近是一号。由此向东按顺序划分为二号、三号等。开港半年后，大批外国人陆续进入居留地，其中提出租借土地者达到30余名。沿海岸走向的道路是居留地的主要通道，那里建起旅馆、饭店，成为外国人社交的场所，同时也是散步的好去处。1866年，居留地12番前的法国码头附近星期日举行的划船比赛，成为横滨有名的娱乐活动。

横滨根据"安政条约"而开港，从建造外国人居留地迈出建设的第一步。幕府当初准备的临海的居留地很快就显得狭小了，外国人发出了要求扩大居留地的诉求。与此同时亦开始要求在住宅地区增加必要的各种设施。在这一背景下，1864年（元治元年）11月21日，幕府与英、法、

---

① ［日］富田仁：《瓦斯灯与红靴子》，第14页。

美、荷之间就签订了《横滨居留地备忘录》。备忘录第 12 条规定了居留地的道路、沟渠等设施的义务,费用由外国租借土地者承担,日本方面将租借金的两成作为居留地资金,以用来交付居留地自治的财政上的开支。这样,横滨居留地的外国借地人在缴付居留地资金的前提下,对居留地的行政运营承担着责任和义务。进而在 1866 年(庆应二年)10 月的大火之后,同年 11 月重新确立《横滨居留地改造及赛马场墓地等约书》。此二部协议书后来成为横滨发展的基础。

除了有关居留地建设的二部协议书外,1867 年达成了《横滨外国人居留地取缔规则》协议。这一规则像前两项协议一样,不是幕府代表与各国公使会晤后签署的,而是根据"英、法、美、德、荷五国公使联名提出,经小笠原壹岐守同意,于庆应三年 11 月 12 日,送达各国公使"[①]而成立的。

横滨居留地当时在日本各地的居留地当中处于代表性的地位。日本政府在"安政条约"下统一开港地规则的尝试没有成功,连为了维持横滨港内秩序的"港则"也没有确立,确实很令人吃惊。条约确定的外国人行动范围——旅行规程十里范围,也变得越来越严密了。外国人内地旅行,对希望去箱根、热海两地洗温泉的人由神奈川县发行的不是"内地旅行许可书",而是"入浴许可"。这些大概是从前不为人知的事情。

幕府老中承认居留地规则,同时提出对在横滨的外国商人的人数和户数进行限制。于是,法国总领事贝尔科尔出示了由英、美、俄、荷、法五国均分居留地的方案。当时尽管法国居留民数量少于英、美两国,但是试图以平均分配方案使本国在分配中获利。幕府因法国的提案能达到日方限制居留民的目的而予以同意。但是英、美以各国居留民人数不等,此提案有欠公允为由而表示强烈反对。实际上,由此反映出法国在列强进入日本的竞争外交上似乎慢了一拍。当然法国当时正忙于经营印度支那的殖民地,因而受到一定影响。

外国人居留地建成,商馆也已设立,这样在保护、监督在日外国人上当然要设置领事馆。开港当初设在神奈川的各国领事馆于 1861 年起,经过三年时间陆续搬迁到横滨。然而,1866 年(庆应二年)10 月 20 日因

---

① 《神奈川县史》资料编 15,法规分类大全,外交门(四),第 4 页。

发生"猪肉店火灾",美、英、法等国领事馆亦被烧毁,于是转移到临时地点办公。后来在弁天的法国公使馆南侧重新修建了法国领事馆。法国领事馆后又辗转迁徙到居留地 74 番、84 番、山手 185 番等地。在外国居留民不断增加的影响下,日本人街区也日益繁华起来。

三 横滨的贸易产业与商人阶层

开港当时,日本输出漆器、陶器、铜器、绸缎等物品,外国商社则主要输入毛纺织品。开港后半年左右,主要的输出品中,生丝占了首位,其他依次为铜、菜籽、茶、豆、海带等。生丝占首位是横滨对外贸易的最大特征。当时欧洲蚕丝业中心地法国和意大利于 1840 年开始流行微粒子病,到 1852 年达到高峰。因而欧洲蚕丝业面临重大危机。横滨开港后,欧洲商人希冀引进日本优质生丝来摆脱困境,这反而促使横滨的生丝贸易活跃起来。法国的生丝经纪人也来到横滨。

开港当初从事生丝贸易的外国商馆仅有英一番馆的马杰逊商会、美国霍尔商会等 7 家商馆,后来呈逐年增加趋势。荷兰 8 番馆到 1862 年由荷兰人作馆主,到了 1863 年改由德意志籍的法国人任馆主。从事生丝出口贸易的荷兰 8 番馆,从里昂招聘生丝检查工程师(技师),后来就任明治 5 年开业的官营工厂富冈制丝厂的负责人,对引进法国式的制丝技术做出了贡献。① 生丝出口的旺盛,因供求关系的影响,粗劣产品开始流行。为此,商馆有必要对生丝质量进行严格的检查,后来又设立了生丝检查所。生丝出口与开港同时进行,产品主要运往英国,再由英国输送分配到欧美各国,所以并没有直接输出到法国。

幕末时期日本不仅仅从欧美引进产业技术,也曾经向外输入技术,日本的养蚕技术就是最初向西方输出的技术之一。上垣守国的《养蚕秘录》(1803)是养蚕技术的集大成之著,幕末传到欧洲,由东洋学学者霍夫曼翻译成法文,于 1848 年出版发行。② 后来又被转译成意大利语。另外幕末时期法国东洋学者德罗尼翻译了《养蚕新说》(1866),其原本据说是名叫白川的日本人的著作。还有水金左卫门的《养蚕教弘录》亦于 1866 年被译成法语。这一时期翻译的著作反映了对日本养蚕业的关心,在日本产业技术向海外输入方面具有深远意义。

---

① [日]富田仁:《瓦斯灯与红靴子——横滨开化物语》,第 30 页。
② [日]富田仁:《瓦斯灯与红靴子——横滨开化物语》,第 31 页。

茶叶也是日本主要对外贸易商品之一。最初与外国进行茶叶贸易的地方是横滨，而且与生丝并列为日本的两大独占输出品之一。安政六年已经有40万的交易额。三年后的文久二年，增长了十四倍，达650万。当时山城、伊势、骏河、远江、武藏等日本产地的茶叶全部集中到横滨。后来，神户开港，山城、伊势、伊贺等关西的茶叶开始经由神户出口。即便如此，横滨的茶叶输出仍掌握着当时经济（决算的结果，账本最终的部分）的钥匙。可见，与神户等地相比，横滨开港在时间上领先了一步。

开港之初，横滨因为靠近江户，背后依托养蚕、制丝业发达的关东地区，生丝遂成为最重要的贸易品。此外，茶叶、蚕种也是重要的出口产品。首先从英1番、美2、美3、英4番开始，到英40番、同23番、矢仓14番、10番、35番、7番、26番、里14番、48番，本町通81番一带，商馆星罗棋布。从60番到水渠一带，有六、七幢草屋顶的草房，61番设有男女混浴的浴池。商馆都买入茶叶，尚无"茶屋敷"的称谓。当时不仅是茶叶，什么行当都很少能称得上是专门的商馆。所以，在中井、夏并屋、三井、旭屋、小林屋、大和屋，以及其他一般的蔬菜水果商店、干货店也都经营茶叶。到了文久时代才开始出现冈野屋、明石屋、三井、骏河屋、中条、川喜田等专门经营茶叶的"大问屋"（大批发商）。焙茶需要使用大量木炭，经营木炭的主要是南仲通5町目的松川屋。烘焙所用的平底铁锅与篮子，开始由中国进口。两、三年以后，太田屋8町目，同1町目（今4町目）出现了供应仿制筐篮的器皿店，焙茶的规模迅速扩大。

在较短的时间内，茶箱作坊大量出现，主要有集中在太田町6町目的太田屋、山城屋，即"箱政"，[①] 洲干町的大由、太田町5町目的箱繁、大松、岩井屋等。后来出现像小林助三郎氏那样的机器制箱店。茶箱上的招贴画最初不管是锦绘等，什么都往上贴，广重、国芳、丰国等画家的作品也贴，而且还贴千代纸。一、二年以后，开始出现茶箱专用的绘画纸，那是晓斋的兄弟、弟子，以及亨斋等人所大量绘制的。画的内容有梅花、樱花、牡丹、秋海棠、水仙等花卉，还有其他各种题材的作品。[②] 因交通不便，运送货物需要30天乃至40天，到新茶上市季节更加困难。骏远物则不论严寒还是下雪天都能运到。其间的补充部分采用相模叶和八王子

[①] 商人仓田政吉，因制造茶箱有名，故被称为"箱政"。
[②] 横滨贸易新报社编：《横滨开港侧面史》，历史图书社1979年复刻版，第120—121页。

等。然而,大件货物根本就无法运来,商馆的进货往往要中断一段时间。那时,市中即使有一二万斤的存货,也因茶叶的产地不同,茶叶质量也有不同,所以难以定价。

于是,批发商们就商量用"合"的办法来处理这一问题。所谓的"合"是指调配,即把好的和不好的茶叶巧妙地掺和在一起配制而成。为此,就需要持有配茶秘方的人。当然,调配上有秘密,巧与拙在于茶方。比如,36.5元的3300斤,34元的1500斤,33元的3100斤,29元的2200斤,28.5元的17500斤,这样就算出平均价格为30.03元/斤。然后以35.05元/斤的价格拿到商馆,接下来进行讨价还价,最终在30元/斤左右谈妥。这样才开始出售"合茶"。①

横滨开港后,至1859年下半年,贸易输出额为40万元,翌年的输出额为395万元。1861年由于幕府采取限制生丝出口的措施,输出额有所下降,但是输入额依然上升,各为268万元和149万元。1862年输出入额均呈上升趋势,各为630万元和307万元。到了1863年,输出额一跃达到1055万元,输入额则为370万元。② 从安政六年到庆应三年这9年中,输出总额达到了6964238斤,以当时平均市价328两进行换算,可推算出总金额为22842700两。③ 这样,从1864年开始,横滨港输出的生丝呈逐年减少的趋势,取而代之的是棉花的出口。横滨开港的第二年,入港的外国船只达到103艘,总载重量为40905吨。其中英国船52艘,美国船35艘,荷兰船15艘,法国船2艘。到了1863年,入港的外国商船已增加到170艘,总重量为64420吨,其中英国船100艘,美国船40艘,其他为法国和荷兰船只。④ 可以看出英国占绝大多数,已经掌握了对日贸易的主导权。在以外国人居留地为据点进行的对外贸易当中,横滨港成为几乎独占日本生丝、蚕种、纸类等商品出口的主要港口。

开港后,日本商品的精细做工与异国情调,令欧美商人惊喜不已,他们竞相订购,将这些商品出口到欧洲市场。但是,由于长期锁国导致日本商人不精通海外事物,商品卖价比照国内物价而定,比欧美的市价低很多。因此,生丝、绿茶、海产品、漆器等物品的销售行情最为看好。而日

---

① 横滨贸易新报社编:《横滨开港侧面史》,第121—122页。
② 横滨市役所编:《横滨市史》,第370—375页。
③ 横滨市役所编:《横滨市史》,第86页。
④ 横滨市役所编:《横滨市史》,第86页。

本输出贸易品当中份额最多的是生丝。而生丝之所以成为出口商品的大宗，主要是因为"从西历 1850 年左右，南欧各国蚕病流行，甚为猖獗，而且于 1868 年达到顶点。因此在欧洲市场，蚕卵纸、生茧、生丝等极为缺乏，市价连年腾贵。于是居住在横滨的外国商人争相购买日本生丝，将其大量运往欧洲"①。

如前所述，因当时法国、意大利等国蚕病流行，蚕卵纸与生丝一样都成了欧洲市场的紧俏商品。1860 年蚕卵纸仅出口海外 50 张左右，而后逐年增加。1862 年达 5000 张以上，翌年一跃而达 30000 张。而 1865 年很快达到 300 万张之多，从而达到了极限，随后开始回落。② 由于它比生丝容易制造且有利可图，日本到处都在为制作蚕卵纸而养蚕。这样终于导致生产过剩，遂招致市场价格跌落，乃至以一个天保钱出售仍无人问津。

开港当年，进出口贸易额总计不过 150 万元，六年后的 1865 年急遽上升到 3360 万元。③《安政五国条约》确认的开港地中，横滨无疑是其中心。当时运上所专门以外国人为工作对象，西洋的习惯以运上所为窗口带到日本。星期日休息制度最初也是由运上所借鉴实施的。根据当时的记录，运上所的休息日为 3 月 3 日、5 月 5 日、7 月 7 日等节日和东照宫的祭日 4 月 17 日，以及每月 1 日与 15 日，另外还有星期日和圣诞节。在此之前日本的商店和手艺人的休息日是每月 1 日和 15 日，以及盂兰盆节、岁末和新年。而官厅及学校正式采用周休制是在 1876 年（明治九年）。

在输入的商品中，除了生活用品外，还包含武器枪械、舰船类。这一点与当时的社会政治背景有着密不可分的关系。当时外国输入横滨的商品主要为棉、毛织品，约占总输入额的 80%，其余为金属、药品、砂糖、酒类、枪支、军舰等。横滨港出口的商品主要是生丝和茶叶，这一点类似于当时中国的对外输出情况。此外，海产品、漆器类的出口额也很可观。而反观外国的进口产品，向民间的输入额则很少。因为大部分输入品是幕府购买的武器。当时日本社会处于内忧外患相互交织的状态，上自幕府，下自诸藩都没有时间和精力顾及财政问题，而是争相购买武器。

《日美修好通商条约》中规定"日本役所"或"役人"负责军用品的输入，即由幕府来垄断武器枪械的进口贸易。但事实上，将从欧美诸国

---

① 横滨市役所编：《横滨市史》，第 86 页。
② 横滨市役所编：《横滨市史稿（产业编）》，第 87 页。
③ 这里指墨西哥元。

进口的军火卖给诸藩，进而从中渔利的是以开港地的居留地为交易舞台而活跃的外国商人。因此，幕府对于经过外国人之手而进行的武器转卖也只能持默认态度。到了后来，在给予神奈川、长崎奉行经营许可的条件下，幕府当局对待诸藩的武器输入也放松了限制。其结果造成开港后几年，迎来了由于进口西洋武器而导致的"机器战争"的时代。横滨与长崎同时转变成为日本有代表性的国际军火（枪炮）交易市场，进而成为兵器库和弹药库。

幕末至明治初年这一时期（1863—1871），日本全国步枪输入量中，横滨所占的比率超过长崎的两倍。而且，可推测约占全国的六成。此期间步枪的进口从幕藩联军再征长州前后有急速增长的倾向。特别是戊辰战争期间（1867—1868），全国总数已达约 32 万支。其中，20 余万支是通过横滨港进行贸易的。从某种意义上讲，明治维新时期是控制开港地军火贸易市场者成为全国动乱的王者的时代。也就是外国军火商人的时代。明治维新以后，从新政府代偿的金额来看，幕府为 3338750 法郎，诸藩为 38048 两，由此可见军费支出额多么巨大。

在幕府的劝说和奖励下，商人们纷纷涌入横滨，当然，自己自愿移住横滨的亦不在少数。"当时在横滨的日本商人被分为在其他城市也能见到的做食品等小买卖的商人和进行贸易品交易的横滨特有的商人。后者进一步划分为经营输出品的批发商和经营输入品的批发商。众所周知的横滨生丝商人严格地说是受产地的货主的委托将生丝卖给居留地外国人的生丝经销商。"①

然而，当时市内居民的半数左右是临时居住者，朝来夕去，很少有定居的，因而尚未达到"商户连檐"的程度。幕府一方面对于三井八郎右卫门等住在江户的豪商，几乎强制性地让他们在"新互市场"横滨开设店铺，另一方面对移居的商民免除了该年地租等特别的保护奖励措施。这样，"从文久元年起，迁往横滨的商人和居民猛然增加，乃至中心枢要地区难以见到空地。于是，新的街市呈现一派繁荣景象。各国商人也都梦想一攫千金，直奔横滨而来"②。这样一来，"受到利益驱动，国内外商人竞相移居到开港地，将店铺设于此地者不可胜数，其繁荣程度远远凌驾于神

---

① 横滨开港资料馆编：《横滨商人与那个时代》，有邻堂 1995 年版，第 3 页。
② 横滨市役所编：《横滨市史稿（产业编）》，第 1 页。

奈川之上"①。

开港之初最先引进西洋纺织品的是信浓忠（大浜忠三郎）、藤田屋（依田弥助）、富尾（堀越角次郎）、杉村屋（竹冈善七）、明林堂（松屋）、立花尾矶兵卫、三仓屋、左羽吉等。开港两三年后，八木屋、伊势梅、绵政（布袋先生藤井盐兵卫）、松木屋久七等有名的商家也开始经营西洋织品，此外，也出现许多小商人。

"因为有了俾斯麦，日耳曼才兴盛起来。同样，国家有大臣，商家有掌柜的，这些人优秀、精明，才能开启家运长久、买卖兴隆之基。"② 原、茂木、涉泽与横滨贸易商中，占主导地位的三家能达到今天这样，也是因为其掌柜之中有忠实勤勉之人。龟屋（原）有十利兵卫，野泽屋有茂木物兵卫，吉村屋（涉泽）有高山丰次郎和书上顺四郎等人。若没有这些顶梁柱式的人物，三家也不会发展到今天这种规模。例如，前桥的三吉屋（下村善兵卫）的代理人叫岩崎作太郎，当时是相当有名的人物，然而，开了一家经营洋银的钱庄，妄想一夜暴富，结果以失败告终。

从现在的"马车道"到"日本大通"贯穿着一条宽 18.18 米的大道，道路两侧商店鳞次栉比，这是横滨的主要街道，丁目有所不同，但是现在仍叫"本町通"，运上所在道路的中段位置。从运上所向右转是山城屋、伊势屋、会津屋以及江户商人开的分店，接下来是十来家骏河出身的商人开的店铺。商店一直延伸下去，至于商人的出生地，几乎各地的都有。近的如保土谷、品川、神奈川、江户等，稍远的有骏府（今静冈县）、信州（今长野县）等，后来从大阪等地也有商人来做生意。到了街尽头，是三井八郎右卫门开的分店。左侧同样是店铺林立，中间有家被称为"谜的商人"——中居屋重兵卫的大店铺。本町通的北侧是北仲通、元浜町，南面是南仲通和弁天通，与今天的街道名称大抵相同。与本町的店铺成直角的地方还有 10 多家商店，往后一直延续到洲干弁天的朱印地。

1860 年 5 月，在现在的本町、北仲通、弁天通、元浜町等处有 200 家店铺，其中 89 家是生丝商，可见在横滨的商业贸易中对生丝依赖程度之高，除生丝以外，吴服、茶叶、纺织品、货币兑换商、漆器商等 20 余家；另外还有木材、煤炭、木炭、药材、旅馆、送货商以及米、豆酱、酒、鸟、蔬菜、水果、杂货等日用品、红薯批发店等；海边町（现元浜

---

① 横滨市役所编：《横滨市史稿（产业编）》，第 4 页。
② 横滨贸易新报社编：《横滨开港侧面史》，第 122—123 页。

町1丁目）的十家都是漕运业主。商人的出生地以江户占绝对多数，神奈川、保土谷等郡内业主次之；生丝场以上州、甲州最为著名，而与生丝搭配的特卖商品茶叶则以骏河商人的进入令人侧目。关西方面分店较少。开风气之先，善于开辟新天地是大阪商人的特征，然而由于岩濑的意见而遭到排斥，被敬而远之。① 与开港同时很快建起来的市街，从照片上看是颇为气派的商业街。其中大多以瓦葺二层建筑为主。毕竟是幕府召集来的富商，在店铺的装修上不吝惜花钱，店前挂着大大的招牌。例如"新川组酒店""石川生丝店""唐物店""砂糖店""高木屋涂物店"等。漆器店里摆放着椅子，三井吴服店则没有椅子，而是铺着席子，顾客以外国人为主。与本町通相交的弁天通右角是上书"吴服町出福井屋"的气派的店铺，大概是从日本桥吴服町派出的支店。②

从幕末到明治中期的横滨，可以说是贸易商人们活跃的舞台。他们的活动以贸易品交易等经济活动为中心，涉及政治、文化等横滨社会的各个方面。③

横滨开港之初，日本商人不了解海外情况，不知道什么商品能迎合外国人的需要。于是，他们将各种商品陈列于店头，等待外国人来求购。并根据货物的样品来讨价还价，签订买卖合同，然后清点数量，进行交易。这样，逐渐摸清了外国人对日本商品的嗜好与兴趣所在。各地的制造业者受商人委托而有目的地进行生产的人越来越多，最后，出现了专门以收取手续费而营业的批发商。而且，如其经营商品那样，逐渐成为一种专门的职业。另外，还出现了被称为"取引商"的进口商，与批发商一样，是以赚取手续费而营业的一种商人。他们主要是处于江户的各种批发商与外国商人之间的中介人，承担经纪双方买卖合同签订的工作。

横滨开港后的第一个年头（1860），根据"物年寄名主"的调查：主要移住的商人以三井八郎右卫门为首，其他有代表性的生丝销售商人还有芝屋清五郎、中居屋重兵卫、夏并屋庄兵卫、高须屋清兵卫、小桥屋传右卫门、永喜屋富之助、伊豆屋金次郎、吉村屋忠兵卫、肥前屋小助、古屋清左卫门、桥本屋忠兵卫等93家，以及经营丝织品、绿茶、漆器、陶瓷器、海产品、铜等商品的销售商90余家。另外，还有各种货物运送业10

---

① ［日］瓜生卓造：《横滨物语》，第57页。
② ［日］瓜生卓造：《横滨物语》，第58页。
③ 横滨开港资料馆编：《横滨商人与那个时代》，第3页。

家，邮递业2家，旅馆3家。① 但是，此一时期日本销售行业分工并不是很明确和细化，既有兼营生丝和绿茶的，也有同时经营数种商品的，还有身兼批发商与收购商的商人。直到横滨开港四五年以后，才实现商品经营的专门化。横滨开港对周边的地区产生了很大影响。例如，骏府（静冈）商人就是在这一背景下联络上书，最终得到许可而来到横滨开设店铺进行贸易的。幕府划拨给骏府的漆器商人以横滨本町四丁目东部若干地皮，作为骏府町人拜领地。"骏府店轩"（指经营漆器、绿茶及其他杂货的十余名店主。——笔者注）的买卖一开张，就意外地引起外国人的好奇心，受到格外关注。尤其是其特产的漆器，行情看好。其营业额也在逐步增加，乃至于压倒了江户的分店——"木屋、黑江屋"等漆器店。② 随着贸易的进步，横滨商人开始注重品质的改良。产品主要出口到美、英、法、德等国家。尤其是"寄木涂"这种漆器，因为是静冈的特产所以深受外国人的青睐。这些产品的大部分都经由横滨输出到海外。

与开港同时进入横滨的生丝贩卖商人们具有左右横滨经济的力量。正因为生丝交易投机性很强，其盛衰沉浮的竞争也很激烈。其中原善三郎、茂木物兵卫二人不断扩充实力，横滨财界甚至出现"原、茂木时代"的流行用语。

原善三郎开港两年后来到横滨，在弁天通三丁目以"龟屋"的商号开起生丝贸易商店。后来担任第二国立银行"头取"、横滨商业会议所第一任"会头"等职，成为横滨财界的重镇。另外，又登上市议会、众议院议员、贵族院议员等政界的阶梯。原善三郎于1899年72岁时去世，他的养嗣子富太郎是位不逊于其养父的实力派人物。

当时生丝输出的80%掌握在外国商馆手中，日本生丝贩卖商们把在国内收集的蚕茧和生丝仅仅卖给外国贸易商，这样利润就降低不少。富太郎一方面专注于扩大面向美国、欧洲的生丝出口，另一方面则力图直接经营制丝工厂，以扩大父辈的事业。他提倡建立横滨经济协会，招商引资建设工厂，并构想把到樱木町为止的铁道线经过市内延长到大船，他还为解除昭和初年的金融恐慌而奔走呼号。富太郎还有一项功绩就是对震灾复兴的贡献。他当时主动承担了横滨市复兴会会长一职。他在《随感录》里坦言："余位于横滨就须承担对横滨的生存之恩，这样就要对横滨所需要

---

① 横滨开港资料馆编：《横滨商人与那个时代》，第7页。
② 横滨市役所编：《横滨市史稿（产业编）》，第83—84页。

的事情倾注精力，决心报答对横滨的养育之恩，共同生活之恩。"① 随着生丝贸易的衰退，曾经左右横滨财界的生丝商人的群像也湮没在历史的长河中。富太郎的名字对今天的横滨市民不能引起多大反响。但是对于他以自己的雅号命名的本牧三谷的庭园——三溪园，横滨市民及外来观光者仍可以追思生丝商人当年的风光。原善三郎当初买下这块土地时，还是一块荒地，自然的山谷间长着松树和杂木林。四处都是水田和长芦苇的水池。善三郎去世后，从野毛山邸宅迁到此地的富太郎将庭园整备一新，后来作为"三溪园"向市民开放。

野泽屋是伊势佐木町的老字号，创始人茂木物兵卫（1827—1894）出生于高崎的一个当铺之家，他聪明且有经商天赋，却不想以一个典当商人了此一生。于是，他把家产继承与经营权转让给弟弟而离开家乡，在太田、相生、信州上田等地的丝绸店里工作，同时磨砺商业才干。在开港之初即来到横滨。当时培玉的野津屋庄主三郎在弁天通已经开了杂货店。庄三郎觉得只经营杂货没有意思，遂开始经营生丝，但是由于不是自己内行的买卖，商店开始亏本。这样又想物色一个值得信赖的经理人才，在朋友的介绍下，认识了茂木物兵卫。在物兵卫的管理下，商店马上恢复景气。

1861年，庄三郎病死，没有子嗣继承家业。这样物兵卫就继承了野津屋的财产。没几年，他就成为关内屈指可数的生丝商人，奠定了茂木王国三代的基础。他虽身为商人，但是总能把眼光投向更广泛的社会，在力所能及的情况下，捐资充作学校建设费和社会福利设施费用，还大力发展水道事业。因其德高望重，被推选为生丝改会社社长，以及横滨汇兑会社社长，第二国立银行、第七十四银行"头取"（银行法人代表）。另外，他还在热海种植梅树，使旅游者得以享受赏梅之乐。今天的热海梅园就是物兵卫留下的遗产。他去世后，知已所送挽联上书："名声洋溢、海内无双、卓落机敏，天下丝平。金柯玉叶，维暐维晔。咫尺天颜，维德维清。"送葬诸人包括（本人或代表）伊藤参议、井上参议、松方参议、山田参议、芳川府知事、吉原日本银行总裁、松本前军医总监、文部大书记官等大小官员100余名。……诸会社、银行、涉泽、安田、原、三井等以下凡90名或乘马车或乘人力车而来。② 可见他在横滨各界有着显赫地位和很大影响。

---

① ［日］小田贞夫：《横滨历史漫步》，第220页。
② 《东京横滨每日新闻》6月17日号。

另一位商人高岛嘉右卫门，1832年（天保三年）生于江户三十间堀的木材商的家庭，从小具有经商的才能。据说受到肥前的锅岛藩家老田中善右卫门的激励，"在开港地横滨正在筹备与外国人商业贸易，此时在横滨开店是个好时机。可以垄断性地经营肥前特产的陶器和白蜡"①。于是，高岛嘉右卫门便来到开港地横滨，以肥前屋小助的店号在本町四丁目开了经营生丝、木材、兑换等业务的店铺。当时，他才26岁。追逐利润是商人本性，高岛也不例外，因为在倒卖金币的问题上栽了跟头，他在牢房中度过4年失意的时光。据说有一天他在陈旧的榻榻米下面发现一本《易经》，于是每天着迷地阅读起来。四个月之内竟然将2万余字背诵下来，并开始钻研易经占卜。后来他创立"高岛流易断"的基础，应当是在传马町坐牢期间打下的。② 出狱后，他再度返回横滨，在继续经营木材的同时，提出建造外国人住宅的申请。他承担了山手的英国公使馆的建设工程，因施工严谨，质量优良，获得认可，并获得在日外交使团实际领导人阿礼国公使的"日本第一工匠"的认定书。③

幕府于1867年（庆应三年）7月决定在铁炮台海岸的御军舰操练所旧址上建设饭店。此饭店是由日本人建造的最初的真正的饭店，工程承建者是精水组第二代继承人清水喜助。第一代清水嘉（喜）助于横滨开港之际在坂下町开设店铺，着手户部奉行所的工程建设，并往返于江户与横滨之间。后来他承建与外国人有关的工程，因赶不上工期而着急上火，身体不适，在横滨的店中接受医生的治疗，因脑溢血而去世，享年77岁。喜助无子，长女的丈夫清七继承第二代家业，改名清水喜助清矩。第二代喜助受到大老井伊直弼的信赖，随着横滨开港建筑工程增多而日益活跃起来。横滨的三井汇兑店奉祀的神殿也是清水的杰作。

1866年（庆应二年），由于火灾，位于横滨坂下町的店铺被烧毁，于是清水屋在吉田町建起西洋式的三层建筑的店铺。这幢建筑由二代喜助设计，受到附近人们的好评。这一时期，清水屋申请横滨制铁所、神奈川德意志公馆等工程。前者是对引进法国产业技术做出巨大贡献的工厂。"这样，在横滨的西式建筑上取得重大成绩的清水屋传来建筑居留地饭店的消息不能被认为是偶然的事情。已经作为当代一流栋梁之材而名声显赫的第

---

① ［日］小田贞夫：《横滨历史漫步》，第83—84页。
② ［日］小田贞夫：《横滨历史漫步》，第84页。
③ ［日］小田贞夫：《横滨历史漫步》，第84—85页。

二代喜助于是被幕府选中。"① 喜助后来承建横滨居留地的六座商馆，并接受了外国人应接所和三进组成 house（后来的第一国立银行）的建设工程，事业不断扩大。明治四年为其长女招赘养嗣子，将横滨的店铺托付于养子之后，于明治十四年 8 月去世，享年 67 岁。清水屋由女婿满之助继承第三代家业，继续扩大事业，发展为今天的清水建设。

日本西洋洗衣店的先驱（创始人）据说是 1863 年在长崎学习洗衣方法的熊本出身的渡善兵卫。他来到横滨，在太田町 7 丁目附近设置一块晾衣场，开始营业。另外，1864 年，外国人雇用的小岛庄助在石川口开办洗衣业，服部金次郎也在附近安置设施，把英法驻屯军的洗衣工作一手承揽下来，赚了大钱。②

洗衣店是由西洋人传来的。日本迄今不曾有的洗衣店现在则成为头等重要之事。当时被西洋人雇用的日本男佣甚至还不懂得肥皂的用法，在西洋人的指导下，学习洗衣服。当时男佣洗衣服的样子很有趣，他们把红布或白布用绳子捆成十字形，好像要跳起来的样子。其中头脑精明的男佣或厨师三四个人就开始商量开设洗衣店。不久，有一位熊本出身的名叫渡边善兵卫的人，此前曾经住在长崎，多少有些经验，他在太田町 8 町目即现在境町对面的旁边，从 178 番茶叶仓库到布兰德钟表商的地方设置了一块晾衣场，真是下了很大功夫。这个人大概是首先开办洗衣店的真正开端的人。

1864 年初，英国军队来到横滨，在山手建立了兵营，那座山称作"二十山"。③ 此时，胁泽金次郎在谷户坂旁边开设了洗衣店，一手承接了联队洗濯衣物的工作。这也是胁泽先生成功的基础。现在，成为"金满家"而仍然存在的，只有胁泽先生了。④

1867 年 4 月，应外国的要求，幕府开始修建马车道，这样全长 700 米、宽 20 米的新道路诞生了。日本与外国间的交往日益紧密，江户设置了各国的公使馆，这样横滨的领事馆与江户公使馆的往来频繁起来。英国商人克布看到这种情况就开始经营马车载客业务。这是日本最早的马车会社。克布的马车对日本人来说很新鲜，因而日本乘客也很多，取得意想不

---

① ［日］富田仁：《瓦斯灯与红靴子——横滨开化物语》，第 28 页。
② ［日］富田仁：《瓦斯灯与红靴子——横滨开化物语》，第 49 页。
③ 因英军 20 团曾经驻屯那里而得名。
④ ［日］小田贞夫：《横滨历史漫步》，第 123—124 页。

到的效益。这样，在外国人之间还出现了竞争者，江户的外商梅尔也开始经营马车公司。弁天通的摄影师下冈久之助（1823—1914）发现马车生意这么兴隆，就与8个朋友联名申请马车营业的许可。下冈在幕府和明治新政府中负责商务的官员中有许多相识，特别是开始照相业务以来，他的技术受到较高评价，在给官宦、绅士们拍摄肖像的过程中，与财政界建立了联系。后藤象二郎就是给予他多方关照的人。后藤出身土佐藩士，他是幕末与明治初年的政治家、思想家，曾经参与尊王攘夷、尊王开港、佐幕攘夷等运动，一个人身上集中了膺派、鸽派、左翼、右翼等几种身份。

后藤为下冈通融了资金，下冈利用这笔资金立即在吉田桥边租了一块官有土地，建起马车客运站，挂起"成驹屋"的招牌，于1869年6月开始营业。最兴盛时，有25驾马车，马匹60余匹，每天往返运输不止。两匹马拉的车可坐6个人，在东京和横滨之间行驶4小时，车费3分（75钱），而外国人马车是2元，可见他的马车在价格上有着竞争优势。

德川幕府采取一种通过三都的特权商人——批发商来控制全国的商品经济政策。幕府之所以将毗邻江户的横滨辟为开港地，在于期望把江户与横滨结为一体，从而使全国的经济命脉掌握在江户手中，借以达到富国强兵的目的。因此，"幕府委员在商议通商条约的过程当中，即（向幕府）提议将江户的批发商派往横滨开店营业，以使他们控制横滨的贸易"[1]。然而，地方商人在开港之前就进入横滨，出现了江户批发商的控制权受到侵害的倾向。横滨地方官员遂向幕府官员写信，商讨对策，意图维持幕府的"商业惯行"，继续支持江户批发商的独占贸易权，禁止地方商人直接参与横滨贸易。然而，幕府的努力是徒劳的。"受到通商条约规定的自由贸易保护的在方商人在横滨进行生丝等重要输出品方面的直接交易，终于促使江户批发商操控的流通机构的快速解体。"[2]

值得注意的是，横滨开港后，在与外国商人进行的贸易活动中，日本没有形成和中国一样的买办阶级。买办阶层的存在是中国近代经济史的主要特征之一。鸦片战争以前的买办主要指广州外国商馆的雇用人员；鸦片战争后，随着中国市场对欧美资本主义国家的开放，买办作为中国商人与外国商人之间的中介，从业人数不断扩大进而形成了一个独特的阶层。因为买办具有当时中国其他阶层所不具备的外国知识和经验，所以在外交方

---

[1] 《横滨市史》第2卷，第337页。
[2] 《横滨市史》第2卷，第345页。

面也是不可或缺的角色。横滨开港初期,外国洋行也雇用一些日本人充当雇员,但主要是为外商服务的佣人,而且很少参与洋行的内部经营。虽然也有极少数人涉足购销活动,与中国的买办身份相似,但是人数和影响都很有限。

至于为何在日本没有形成买办阶层,依田熹家先生认为:中国是在国内统一市场尚未形成的状况下被迫开放港口的,所以买办资本很容易获得独自的发展,而且外国资本也能够通过买办资本在中国市场上占有强有力的地位。而日本在开放港口的初级阶段就"存在着藩这样比较强大的经济主体,并拥有对外关系人员,这些都是阻碍买办资本成长的因素。"有着这样强有力的经济主体的存在,并参加对外贸易,所以仅把有限的业务委托给买办,这就阻止了"买办资本"的发展,也可以说对外国资本暂时起到了防波堤的作用。① 依田先生的分析颇为透彻,但是其中提到"拥有对外关系人员"也是阻碍日本买办资本成长的因素,这一点似乎仍值得商榷。

日本晚于中国开港十几年,日本在锁国时期,商人阶层几乎没有和欧美商人接触的任何可能。而中国在鸦片战争之前,在广州的十三行贸易时期就已经产生了职业买办。欧美商人与中国买办合作的经验要比与日本商人打交道的经验更多。当时培理的舰队中就有广州商人罗森随行充当舰队的译员。横滨开港伊始,许多中国人就随同欧美商人一起涌入。"当时西洋人不懂日语,日本人也不熟悉西洋的语言和商业习惯。因此,熟谙西洋商业习惯,与日本人可以用汉字进行笔谈的中国人作为两者的居中介绍人,在居留地贸易中起了重要的作用"②。作为翻译和买办,与欧美商人同住横滨的广东人居多,在长崎则以福建人居多。这些中国商人在欧美商人与日本商人之间起到的中介作用部分地与中国买办在欧美商人与中国商人之间的功能是重合的。中国商人在日本开港地的存在,客观上限制了日本商人成为买办的可能性。另外,当时幕府对贸易采取的是控制贸易的政策,这种政策仅支持听命于江户幕府的特权商人,因此既限制了外国商人,也束缚了普通的日本商人的商业活动。而且幕府在开港后不到10年即被明治新政府推翻,随即实行包括经济方面的各种改革,也使"日本买办"失去了生存的空间。

---

① 《横滨市史》第2卷,第47—48页。
② 横滨开港资料馆编:《(图说)横滨外国人居留地》,第58页。

横滨为外国人购销活动服务的，主要是"在方商人"，① 他们奔走于商品的产地（农村）与横滨之间，进行农副产品的收购、运输、销售以及进口商品的推销。其中也有些人在横滨设立店铺，转变为城市商人，但他们基础仍在商品原产地农村。乡村商人大多出身于农村中的"豪农"阶层，他们除了从事农副业外，往往还在农村兼营小商品贩卖活动。他们的经济地位比一般农民高，与城市的联系也较为密切，因此比较了解附近城市的商业动态和物价行情。横滨开港实际上给这些乡村商人提供了一个发财的机会，有些人脱离农村，以独资或集资的方式在横滨开店，逐渐成为城市商人的主体。

日本政府出于扶植本国商人的目的，劝说居住在江户的特权商人迁往横滨开设店铺，直接同外国人做生意。著名的江户大富商三井家族也应幕府之命在横滨设立了分店，以便控制那里的商业和金融活动。因此，从横滨开港之初起，日本商人就对外国商人有着相当的抗衡能力。② 外国洋行与日本乡村商人之间不是雇佣关系，没有人身的依附，而是一种纯粹的商业往来。但外国商人与长期共事、相互熟悉的乡村商人之间也有着密切的关系。"在日本横滨由乡村转入城市的商人，依靠外国洋行前贷金的支持，通过乡村商人往来农村根基地的奔波，有些人就逐渐成为城市的新兴资产阶级"③。总之，幕末的横滨商人是一个值得进一步考察的群体，其所处的时代造就了这个群体的特殊地位和所承载的历史使命，即通过商贸经营活动来推动日本近代化的历史进程。

第二节　神户开港与城市近代化

一　围绕神户开港的交涉

日美签订通商条约后曾多次对条约内容进行改正交涉。在1857年（安政四年）12月14日进行第三次交涉时，美国提出京都和大阪开港的草案，但是幕府认为京都是天子所在的地方，而大阪又距离京都太近，所以很干脆地拒绝了京都与大阪的开港开市。哈里斯认为幕府拒绝京都的开

---

① 指乡村商人。
② 沈祖炜：《上海、横滨近代商业的比较研究》，参见《上海和横滨》，第205页。
③ 谯枢铭：《上海、横滨开港初期的进出口贸易发展》，参见《上海和横滨》，第194页。

港是可以理解的，而怎样都无法接受大阪被拒绝开港，于是安政四年十二月十九日第六次改正条约交涉时，首次出现了兵库港的名字，在哈里斯的恫吓下，于安政五年一月十日的第十二回交涉时，决定兵库为新的开港场，并在最终的交涉中制定了外国人在兵库的活动范围。

当时，兵库的开港是以兵库港作为对象，计划是要避开市区，把外国人居留地建在和田岬以西一直到妙法寺川尻临海约 7 万平方米的土地上，在海面上筑造防波堤，预定内侧为开港场。1861 年（文久元年）4 月下旬，第一任英国公使阿礼国在去香港出差的归途中，与荷兰驻长崎总领事一起在下关乘军舰从濑户内海航行至兵库登陆，旅途中视察了上述所记载的预定居留地，阿礼国所著的《天皇之都》上也有相关记载。随着开港日期的迫近，幕府认为想要得到朝廷对条约的敕准是非常困难的，因此决定向法国和英国派遣使者交涉兵库等地开港延期的问题。文久元年三月，虽然使节的人选已确认完毕，但在等待船只的期间又发生了人事变动，最终任命勘定奉行兼外国奉行竹内保德、外国奉行松平康直、京极能登守目付高朗为使节，于这年的 12 月 22 日乘坐英国军舰向法国驶去。"日本使节在伦敦和巴黎主张将江户和大阪的开市和新潟兵库的开港无限延期，但反复交涉的结果是英法同意将开港从 1862 年 6 月 6 日起开始延期五年，这就是《伦敦备忘录》。"[①] 作为交换，事后被强制增加一条降低关税的规定。幕府的领导层并不知道按照外国的意图签署这个文件到底意味着什么，倒幕的萨长同盟也并不知道兵库开港的延期到底付出了多高的代价。

两都两港一旦被延期开港，那么五年后再度开港开市的问题会渐渐浮上水面，而且国内攘夷的呼声依然很高，这和幕府的意见并不一致。朝廷方面为了让幕府决定攘夷的日期而召见将军家茂入京，家茂在老中水野忠精等三千随从人员的陪同下于文久三年二月十三日从江户城出发，三月四日到达京都的二条城，七日与德川庆喜和在京的大名一同拜见天皇。家茂于四月二十日和五月十日回答了攘夷的日期，接下来京都近海的防卫就变得重要起来，家茂于四月二十一日以巡视近海为目的从京都出发去大阪，二十三日在大阪乘坐幕府的军舰在神户的小野港登陆，视察了附近的海岸。同行的胜海舟提出在神户村建设海军操练所的建议被直接采纳，第二年家茂入京，向朝廷上奏有关大阪湾的海洋防备的事情，认为为了强化防

---

① ［日］土居晴夫：《神戸居留地史話》，リーブル出版社 2007 年版，第 11 页。

备有必要在和田岬等地铸造炮台,并在神户设置海军操练所作为海军教育机关。将军家茂催促前者尽快开工,所以和田岬炮台于文久三年二月开工,翌年九月就完工了,后者虽然于同年五月二十九日在神户开所,但第二年就被废止。

之前《伦敦备忘录》虽说同意了日本两都两港的延期开市开港,但是文久三年和元治元年分别发生了鹿儿岛炮击事件和下关炮击事件,使攘夷派的态度发生了转变,英国外务大臣认为这是一个极好的机会,可以和美法荷三国公使合作,实现两都两港提前开港。庆应元年(1865)九月十六日,"英美法荷四国公使率领九只英法荷三国联合舰队到达兵库的海面,三日后法国公使劝说将军尽快拿到条约敕许和同意兵库提前开港"①。九月二十三日,幕府派老中阿部正外和外国奉行山口正毅等急赴兵库,与英法美荷四国公使会面,四国公使要求尽快回复有关兵库提前开港及条约敕许的要求,德川庆喜受将军之命赴大阪,转达了幕议的决定,同意兵库提前开港。但是有关条约敕许的要求,四国公使迟迟得不到答复,九月二十八日,法国公使威胁幕府如果十日内拿不到条约敕许就上京都直接与朝廷谈判。九月二十九日,朝廷罢免了阿部正外和松前崇广的官职,将军家茂见状认为得到条约的敕许是不可能的了,于是于十月一日辞去将军一职,权力转入朝廷手中。经过复杂曲折的过程,庆应三年五月二十日,朝廷正式同意了兵库开港,并且承认了幕府之前与各国签订的所有条约。因此幕府通知各国使臣庆应三年十二月七日后兵库、江户、大阪设立外国人居留地,允许商人通商贸易。

至此,幕府与列强商定的仍是兵库开港,但是为了避免排外风气甚重的兵库人与外国人发生冲突,加之神户村沿岸的地理条件比之兵库更适合建港,所以开港地最后并没有设在兵库,而是选择了兵库东面的神户村。

从兵库开港的过程来看,兵库港是一个天然的良港,正因为如此才被强行拉进了安政条约的体系中来,由于它距离京都过近,又引起了开港延期的问题,这期间又掺杂着攘夷问题和倒幕问题,错综复杂。幕府虽然苦心经营,尽全力解决问题,但是开港问题无论谁是当事者都不可能快刀斩乱麻迅速解决。而在被迫开港的情况下,日本能和其他亚洲国家不同,免予沦为西方列强的殖民地,维持独立的姿态,是十分难得的事情。

---

① [日]山下尚也:《神戸港と神戸外人居留地》,近代文芸社1998年版,第29页。

二　神户港的建设历程

"经过诸多变迁，神户终于在 1868 年 1 月 1 日正式开港，开港时的神户港虽然背靠和田岬，能够遮挡西北风，是大阪湾最合适的停泊地，但是由于没有任何港口设施，只能算是一个自然海岸。"① 开港后第一件要事是建卸货场，当时建造了四个外国船停靠并卸货的码头和三个保存货物的仓库。第一个码头是改建船蓼场而成的，其他的位于宇治川至现在的美利坚码头附近，明治四年至明治十年间又开始逐次改建，与此同时不断充实港湾设施。明治四年至明治十年之间花费 11 万两进行西运上所（海关）码头改造工程，改码头为出口用码头，这是神户港建造工程改造初期规模最大的工程。这个工程完成后，神户港才初具港口形态。

之所以说神户是天然的良港，原因之一是没有大河注入神户港口，所以不会造成土沙淤积，但这并不是神户港与生俱来的优势，而是前人努力的结果。本来生田川流入神户港口中心，它的流域虽然不大，但从山流到海的距离很短，一旦有降雨，会有大量的土沙和泥石流流入港口，尤其是大雨的时候，经常会对两岸的房屋以及田地造成损害，并且生田川的右岸便是居留地，住在这里的人们强烈要求采取治水措施。在这种情况下，政府决定把生田川的河道往东移 1000 米，取名为新生田川。原生田川河尾土地被卖掉，资金用作新生田川东移工程费用，这是官民一体共同建造神户港基础的一部分，是神户港建造的良好开端。30 年后，河道再次被改，注入川崎滨，使每逢大雨就会带来大量土沙的凑川通过挖掘的会下山通道注入刈藻川，两者合流，河身移到港口的西端。这同样为优良的港口建设做出了贡献。

"一直以来和田岬被称作海上难关，一旦吹东风和南风时，兵库港就没有避难的地方，在明治四年的暴风雨中，有 580 只船遇难受损，死者 24 人，行踪不明 16 人，政府对此无法坐视不理。"② 明治七年，兵库区长针对这种情况，提出了把现在的兵库区岛上町至长田区驹荣町之间开通运河，并把运河挖出的土填埋河岸的计划，委托运河挖掘公司开工，兵库区长任新川开工主任。明治九年五月，新川运河部分完工，东南风带来的灾害大幅减少，之后的明治二十九年一月，林田村（现长田区）海岸至新

---

① ［日］鸟居幸雄：《神户港 1500 年》，海文堂 1982 年版，第 172 页。
② ［日］鸟居幸雄：《神户港 1500 年》，海文堂 1982 年版，第 176 页。

川运河的运河工程开工,明治三十二年建成,这段运河既是航路又是避难口,也是卸货地,发挥了巨大功能。

　　港口的重要功能之一是具有建造船只并修理船只的造船厂,如今的神户港有很多大的造船厂,这些造船厂的初建也是在开港初期。明治时期的政府很注重吸收外国文化以及工业并开始大力发展工业,管理制铁、造船、铁道的工部省为了振兴造船业,于明治四年在兵库东出町设置了兵库制作所,建设了用来修理船只的船坞,明治八年,木制小修理船坞开业,这就是神户港造船所的原型。兵库制作所后来改成兵库造船所,明治十九年租给川崎正藏,成为川崎造船所,奠定了今天的基础。同年,大船坞竣工,船舶修理能力大幅加强,明治二十九年到三十九年,建造了总吨数6000吨的修理船站。加纳宗七在旧生田川川尾旧址于明治六年增设了集水面积10600平方米的码头(加纳湾)。在加纳湾旁边的英国人柯比设置了以自己名字命名的商会造船所,开始建造小型船只,这是神户港造船所的开端,之后的明治十七年到二十八年,此造船会所隶属海军省,明治二十年,建造了日本第一个民间建造的钢铁军舰,三等海防舰——大和。明治二十六年,三菱合资公司计划在神户新设工厂,进行船舰的建造与修理,于明治三十三年开工建设。

　　明治三十二年起货物量大增,虽然在旧生田川川尾新设了卸货所,但因为其位于海上突出的部分,易受海潮影响,即使是平时,也会因为风浪和海潮不方便停靠驳船与卸货,因此当时担任港湾设施建设的海关设置了临时工事科,"明治三十三年九月开始,在加纳町卸货场前90米的位置建造了两道181.8米的岛状防波堤,于明治三十五年三月竣工"[①]。由于此防波堤的建造,海面变得平稳,内部设置了卸货场,神户港得到了很大的发展。运送港口进来的货物,铁道必不可少。明治四十年七月建造成的小野浜临港铁道是神户港最初的临港铁道。明治三十五年开工,中途因日俄战争一度中断,之后又重新开工,于明治四十年竣工。此线路的建成方便了货物的运送,伴随着货物量的增加发挥了很大的作用。

　　开港时的神户港口只是一个自然海岸,所有的设施都从基础开始建设,但由于优良的港湾条件,神户港一度成为日本最大的贸易港,而神户造船所、制钢所、川崎重工业等的相继建立也为神户的工业发展起到了重

---

① [日]鸟居幸雄:《神户港1500年》,第180页。

要作用，神户已慢慢发展成为重要的国际港口。

三 神户的外国人居留地

开港制造出了人、物和情报交流的空间，而这些东西进行交流的场所就是居留地。居留地分为两种，一种是专管居留地，另一种是多个国家协商运营的共同居留地，日本的居留地都属于共同居留地。在日本，居留地是专供外国人居住并通商的地区，1859年伴随着横滨长崎的开港，开始出现了居留地，值得注意的是，日本虽然被列强强制设立了居留地，但是居留地在日本存在时，日本也先后在朝鲜和中国设置了居留地。神户居留地是1868年正式开港后被逐渐建设起来的，其居留地制度的形成受到了东亚居留地制度的影响，之后反而影响了日本在朝鲜的仁川地区设立的居留地。

近代国家的原则之一是在某个国家的领域内居住的人，即便是外国人也应该服从该国家的管辖权，但是日本因为与欧美诸国缔结了不平等条约，产生了领事裁判权制度，所以日本的法律支配权被侵犯了，而在居留地设立的居留地自治制度又侵犯了居留地范围内的行政权。"神户居留地的自治制度存在于其开设到条约改正的1868—1899年，它的特征之一是居留地会议为自治行政机关，主要由各国领事构成，之二是自治行政的财源有明确规定，因此在居留地运营过程中排除了居留地居民的任意干扰，确保了财源的稳定。"①

神户外国人居留地根据1868年8月7日缔结的《大阪兵库外国人居留地约定书》进行运营，神户居留地的主要行政组织是居留地会议，由各国领事、兵库县知事选举选出的三名住民代表组成，居留地会议的议长一般由各国的领事代表担任。1870年，设置了议长、副议长、财务委员会、土木委员会、警察委员会、墓地委员会，重要的案件都委托这些委员会进行讨论，根据委员会讨论得出的报告，再由居留地会议做决定。会议关于议题的讨论很充分，会计处理也很严格，并进行信息公开，很多地方都体现了西方国家的市民精神。居留地会议进行自治行政的范围是：（1）道路、排水、街灯等，（2）居留地管理。外国人自治行政、自治财政，如果不发生重大灾害，日本政府不能干涉。"居留地自治的财源有：

---

① 神戸外国人居留地研究会：《神戸と居留地—多文化共生都市の原像》，神戸新聞総合出版センター2005年版，第52页。

(1) 居留地土地竞卖原价定为1坪2两，其中按1坪2分的比例抽出的资金部分，以及居留地土地竞卖收入减去土地竞卖底价部分后的金额的一半，(2) 征收1坪1分的地税和1坪三分之一分的警察税。"① 长崎的居留自治制度因财源不足于1876年崩溃，神户居留地正是因为有这样充足的财源支持才得以顺利维持。

1872年，明确了居留地会议居民代表的选举权和被选举权，居住在居留地内的所有成年人都享有选举和被选举的权利，参选人的名单也都会公布。常任委员的任期为3年。有关消防和医院的经营等相关事务委托给私人，居留地会议并不直接参与执行。1870年第三次居留地土地竞卖时，下水道设施已基本完成，主要街道都已经铺上了砂石，街灯也已设置。到1873年时居留地会馆也已完成，会馆设置了警察署，拘留所，消防泵放置所等附属场所。1874年居留地开始有煤气供给。"伴随着这些设施的建设完工，居留地的外国人人口也有所增加，由1869年的185人，到1972年的373人。"②

1873年，伴随着居留地土地的全部出售，建设了进行贸易的场所——商馆。"居留地设置后，外国人开始固定居住，商馆开始独占贸易，日本人无法直接进行贸易业务，只能根据商馆的订单交货，或者通过商馆购入外国货物。"③

给商馆供货的从业者被称作推销商人，他们不允许从商馆正门通过，只能低腰从后门进入，然后与日本人掌柜斡旋，或者跟相当于清朝时买办的商馆员商谈。有些外国人会抓住日本人的弱点不放，专横粗暴。日本人即便有正当理由，也不准毁约，外国人却可以随便取消订单，经常在检查商品质量的时候抓住某一点逼迫日本人大幅降价，支付商品费用的时候，也经常百般刁难拖延支付。那些在商馆工作的掌柜、买办、计量员也狐假虎威，敲诈勒索。商馆交易的货物主要为杂物，上到陶器、漆器、铜器、屏风、玩具，下到提灯、吊钟，种类繁多。

同时，进口贸易也必须通过商馆进行。商人需要多次去商馆，得知库存商品的价格后决定是否要买，货物必须现金支付。在当时，日本商人并不能掌握商品市场动向，进出口时因为市场变动，蒙受损失的时候也很

---

① 神户外国人居留地研究会：《神戸と居留地—多文化共生都市の原像》，第53页。
② 神户外国人居留地研究会：《神戸と居留地—多文化共生都市の原像》，第59页。
③ [日] 土居晴夫：《神戸居留地史話》，第96页。

多。初期出口的商品主要是原料、食品、半成品，例如茶、米、树蜡、生丝、陶器等。进口的商品主要为成品，有毛织品、棉织品、砂糖、染料、铜、石油、药品等。这在侧面反映出了日本在当时是落后国家。当时，清朝人也参与到了商馆贸易中，清朝人在长崎有丰富的经验，在商馆负责商谈，计量，品质检查等事务，还有人独立起来做中介商或者通关商，在日本人和西方人中间游走。明治末期，一直是外国人掌握的贸易权被移交到日本人手中，日本商社一方面支配着贸易相关的中小企业，另一方面与外国进行直接贸易，曾一时称霸经济界的神户的铃木商店便是那个时期的代表。特别是在"一战"中，很多外国商馆从居留地撤退，日本商社的发展显著。

1899 年条约改正后召开了最后一次居留地会议，确定了剩余资金，各国向日本政府交接了属于居留地会议的房产、资金、支票、账簿、议事录等。神户外国人居留地是西洋以及亚洲文化流入日本的窗口，居留地设置期间，神户港的贸易额不断增大，开始向中国市场出口工业制品。外国人居留地，是近代神户的起点。但是，居留地的存在具有两面性，一方面，在小规模的居留地内设置的居留地会议展露了西方市民精神，这点非常值得称赞；另一方面，居留地本身，围绕着主权恢复问题，成了日本与外国相互竞争的舞台。

四 神户近代城市发展与观念变迁

神户是日本重要的贸易港口，也是日本极为重要的工业城市。神户的工业有着悠久的历史，在日本的阪神工业区内，神户是仅次于大阪的工业中心。

神户开港后不久，出现了制茶、制糖、橡胶、服装、面粉、食品等轻工业，以制茶为例，从开港到明治二十年，神户的出口品以制茶为中心。制茶从明治二十年开始就被谷物、火柴、纺织品代替了，但在居留地时期，在出口中一直占有很大的比重，一个重要的原因是神户离传统制茶地京都比较近。明治四年开始出口量大增，"根据明治五年的统计，茶已上升到出口额的 62%。制茶贸易的最大市场在美国，明治八年的神户制茶出口量为 764 万斤，其中 513 万斤是出口到美国的，但是出口的多是粗制茶，美国于明治十六年颁布法律禁止粗茶进入美国"①。此举对日本制茶出口商带来很大打击，于是在制茶产地发起了改良运动。把粗劣品卖给商馆的是一部分制茶商，神户从明治初期开始，建起了几个专门从事制茶出口的商馆。大阪，兵库的茶商都来推销。此外，每到初夏，不知从哪里来的蚊帐商人也会来推销茶，他们把渣茶混入好茶中卖给商馆。这种行为非常之多，以至于京都府等产地协会经常发出公平买卖的劝告。神户的茶商中也有积极推进公平买卖，进行品质改良的茶商，最后终于促进了茶叶协会的结成，成功驱逐了不良业商。明治二十年，虽然在神户出现了影响生产地的大茶商，但出口还是逐渐萎缩，这与清朝，印度，斯里兰卡等国家的茶出口量增大，生产者逐渐选择从横滨出口，以及美国强化粗茶禁运法律等因素相关。

随着这些轻工业的发展，重工业也得到了一定程度的发展。19世纪末，三菱集团在神户设立了三菱重工业神户造船所，紧接着，神户制钢所、川崎重工业也陆续在神户择地建厂。"神户的工业具有两个特点：第一，钢铁、造船等重化工业非常发达。这是因为神户是港口城市，交通运输方便，钢铁、造船、机械等工业在这里设厂，可以利用廉价的海运，这就降低了成本，提高了经济效益。第二，轻工业及服务性行业比较发达。食品、服装、制鞋等工业发展迅速。因为神户是国际港口城市，对外经济交往频繁，发展为他们服务的轻工业，这是神户工业的最大特点。"②

一个城市的发展，绝不仅是城市空间的膨胀而带来的，更是由于城市里居民的生产和生活样式的变化而带来的。因为生产和生活样式的变化，超越城市的边界带给每个人影响，当人们心中有了对城市的憧憬，一个城市才有可能形成工业制品交易市场，吸引人口，从而不断膨胀发展。明治维新之后的神户，因为其开港地的缘由，成为西欧文明进入日本的登陆点，成为文明开化的发源地。明治初年的神户，勾起了国民对城市憧憬。

明治元年，兵库的富商们建造了明亲馆，这便是神户近代教育的开端。明治五年日本颁布了学制，显示出了把全国分为大学区，中学区，小学区的构想，"神户町与兵库町分别被指定为第4大学区第23中学区第1

---

① ［日］土居晴夫：《神户居留地史话》，第100—101页。
② 石辉：《国际港都—神户》，载《世界经济文汇》1984年版，第67页。

小学区和第 2 小学区，开始设立小学"①。最初由各个町组为单位维持学校，但每个町组的资金实力不同，有可能产生教育差距，到明治十年，改为神户、仲町、兵库三个学区维持运营。明治十四年，小学校教则纲领颁布，以设立了初等、中等、高等三科的神户、相生、兵库三小学为中心，实施了序列化以及重编。明治十九年，学校令发布，开始征收学费。这就是明治初年小学校教育的普及情况，但是中等教育的普及并不顺利。明治七年神户师范传习所设立，明治十年改称明治师范学校，明治十一年公立神户中学设立，同年，在福泽谕吉的帮助下神户商业讲习所也成立了。但是这些学校都因入学者少且开销巨大，难以维持经营，很多都不得不停办或者改为县立学校。只有美国两位女性于明治八年设立的神户女子寄宿学校，后改称神户英和女学校，作为女子中等教育机构发展顺利。

神户新闻界的发展方面，日文报纸有明治五年创刊的《神户港新闻》、明治十三年创刊的《神户新报》、明治十七年的《神户又新日报》、明治三十一年的《神户新闻》等，"以神户居留地为中心的外文报纸有庆应三年发行的 Hiogo &Osaka，明治元年发行的 Herald News，明治二十四年发售的 Kobe Chronicle 等"②。不言而喻，有外国人经营的媒体的存在是神户的新闻报刊界的一大特征。

当时神户的衣食住行方面是这样的：首先，在衣着方面，实行衣服的洋装化，以曾当过兵库县知事的伊藤博文，以及兵库的名人神田兵右卫穿西装为起端，明治十五年兵库县会曾商议过议员穿西装之事，进入明治二十年，作为习俗某种程度上被固定下来了。但是，跟男性的洋装化进展相比，女性的洋装化进展相当缓慢，例如明治十九年八月五日的《神户又新日报》就曾发出了女性服装的洋装化并无进展的评论。其次，在饮食方面，吃牛肉的习惯急速扩大，以明治二年开创的关门月下亭为首的牛肉店繁盛起来，后来神户牛肉的名声传遍日本全国。此外，同牛肉差不多时期，牛奶、面包、腌肉也开始普及。西式糕点起初也未普及，和式糕点压倒性的多，以明治二十五年明治屋的开设，以及明治三十年凮月堂支店的开设为分界线，西式糕点迅速普及。最后，在居住方面，除了一些明治二十三年建成的英国人设计的神户俱乐部等一部分建筑外，建筑的洋风化并

---

① 新修神戸市史編集委員会：《新修神戸市史歴史》，近代·现代，神户市 1989 年版，第 34—36 页。
② ［日］土居晴夫：《神戸居留地史話》，第 73 页。

没有得到显著的普及。除了西式建筑栉比鳞次的居留地，从杂居地到兵库，传统建筑密集分布。"虽然兵库县于明治六年十五日，规定居留地附近的市街区禁止搭建临时木棚，鼓励建造西式建筑，但并没有实现"①。直到大正时代建筑的洋风化才开始渐渐普及。此外，受到居留地外国人的影响，娱乐等也发生了很大变化，始于居留地外国人的划艇比赛，骑马，自行车，台球等娱乐项目不断流行并固定下来。不仅是个人的生活逐渐近代化，支撑都市空间的社会资本也不断近代化。明治二十一年，神户至姬路肩的山阳铁道开通，次年东海线也全面开通。

日本在开国之前，非常推崇东方文明尤其是儒家文明，在19世纪中叶的幕末时期，"蛮夷"与"文明"这两种西方现象同时存在于日本，相互纠缠，从社会主流观念的发展趋势看，大概从60年代开始，西方的文明形象不断得到强化，日本民族已从"慕华贱夷"的愚蒙中走了出来，不仅树立起以西方科技为蓝本的近代化目标，而且萌生了师法西方政治制度的意向，这一划时代的思想变革，彻底扭转了日本历史发展的车轮，"开国前，幕府和各藩一样，均认为所谓国家乃是私有的机构而非其他。国家对武士而言即是藩。纳入幕藩体制的只有武士，人民仅仅是被统治者，没有任何权利……但是，当外部世界的强大势力出现在眼前，并强行提出一种要求时，遂使人们渐渐感悟到一种超越幕府、藩，也包含人民的所谓国家的存在，或者说是一种必须存在。"②

"文明开化""脱亚入欧"也成了日本近代化的象征，完成了文明观念的整体转换。一些洋学者的观念转变是很彻底的，日本社会文明观念的转变也主要是在他们的推动下完成的，他们使人们明白西方社会并非只有蛮夷，更有良善的道德观念和系统的人文文化，与此同时，"随着文明的西方形象的确立，他们开始对日本的传统观念进行反思和批判，东西方文化的地位被不同程度地颠覆"③。随着西方的人文文化内容被肯定，日本社会的传统观念也逐渐瓦解，有些传统观念不攻自破，"观察今日洋人所为，首推轮船、火车、电报、水力纺织机械等，便于民生日用诸般均究其极致，近来又挖掘红海海峡以为海路，贸易诚具莫大之利。更交通万国，

---

① 新修神户市史编集委员会：《新修神户市史历史》近代·现代，第32页。
② ［日］伊部英男：《开国——世界中的日美关系》，MINERUBA书房1988年版，第78—79页。
③ 李存朴：《论日本开国前后文明观念的华夷变态》，《鲁东大学学报》2013年第6期。

广开交易之利，彼等得以国富兵，厚民用之利，租税等类亦较宽缓。"①明治维新就是在日本社会发生观念转变时，成功地完成了最后的制度变革，推动了日本近代化的迅速发展。

开港让神户及日本从闭塞走向开放，产生了近代工业，经济贸易迅速发展，并且让神户一跃成为日本极为重要的工业城市。也使人们的思想逐步开化，开始乐于接受外来的先进文化。但应该注意到，开港也有一些消极影响，比如"最初的开港城市的发展轨迹打破了早期城市发展多是一个渐进过程的模式""开港后在很短的时期内发展为初步繁荣的近代都市，成为对外开放的'试验场'。从各地而来的移民不断增加，开港建设有条不紊地进行，呈现出一种畸形发展的繁荣景象"②。另外，西方殖民势力到达时，日本正处于商业资本迅速发展的时期，这种发展本身要求不断开辟市场。随着统一的实现与经济的繁荣，也进一步刺激其对海外市场的追求，也为日本向海外殖民侵略埋下了伏笔。

第三节　新潟开港与城市发展

一　围绕新潟开港的交涉

新潟的开放与横滨，依据的是《日美修好通商条约》第三条的规定。条约规定，新潟的开放期限不得晚于1860年1月1日，但是条约后面还附有"如果新潟港开港有困难，则选该港前后附近一地代为开港"的说明。之后与英国、法国签订的条约之中"该港前后附近"只记载为"日本的西海岸"几字，与荷兰和俄国所签的条约之中则连新潟的名字都没有出现。由此观之，与五国签订条约之时，自然无法断言西海岸的开港地一定就是新潟。

实际上在条约换印半年前，美国驻日总领事哈里斯和幕府的下田奉行井上清直、目付岩濑忠震曾有过谈判。谈判席上，幕府方表达了将大名藩领的港口作为开港地十分困难，希望能够开放新潟港的意愿。将直辖领地作为开港地是幕府既有的方针，因大名的良港上知有困难，幕府提供的西

---

① ［日］沼田次郎：《松沢弘阳・日本思想大系66・西洋见闻集》，岩波书店1974年版，第504页。
② ［日］土居晴夫：《神戸居留地史話》，第73页。

海岸开港地仅有新潟一处。而哈里斯则提出西海岸的港口尚未调查,如果新潟不适合开港,应当另选一地代为开港,如果代替的港口是大名的领地,幕府也应当将其收回。之后,双方的谈判基本上没有实质性的进展,于是西海岸的港口还没有正式确定就结束了谈判。因此,在条约的第三条中,虽然出现了新潟之名,但开港的具体情况仍交由以后两国的交涉来决定。谈判时,哈里斯曾有言"西海岸的港口,与商贸无甚关系,为捕鱼船而定,请一定要选择安全的场所"①。但以贸易港为谈判重点是冲突的中心,这句话应该并非其真心所指。

如上所述,由于新潟港尚未正式确定,幕府在《日美修好通商条约》签订后到正式开港这一段时间内,必须就新潟开港问题与五国进行交涉。为此,幕府不得不对日本海沿岸诸港进行了实地调查。调查报告如下:

敦贺、小滨、田边(舞鹤)、宫津、所之口(七尾)虽然是良港,但不支持将它们作为开港地。这些港口之外的港口,停靠大船都有困难。既然新潟已经出现在了条约之中,陆运又能够通往各地,加之地势被信越群山包围,信浓川曲折流过此地,是操作起来比较便利的地方,故认为将其当作开港地与美国交谈为好。但是实际上大船无法进入河港,如果哈里斯指出这一点,是无法与其争辩的。因此,先将新潟地图与其观看试着说服他,根据应对的情况再来考虑别的港口开放如何?②

敦贺等五港的开港困难之处,是因为这些港口作为大名领地全部把持在大名手中,幕府在当时也没有能力令其上知。另外,此份报告书还记载了"因新潟港是信浓川北流注入日本海的地方,冬季在强风下波浪会将土沙堆积在河口使其变成浅滩,水深仅五六尺,诸国(藩国)的回船驶入港内有困难,因此停靠在洋面上,依靠小划船将货物运到港内"。幕府在明知道大船入港十分困难的情况下,仍选择了将直辖领地新潟选作为开港地,而这个选择,在外国对新潟展开实地调查之后很快暴露了出来。

1867年6月6日,老中小笠原长行就西海岸一港已定,准备公告天下,向英法美荷等国传达。与此同时,各国也在积极调查西海岸各个港口,英美荷的船只相继来到新潟。英国的军舰在测量宫津、小浜和七尾的港口后6月2日出现在新潟海面。舰长上岸后在愿随寺与幕府的吏员相见,此后三天深入信浓川调查了新潟地区的地形水文之后才离开。英国公

---

① 东京大学史料编纂所:《大日本古文书·幕末外国关系》,东京大学史料编纂所藏。
② 《新潟县史通史编五·近世三》,第721页。

使帕克斯①也在 6 月 22 日来到新潟，并就新潟是否适合作为开港地与新潟奉行交换了意见。奉行称，冬日信浓川河口沙洲因西北风强劲而风浪巨大，如果船只无法入港，则可以停泊在良港佐渡。② 帕克斯从新潟出发又调查了佐渡夷港，然后又南下调查了位于能登半岛的七尾港。接待帕克斯的加贺藩吏员们因害怕七尾成为幕府的直辖领地，极力诉说七尾不要成为开港地，但是帕克斯在调查完七尾港后还是确认七尾是一个良港。由此开始，帕克斯在与幕府谈判时一直要求七尾代替新潟开港。除了英国，美国、法国等国也都调查过新潟及其附近的港口。

另外，幕府为了与各国进行交涉，也派外国奉行菊池隆吉、目付原清穆到越后、佐渡、越中、能登诸港进行调查。菊池隆吉在调查以上诸港后，呈报了自己的调查结果。其中写道："新潟是越后第一港，因此商业发达，岛上也有建设居留地的土地。而且由于越后的幕府直辖领地和谱代大名领地很多，操作起来也较便利，因此将新潟港作为开港地是比较合适的。但是，入海口浅大船难以停泊，佐渡的夷港、小木和二见三港中有必要将其中某一港作为相关的船只停泊场。"两人回到江户后，向老中提交的报告书中，结论如下："希望将新潟港作为开港地。与此相关，必须建设佐渡的船只停泊场，能够做到全年停靠大型船舶的港口就只有小木了。"③ 此外，对于七尾港也给出了"虽然是良港，但是陆路交通不便，恐怕不会是贸易繁荣的地方。而且将其作为开港地上知是极为困难的"。此后在两人得知英国公使帕克斯要求开放七尾港后，又对老中如此建议道："英国公使想要将七尾港作为开港地是有原因的，因为七尾港是一个良港。这个希望得到允许的话，本来考虑将佐渡作为船只停泊场也就不需要了。因为七尾上知有困难，如果不想要将佐渡夷港作为船只停泊场这件事告诉英国公使的话，新潟开港就无法实现。那么将开港地改为敦贺或者对马如何。"④

英国公使在调查完西海岸诸港，回到江户后和老中以及外国奉行进行了数次的谈判。在 9 月 22 日的谈判中，向幕府提出了早日决定开港地的要求，并如此说道："新潟虽然是便利的地方，但是无法停靠船只，因此

---

① 英国公使帕克斯在国内一些著述中常译为巴夏里。
② 《新潟县史通史编五·近世三》，第 729 页。
③ 《新潟县史通史编五·近世三》，第 732 页。
④ 《统通信全览 菊池伊予守原弥十郎北海检视一件》，外务省外交史料馆藏。

无法作为开港地。小木和夷港也无法作为船只停泊场,即便说它是能够停靠船只的良港,但是离开港地太远也是不合适的。"同月 25 日,27 日的谈判中,幕府自己也强调了"幕府虽然很想将佐渡的港口作为船只停靠场,但是小木、夷港、泽根无论哪个港口都无法停靠外国船只,能够停泊外国船只的只有七尾港"。但是 10 月 7 日和外国奉行谈判时,帕克斯却一改以往强硬的态度,主张道:"西海岸的开港地,虽然七尾港是最合适的,如今还是选择新潟,并将佐渡作为船只停泊场吧。欲将这个方针与各国公使商量。"① 于是此事得到逆转,朝着解决的方向前进了。

10 月 9 日,帕克斯将同意新潟开港的文书送到老中手里。主要内容如下:

根据条约,新潟开港如有不便则另定西海岸一港代为开港。7 月在调查新潟港后,河口不过数尺深,可以说是不适合作为港口的。虽然七尾港更适合作为贸易港,但幕府在与各国公使谈判中只提名了新潟。而且,日本幕府不允许大名与外国有官方的交往,因此七尾如果还是以加贺藩藩领是无法作为开港地的。幕府也称将七尾港上知为幕府直辖领地是极为困难的,因此英国政府为了缓解幕府在该问题上的困难,此次对于幕府将新潟和其辅助港作为开港地提案予以同意。希望接下来能够探讨开港地的八条规则。另外,七尾港作为最优良的港口,将来各国仍然有提出将其作为西海岸开港地的权力,希望了解这一点。②

到此,新潟开港的事才得到了转圜,得到了解决。但是原本决定于 1868 年 1 月 1 日开放的新潟港,因日本国内横滨开港,导致物价高腾而动乱不安,仍然不能履约开放,又与各国协商于 1868 年 4 月 1 日开放。③ 当时,日本由于幕府没有经天皇批准而擅自同意开港,导致国内矛盾不断,倒幕运动盛行。戊辰战争爆发后,新潟成为奥羽同盟的补给基地,战火使得新潟开港再一次延后。直到 1869 年 1 月 1 日,明治政府接手了硝烟弥漫的新潟,才正式迎来了开放。此时已经距离《日美修好通商条约》的签订 10 年有余。新潟开港的过程虽然坎坷,不确定的地位和不断的延期都有可能使新潟无法开港。

但是,由于美国等西方国家需要在日本西海岸获取一个港口,以保证

---

① 《各国条约上ニ係ル政事書類 新潟税関》,东京大学史料编纂所藏。
② 《新潟县史资料编十二·近世七》,第 733 页。
③ 应庆三年十一月十九日幕府文件,日本国立公文书馆藏。

捕鲸船等船只的安全，这是新潟港能够顺利开港的保障之一。此外，新潟一直处于江户幕府的控制之下，尤其是1843年，新潟町成为直属天领，是其被选为《日美修好通商条约》规定的五港之一的重要原因。某种意义上，非幕府直辖领开港地无法保障外国人的安全，各国之所以最后突然同意，也是对于这方面的妥协。

二 新潟开港后的港口建设与港口贸易

新潟开港后，为了完成征税工作，明治政府设置了新潟运上所。新潟运上所设置之初，长官由外国官判事兼任，因此新潟运上所不仅管辖关税的征收，还涉及一部分的外交事务。1869年5月颁布的"新潟运上所规则"中，规定：（1）熟知全部的条约和税则，切记不要在外交问题上犯错。（2）水户番（指引船只安全入港的吏员）在商船入港后立即询问入港船只的来意，并记录入港年月日、号码、国名、船名、船主的名字、吨数以及乘船人员等信息，将其报告给外国官。①

随后新潟运上所的管辖权由外务省转到大藏省，但实际上仍然由县厅进行管辖。明治1871年，明治政府以横滨税关为总局，统辖全国其他各个税关，因此新潟运上所也成为横滨税关的下属。不过在此期间新潟运上所的名字没有固定，时常变动，造成了一些混乱。一直到1873年1月才正式将新潟运上所的名字改为新潟税关。

新潟运上所的建筑是由幕府时代的洲崎番所扩充而来。在开港之初，新潟港的一般性事务实际上是由旧新潟奉行所所在的新潟县厅处理，而港口的贸易税务则由洲崎番所处理，造成了管理上的混乱。而且，由于新潟县厅距离港口遥远，十分不便，于是决定在信浓川河口填埋土地营建新的运上所。1869年10月4日，在信浓川河口附近的左岸，填埋了约四千五百坪的土地，建设了厅舍、石库、土场、货物集散地等建筑。《新潟税关沿革史》中对当时营建运上所的土地如此记录到，"这一带都是野草丛生，填埋过程极其艰辛"。但是填埋这样困难的地方，以及建设厅舍等建筑，从1869年1月开工后，在短短9个月后就完工了，由此可见当时日本对开港地的重视。

运上所是一栋洋风与和风相融合的建筑。它的外形是当时的建造师们

---

① 《新潟县史资料编十三·近代一》，第433页。

在新式的洋风中融入以前的和风样式而形成的仿西洋式建筑。中央的大门采用圆形拱门形状，运上所的窗户为玻璃材质的两开窗户，二楼的房顶则附带塔屋，这些精美的设计无不是当时工匠们努力的结果。1869年5月，新潟运上所尚在建造过程中，已经制定了运上所的运行章程。这份章程规定新潟运上所平常上午10点到下午4点开门营业（夏令时下午延长到5点，冬令时上午9点开门）。

新潟运上所内的役员被要求熟知外国事物，诸事不得懈怠，征税等业务关乎到国政所以要严格执行。看管商船的人员以每两人昼夜交替执行，值夜班的人员每隔三十分钟左右巡视一回厅舍、仓库等场所，强调严禁发生不公义、偷盗等事情。① 同时为了能够更好地处理关税征收，了解仓库状况以及处理突发事件，1870年在新潟县厅和新潟运上所之间假设了电线，以提高新潟运上所的办事效率。税关的业务，刚开始由外务省管辖，1871年又转归大藏省管辖，但仍有新潟县厅代管。1875年9月开始，因税关业务被收归于中央政府直辖，新潟税关的业务也开始从新潟县厅独立出来。这一年税关职员的人数包括作为蒸汽船新潟丸船长而雇用的荷兰人共有33人。在新潟税关里，备有世界地图以及以西欧为中心制定的有关国际关系的万国公法、英和辞典、万国年鉴等，体现了新潟税关上下人员努力把握国际情势，融入世界潮流的心态。

新潟开港后初次见到外国贸易船是在1869年4月7日，入港的是一艘英国船只。这首船载有红糖、枪支、南京麦、肥皂、毛布、硝石和棉花等47样商品。② 之后各国船只相继来到新潟港，从当年入港的外国船只数据来看，英国船只有15艘，美国船只有2艘，以及荷兰船只有1艘。贸易额达到14503元。到了1870年，也有20艘外国船入港，贸易总额达到22030元。然而之后新潟港的贸易额就不断下降，新潟港的贸易状况不振是一个不争的事实。

从输入品来看，1869年因戊辰战争的影响武器所占比例是最大的。此后工业品的输入开始变多，到1878年的时候，玻璃制品、药物、风琴、书籍以及地图等各式各样的商品都有一定的输入。这是与当时日本的文明开化政策相符合的。

从输出品来看，有两项输出品在某段时期内特别引人注目，分别是蚕

---

① ［日］中村義隆：《幕末維新の港町と商品流通》，第155页。
② 新潟县：《稿本新潟县史》，第305页。

卵纸和大米。明治二三年，这两年内的输出品几乎是蚕卵纸。养蚕业在幕末开港后几乎是中心产业，政府也投入了大量的精力鼓励其成长。蚕茧的用途主要分为生丝制造、蚕种制造和真棉制造三种，根据生产地和贸易港的条件而重心不同。幕末至明治初期这段时间，欧洲正值流行蚕微粒子病时期，因此优良的日本蚕种自然成了热门商品。新潟港初期的蚕卵纸输出比例占到了全部输出品的80%以上。

当时盛行蚕种制造的长野县东北部地区以及福岛若松两县的产卵纸都相继运到新潟来出口。[1] 不过随着蚕种出口的热门，当时许多的养蚕业者开始私自与外国商人进行交易，输出了许多品质较差的蚕卵纸，从而导致外国对日本蚕种的评价降低。为了应对这个情况，明治政府于1869年6月通过通商司对盛产蚕种的关东八国以及奥羽七国下达了严禁私自对外贩售生丝和蚕卵的禁令，同时建立了免许票制度，以提高蚕卵生丝的品质。明治四年（1871）四月也向高田藩下达了"蚕种制造御取缔规则"，明确要求当地的工作人员严加监视，规范蚕种的生产和贸易。[2]

第二项引人注目的输出品是大米，1877年到1879年输出的几乎都是大米。其原因是当时的中国农业歉收，欧洲各国的商人到新潟进口大米，然后转口到中国进行贩卖，其输入额高达58万元。从1878年的输出地来看，香港有19615355.85斤，厦门有5420100斤，马尼拉有2687300斤。[3]

除了上述两个时期，新潟港的贸易一直没有太大起色。若与其他的开港地进行比较，根据1873年以后的统计，即便是贸易额最大的1878年，由新潟港出口的大米量在五港中所占的比例依然只有2.3%，位居末位。其他年份更不必说，甚至不到1%。作为日本海沿岸唯一的开港地，新潟贸易状况如此差劲的原因有以下两点：（1）新潟港作为河港水深较浅，受河水的增减，风浪强弱的影响较大。特别是到了冬季，船只数月难以入港，只能依赖辅助港口。需要较深水深的大船难以进入港口，便使新潟港无法进行国际货物的贸易。（2）没有积极解决这些港口不良条件，贸易的不振又打击了新潟县民及在地商人们的商业积极性。《新潟税关沿革史》如此分析到："考察本港人民的风俗的话，已经缺少了原来进取的精神，开始沾染了因循守旧的坏习惯，不爱与其他的人民进行往来交流，经

---

[1] 《新潟县史通史编六·近代一》，第437页。
[2] 《新潟县史通史编六·近代一》，第459页。
[3] 《新潟县史通史编六·近代一》，第438页。

常在弹丸小地中为了眼前的蝇头小利而自夸。"当时由本国商人与外国商人进行的贸易称之为居留地贸易，也就是说本国商人起到了重大的效果。但是，即便是明治二三年期间的蚕种贸易都是由横滨港的商人进行货物集中，以至于最后的货物都被运到横滨港出口了。

三　新潟开港后的近代产业发展

明治政府为了管理贸易事务，在1869年2月决定在各开港场设立通商司。通商司设立之初隶属于外国官，同年5月转移到会计官，7月又转移到了大藏省。通商司原本是为了管理与振兴外国贸易，设立之后与早先设立的商法司功能有所冲突，因此3月废止了商法司，将其功能全部归到通商司下，因此通商司享有极大的经济管辖权限。其主要功能有：（1）统计物价流通的平衡；（2）建设汇兑所；（3）建立金银货币流通的统计市场；（4）统计并指挥商品贸易；（5）指导各金融机构；（6）建立商社；（7）监督商税；（8）制定承包的相关法律。[1]

实际承担通商司功能的是各地的汇兑会社和通商会社。1869年5月以后，在政府的督促下，作为开港地以及商品流通的重要都市，东京、横滨、新潟、京都、大阪、神户、大津以及敦贺八个地方相继开设了汇兑会社和通商会社。新潟汇兑会社建立后，不仅对商业所需的资金进行融资，而且为了能使一般的金融活动顺利进行，发售了汇兑会社券。1870年1月1日，就发行了共计5万元的纸币。[2] 另外，新潟通商会社为了振兴开港地的贸易，在新潟港征收称为"生产助金"的费用。不过这种对贸易的干涉行为很快引起了英国等外国列强的反对。当时，在新潟县输出的商品是禁止收取手续费的，但是主管商品进出口业务的通商会社却在进行商品检查时要求额外的费用。以自由贸易为理由的西方诸国，声称这是违反通商条约，提出了"双方进行货物贸易时不得故意设置障碍，日本工作人员这种行为是不符合规定"的强烈抗议。[3]

当时的日本政府则以此地陋习甚多，此后工作人员将会严加监督，并且新潟通商会社所收的费用亦不是税费为由进行反驳。不过这并不能说服外国商人，他们一一驳斥，以这是"商社兼备立法、司法及收税的功能，

---

[1]《明治财政史》，第12卷。
[2]《新潟县史资料编十三·近代一》，第1084页。
[3]《新潟县史资料编十三·近代一》，第1088页。

乃是公私混淆"，对这一反论进行了批判。① 因此，被质疑妨碍"自由贸易"的明治政府不得不废止了"生产助金"政策。在此之后，新潟的港口贸易也更加一蹶不振。

1872年11月，明治政府制定了"国立银行条例"，学习美国导入近代银行制度。明治政府在各地设立国立银行，依靠这些银行发行兑换银行券，建立起兑换制度。依照国立银行条例明治政府设置了东京第一、横滨第二、新潟第四和大阪第五这四个国立银行。第四银行是当时大都市以外唯一设置的银行。这样新潟县最早的银行出现在1873年11月。明治政府率先在新潟成立国立银行，大概是出于认为开港地新潟是当时全国少有的物资集散地，有必要设立金融机关的想法。如前所述作为银行制度的前身汇兑会社已经在新潟建立，因此当时的汇兑会社社长也积极参与到了国立第四银行的创设当中。② 当时的新潟县令楠本正雄为了顺利建立国立第四银行，召集了本县的富商大贾，对他们诉说建立国立银行的必要性。楠本正雄解释道："建立银行是爱国之心的集结，能够增产物资和振兴农工商业，依据'国立银行条例'建立银行，为爱国报恩而努力的话，不仅是上下之福，而且县民也能够得到收益。"不过当时的应援者寥寥，国立银行的建立陷入了困境。

原本计划本金为30万元的国立第四银行，因为本县县民对其误解又是政府的各种税费而募集困难。后来只好将本金改做20万元，在1873年2月向大藏省提出了申请。5月大藏省的许可下来后，虽然当时的官员都非常努力的募集资金，可是县民并不积极，甚至向报社投稿，视这种行为是政府威压下的强捐。

在这个困难时期，柏原县与新潟县合并，扩大了国立第四银行资金的募集来源，资金募集的问题才得以顺利解决。1874年3月1日，第四银行正式开业。因为与东京的交易极为频繁，因此也在东京开设了支店。开业后的资金主要用于贷款，汇兑业务十分稀少，另外由于难以吸收到存款，资金来源只能依靠发行纸币。但1873年世界银价开始下滑，日本国内金融环境恶化，即便发行纸币也难以在市场流通，纸币的发行量也被减少。纸币流通困难，加上难以吸收到存款，只能靠原来的本金维持，银行的经营面临了极大的困难。

---

① 《新潟县史资料编十三·近代一》，第1092页。
② 第四银行编：《第四银行百年史》，第1卷。

明治政府为了不使"国立第四银行"倒闭，先是在1875年12月贷款6万元，又在翌年6月贷款5万元。但依靠政府的贷款并不是解决问题的根本方法，当时一般的存款业务尚未发达，只能求助于吸收县公共资金。原本新潟县的公共资金是存在汇兑会社，经过商量后，总算将公共资金转交到第四银行，才顺利渡过难关。此后"第四国立银行"不断发展，到1879年年末，在新潟县内的5家国立银行中，"第四国立银行"的规模最大，在公共存款和官方汇兑方面因为身处县厅所在地而具有压倒性的优势。[①]

第四银行是日本目前仅存的明治老字号国立银行，其建立过程和经营早期曾数次面临困难，但最终还是保留了下来，现在为新潟县及新潟市的指定银行。其命运就像新潟港的发展一样，先天条件情况不良，历经波折，但最后还是历经百年而未消亡。

开港后，新潟在明治维新开始的二十年间，近代工业都没有什么太大的起色，仅有几家少数的家庭作坊。直到大约1890年前后，也就是明治二十年代开始，新潟的近代工业才蓬勃发展，其中很大的一个原因是中日甲午战争带来了国内工业产品的需求。

明治二十年代新潟县产业具有的明显特征是石油矿业投资旺盛。早在1873年7月，当时的新潟县令楠本正雄在明治政府颁布"日本坑法制定"之际，召集豪商，意图振兴本县石油业，当时的响应者有44人。等到1876年，明治政府委托美国人莱曼（Benjamin Smith Lyman）对日本全国进行了石油地质调查。调查的结果是越后地区的油田最为丰富。由此促成了新潟县石油业的蓬勃发展。但是早期的新潟县采油业多是产量较小的私人小作坊，他们以手掘油井的方式进行采油，采掘技术和炼油技术都还未成熟。至1888年，内藤久宽和山口权三郎等人成立了日本石油会社，开始采用近代挖掘机采用，使石油工业得到了较大发展。当时在尼赖、东山、新津等富油地带，建立了大大小小的石油会社有数百家。[②]

1890年，日本石油会社需要修理一部从美国进口的机器，但是苦于没有适合的修理工厂，还要特意用海运送到东京修理。有鉴于此，日本石油会社决定在新潟港附近设立铁工所，工厂的名称定为日本石油株式会社支店新潟铁工所。工厂在新潟市信浓川对岸的中蒲原郡购入了5400坪的

---

① 新潟县编：《新潟県のあゆみ》，1990年，第361页。
② 新潟市：《新潟開港百年史》，第206页。

土地，于 1896 年 5 月正式开始营业。① 此为新潟近代工厂的开端。但是新潟铁工所的命运多舛，先是在开业半年后遭到火灾，厂房几乎全毁，又在第二年 8 月遇上大洪水。此外还因为设计失误导致业绩变差，到了 1899 年甚至想要废掉新潟铁工所。此时正好面临着日俄战争的爆发，因中日、日俄两场战争，日本国内的需求扩大，新潟铁工所也借此机会总算挺了下来。

1896 年 8 月成立的新潟硫酸株式会社，是因为新潟县是日本的农业大县，其所处的越后地区被称为"日本的米仓"。因此肥料的需求很大，此外由于石油工业的蓬勃，石油精制的硫酸是不可缺少的原料。此外，还建立了一些造船工厂如小岛造船厂、小岛松藏造船厂、永松造船厂等，这些造船厂的设备虽然能够建造 400 吨以上 500 吨以下的汽船，但是由于当时新潟港口条件较差，实际多是制造了 200 吨以上，300 吨以下的汽船、渔船等。此外新潟还设立了火柴制造厂、玻璃制造厂以及精米厂等。

确立通信制度是富国强兵、殖产兴业政策不可欠缺的事情。明治政府早在明治元年（1868）就设置了邮政的雏形驿递司来负责通信的事情。明治四年（1871）三月，首先从东京、京都和大阪之间开始，近代邮政制度开始推广。在太政官的布告中，指出了书信不论是政治上还是民间方面都是重要的手段，民间讯息闭塞造成大量浪费，无法做到"四方的消息、百货的时价等事迅速知晓"，因此要求在各官道开设邮政线路。新潟开设邮政役所是在明治四年（1871）八月。明治政府当年三月在东京、京都和大阪开设邮政役所后，八月又在箱馆、新潟、神户和长崎四个开港地开设了邮政役所，并且意欲在各个邮政役所间开通邮政线路。经过近一年的准备，1872 年 7 月 1 日开始了新潟邮政役所的业务。当时日本全国都相继增开邮便所，到了明治四十年代，新潟县内邮政路线也基本实现了全覆盖。②

1873 年 4 月，为了方便邮递业务，将以前的邮便所分为四个等级，其中新潟邮便所是新潟县唯一的第一等级邮便所，可见其在新潟县已经处于通信的中心地位。邮便所设立之初，开设了官公署之间的定期邮递业务，后来在 1875 年亦将其废除，官民的重要文书皆可邮递。同年 6 月，还在新潟市内设立了 10 个邮箱，方便市民的邮递需求。

---

① 新潟市：《新潟開港百年史》，第 206 页。
② 《新潟県史通史編六・近代一》，第 491 页。

随着邮递业务的展开，邮递犯罪也增加了。为了维护邮递业务秩序的稳定，1873 年 3 月驿递寮出台了"邮便犯罪罚则"，并加强了邮递员的安全措施。随着邮递业务的逐步完善，邮政制度在国民心中得到认可，使用人数也不断增加。与此同时，邮政官制也发生变化。依据明治二年（1869）的官制改革，最初由民部省管辖邮递业务，到了 1885 年 12 月专设逓信省来管理邮政业务，并将邮政业务与电信业务合并，形成了统一化管理。

受此影响，1883 年 3 月依据"邮政区编制法"，设立了全国 35 个邮政管理局。其中新潟县有新潟与高田两个管理局。到了 1886 年，明治政府设立了 15 个邮政管理局，其中新潟县的邮政管理局就设立在新潟市，完成一县一管理局的格局。①

如前所述，在新潟开港时，为了方便县厅与运上所之间的联系，曾经架设了新潟最早的通信电线。不过此时的通信电线只为官用，民间与其无缘。既然假设了通行电线，那么培训相应的操作人员也就自然成为当务之急。在新潟，这一工作是由当时的新潟英学校（后来的新潟洋学校）完成的。新潟英学校建立于明治二年（1869）3 月，以英语教育为中心展开西洋文化的教育，其中还包括了培育电信技术人才的任务。新潟一般的电信业务原本计划于 1875 年，从东京架设到新潟，然而期间由于西南战争等种种原因不断推迟，一直到 1878 年 9 月天皇巡行北陆前才匆匆完成。

四　新潟开港后的城市发展

新潟原本只是江户时期长冈藩下辖的一个外港，虽然依靠回船贸易有所发展，但总体来说地位并不高。新潟上知后，新潟奉行的石高仅 1000 石，而原来的长冈藩则高达 6.2 万石。但在开港后，新潟作为五大开港地之一，地位就逐渐提高。明治政府成立后，废藩置县的过程中，新潟开始成为县厅的所在地，县名也以新潟而名为新潟县。不过新潟一开始的行政中心地位尚不稳定。在戊辰战争后，明治政府为了直接控制全国重要的地区，设置了一些"府"，而新潟作为五个开放港口之一，所在的越后地区设置了越后府。1868 年 9 月，越后府改名新潟府，并在新潟设置了府厅。后废藩置县，日本除了东京、京都、大阪三个地区称府，其余各地都改为

---

① 《新潟県史通史編六·近代一》，第 495 页。

县，新潟府在1869年改为新潟县，后又并入水原县，县府所在地为水原。① 直到1870年，明治政府感到新潟港地位特殊，不设行政中心诸事不便，命水原县县府移驻新潟，县名重新改为新潟县，这时新潟的行政中心的地位才得到巩固。此后，1871年，柏崎县因地形民情与新潟县相近，因此要求与新潟县合并，1873年7月柏崎县并入新潟县。1875年，相川县并入新潟县。

新潟正式开港后，各国在新潟开设领事馆。但新潟的领事馆数量不仅少，而且持续时间都不长。在新潟开设过领事馆的国家仅有英国、德国、荷兰和美国。其中英国坚持的时间最长，从1869年开馆一直到1879年闭馆，坚持了10年。德国次之，从1869年到1877年，约8年时间。而荷兰在1869年在新潟设领事馆，仅坚持了一年，美国更甚，1870年9月设馆，闰10月便闭关，仅仅存在了两个多月。新潟开港后港口条件差，是导致新潟外国领事馆数量少或者存在时间短的主要原因。外国船只经常在新潟港附近发生船难，贸易不振，导致需要他国领事馆处理的业务不多，所以未设馆或闭馆。此外，新潟是全国7个开放的港市中唯一一个不存在居留地的城市。居留地相当于中国的租界，居留地内有相当大的独立性。新潟开港时，外国人游步地区没有明确规定，是日本当时开国五港中唯一一个没有确定居留地的港口。根据"新潟开港场规则"第七条、第八条所述，外国人能够在大约"十里四方"的范围内活动，并且以正当理由可以自由借入仓库、进行买卖等。

新潟开港后，在港口建设上除了建造新的新潟运上所及石库、土藏、木栅和发货场等建筑以外，1867年10月幕府外国事务总裁小笠原壹歧守依照给美国公使的书信，首先在12月在入海口的口番所楼上设置了灯塔，1877年白色八角形的木造灯塔在河口开始被点亮。1871年7月还建造了准备往返新潟与夷港的蒸汽船新潟丸，翌年5月7日在两港间通航。

在新潟成为开港地和升格为县厅后，新潟的城市面貌也焕然一新。1872年就任新潟县知事的楠本正隆在进行郡政改革的同时，也进行了城市建设的改革。他颁布的"市中心得"规定了城市中要设置巡逻人员、清洁人员，清除家门前的小便场所，禁止在路上小便、裸体，禁止往路上堆积杂物造成通行不便，禁止往河里丢垃圾，保护街头路灯等内容。违反

---

① 《明治三年五月廿三日明治政府文件》，日本国立公文书馆藏。

者需要缴纳一定的罚金。① 他发布的"布告书"中，明确说明了其目的是新潟作为开国五港，北国第一要地，需要充分理解政府的外交方针，文明开化。他的市政改革第一步就是要求新潟符合开港场的要求，不要让外国人耻笑。这大大地促进了新潟市中心面貌的改观。当然，在市政的改革过程中也产生了不好的事情。

楠本正雄将新潟市中心分为三个等级的区域，并对三个等级进行旧城改造。房屋修建的过程中势必会产生一定的花费，对于那些无法提供资金修理房屋的贫穷人民，楠本正雄以"新潟即将成为繁华之地，不适合贫穷人居住"为由，毫不犹豫地将他们赶到了低等级的区域。② 当然，新潟的建成区域也不断在扩大，同时还营建了公园，展览馆等建筑。同时，虽然新潟港的贸易不振，但是输入的商品中有很多西方工业产品，这扩大了民众的视野，当时去往新潟的人不仅能在街道上看到西洋式的建筑，而且还能看到许多新兴的店铺如照相馆、钟表店、肉食品店、西洋商品店等，已经是面目一新美丽的城市街道了。1878 年来到新潟的一位女英国旅行家在看到新潟的医院、裁判所、学校、银行等建筑后如此写到："至今为止所见到的街道如此整洁有序"，"真是纯日本式的旧街道呀。"③

新潟的近代教育也是始发于开港后的。直到江户末期，今日新潟县域里的私塾情况都不是十分明了，只知道存在一定数目的寺子屋。开港之初，新潟曾经招揽英语教师教授外语，但是因触犯不得宣讲圣经内容的规定，英语教师很快就离开了，只剩下一些会一点英语的日本人继续教授翻译和会话，并把学习改名为了洋学校。1872 年 8 月，明治政府颁布了"学制"。"学制"否定了以前只有统治阶层的教育机构，指出了"士人以上"学问的缺陷，其目标是今后的学校应当起到国民全体都能接受基础教育的作用。"学制"将学校分为小学、中学、大学三个等级，将全国分为八大学区，而新潟则是八大学区中第七学区的本部。"学制"的出台，加上新潟作为学区本部，使新潟迅速建立了一批近代化教育的学校。楠本正雄县令在 1872 年 11 月，将原来的洋学校改为新潟学校实行近代教育。后来又以新潟学校为本校建立了长冈、新发田、柏崎和高田四个分校。当然在推行近代的教育过程中不可能一蹴而就，在建立学校的过程中，很多

---

① 《新潟县史通史编六·近代一》，第 498 页。
② 《新潟县史通史编六·近代一》，第 499 页。
③ 《新潟县史通史编六·近代一》，第 498 页。

也是对原有寺子屋及私塾进行的改造，而就后来所建的小学校数目来看，离学制的要求也相当远。

开港后，楠本县令以新潟要建设为合格的开港地为目标，对医疗卫生事业也十分关注。原本新潟有一些私立的西洋医院，但因经费不支都倒闭了，楠本县令为了支持新式医院的建设奖励个人，由此建立了新潟医院。新潟医院建立后，招收了一批医学生，这是新潟县正式西洋医学教育的开端。私立性质的新潟医院实际上依靠新潟的财政运营，其医学生的培养也遵从县令的指导。到了1876年4月，新潟医院改为公立，其培养医学生的教育机构也独立出来改名为新潟医院医学所。到了1879年，新潟医院医学所又改名为新潟医学校，并将新潟医院作为其附属医院，可以说已经具有现代医院体系的模式了。

第五章

朝鲜开港与城市近代化

朝鲜的开港是东亚三国中较为特殊的。中日两国都是在西力东渐的直接影响下由西方国家打开国门，在相当长一段时间内也只向西方国家开放。中日两国在开发之初都处在摸索和适应近代国家关系的阶段中，中国无意以近代国家关系替代传统宗藩国家关系，而日本则在内忧外患之中无暇顾及日本与朝鲜之间的复交与建交。直到日本基本解决了国内政治分裂问题之后，对朝关系才重新回到日本外交的视野之中。朝鲜的开港与开国，从某种意义上来说，是日本以近代国家关系形态以及近代国际关系逻辑处理东亚国家事务的一次尝试。日本与朝鲜签订不对等条约，也意味着日本走上了近代国家崛起的必由之路，开始向帝国主义国家转型。在这个过程中，清政府迫于日本咄咄逼人的压力，不得不调整与朝鲜之间的传统关系，以条约形式保证其自身在朝鲜半岛上的利益。条约的签订以及租借地的出现，彻底改变了朝鲜现代化之路的方向，而清政府与日本在朝鲜半岛上的矛盾冲突也无可避免。甲午战争之后，日本在朝鲜势力独大，朝鲜的民族工商业几乎完全为日本资产扼杀。朝鲜也最终沦为日本帝国主义身份转型后的首个"猎物"。①

第一节 釜山的开港与城市近代化

一 日本主导下的釜山开港

朝鲜在日本武力逼迫之下签订《日朝修好条约》，被迫向日本开港。

---

① 甲午中日战争之后，清政府与朝鲜王朝的宗藩关系日渐式微。1897 年 10 月，朝鲜王朝的第 26 代国王李熙（朝鲜高宗）自称皇帝，改国号为"大韩帝国"。1910 年 8 月，韩国总理李完用与日本代表寺内正毅签订《日韩合并条约》，规定大韩帝国将朝鲜半岛的主权永久让与日本，朝鲜半岛遂沦为日本殖民地。至此，大韩帝国仅延续了 13 年。

在《日朝修好条约》中，最先约定开放的是朝鲜的釜山，其后朝鲜还需要在忠清、咸镜等五道选取便于通商的港口两处作为开港地。先开放釜山是因为釜山原有对马藩进行岁遣船贸易而设立的"倭馆"。日本外务省接收倭馆之后，这里被称为日本公馆。《日朝修好条约》中，釜山久已被视为日朝两国人民通商地区，在这里措办贸易事务具有天然便利的条件。

虽然《日朝修好条约》已经准许日本在釜山地区租借土地，建设商馆，但条约只是对釜山开港做出了原则性规定，开港的具体事宜还需要两国外交人员议定。日本方面负责具体谈判事务的宫本小一在赴朝之前，接受了太政大臣三条实美的训令。在训令中，三条实美将租借地范围作为釜山租借地相关事务谈判中最重要的一点，要求宫本小一向朝鲜方面提出租借地范围为十里的要求，如果朝鲜方面力争，则最少不能少于五里。这一条日本与朝鲜反复谈判，最终达成的条款对于日本方面比较有利。之前日本商人使节只能在倭馆活动，倭馆外朝鲜还设有守卫之门，不允许日本人随便离开。这些条件在釜山开港后全部被废止，日本租借地以步行道路为名，以埠头为起点，东西南北各十里的区域。这与《日美修好通商条约》规定的，美国租借地为"十里四方之地"极为类似。也可以说，日本将美国强加在其头上的不平等条约的款项又原封不动地强加在了朝鲜身上。

日朝双方与1876年8月签订"日朝修好条约附录"，又于1877年1月签订了"釜山港居留地借入约书"，正式在釜山设立了日本人居留地。其后，日本政府无视朝鲜相关法律，通过《釜山日本专管居留地地所贷渡规则》，对其管辖内的土地实行了继承、让渡、地权登记课税等问题上行使主权。日本领事还掌握了租界内的日本人的经营商业、土地、家屋、人事、教育、警察、卫生、医院、船舶等诸多问题相关的规则制定。此外，还在租界内以领事馆建筑物为中心，在其周围修建了警察署、银行、医院、商业会所、邮电局等公共建筑物，使釜山日本租界成为日本城市的缩影。原本，草梁倭馆是釜山港的边缘地带，但是自从日本租界设立以后逐步发展成为连接海运和铁路的釜山中心地带。

不仅如此，日本政府利用各种机会扩大租借范围和日本居留民的权限。比如说，初期日本居留民只有在东莱府10里范围内自由往来和经商的权利。但在1882年8月签订的《朝日修好条股续约》中，日本将其范围扩大到50里，两年后又扩大到100里。其结果导致釜山日本租界内的日本居留民数急速增长，从开港初期的 82 名，到 1879 年增加到 1400—1500 名，到 1910 年达到 21928 名；其管辖的土地面积也增加了 200 倍。①

釜山开港前，朝鲜向日本输出的商品主要是米、大豆等农产物和海产品，其中 90% 以上是农产品；从日本输入的商品主要有板铜、型铜、染色树木、胡椒、明矾等，18 世纪以后绢布和陶器也开始成为输入品。釜山凭借背靠全国的谷仓——全罗道和庆尚道、便利的洛东江水运，以及邻近日本的地理优势，成为朝鲜对日输出的主要贸易门户。

釜山在开港之后，凭借其得天独厚的历史和地理优势逐渐发展壮大，成为朝鲜重要的国际贸易港口。1896 年之前依据各港口的输出比例统计情况来看，釜山约占 50%，仁川占 40% 左右，而元山所占比例仅为 10% 左右。1897 年随着木浦、群山、马山等开港之后，釜山的比例急剧下滑至 30% 左右，仁川的比例则因基本维持在 30%—40%，在 1902—1905 年占据首位。之后由于京釜铁道的开通，釜山从 1906 年开始重新夺回榜首地位，成为朝鲜最大的输出港口。

从 19 世纪 80 年代中期到 20 世纪 10 年代初期，釜山港在输出额方面基本处于朝鲜各港口领先地位，这是因为釜山背靠朝鲜最大输出品的米、大豆等谷物生产的中心地带，到了 1912 年，随着日本大陆进出和经济掠夺的加剧，釜山作为日本远东侵略的桥头堡，在贸易规模上开始独占鳌头。这也与之前所述其传统的对日贸易输出特性有很大关联。从 1895 年开始，釜山在对外贸易额中输入的金额呈现出远超输出金额的趋势。尤其是在 1905 年，输入额约是输出额的 4 倍，并且 1900—1915 年釜山贸易总额的变化中也不难看出有迅速增长的态势。这也从侧面揭示了釜山作为传统的对日输出港的属性。可以说开港不仅是釜山对外贸易发展壮大的契机，也对其社会经济的发展产生了重要影响。

二 釜山居留地的发展

与西方国家在东亚地区推动开港，设立租借地不同，日本当时的经济规模和经济能力对海外殖民地或贸易港的需求并不明显。所以釜山居留地设立之后，日本一直是以官方主导的方式推进釜山居留地建设的。面对日本国内在釜山居留地开展商业活动并不积极的态度，日本政府颁布了对建

---

① 釜山工商会议所：《釜山商议史》，1982 年。

立釜山与日本国内航线予以奖励的政策，日本在扩展租界的同时，还将银行金融作为开拓釜山殖民经济的首要领域。釜山开港初期，日本实业家大仓喜八郎等人凑集5万日元成立私立第一银行，但不久被关闭，由日本国立第一银行釜山支行取而代之。该银行的性质也在1880年釜山海关设置以后因承担关税的征收而发生了改变。包括釜山第一银行与第102国立银行、第十八银行、第五十八银行等银行的支店在内，其贷出额是沿海全体进出口贸易额的两倍。①

釜山位于朝鲜与日本交通要道，又是连接海洋与内地的海陆交通中枢，早已成为朝鲜南部的对外贸易的中心。当时，釜山有称一号市场的传统市场和称二号市场的20名以上商人聚集经商的市场以及称三号市场的海产品、果菜、日用品等批发市场。其中，三号市场以委托买卖的形式经营，其业主绝大多数是日本商人。换句话说，釜山的商业产品的批发经营几乎完全被日本商人所垄断。根据《日本居留民营业规则》，日本人当时在釜山可以从事贸易业、银行业、海运业、船舶业、客店、中介商、杂货商、典当铺、餐饮、杂店也（洗浴、理发、钟表、照相）等15种行业，经营雇用土木、铁工、石工、马车夫等劳动介绍所。日本人为了确保其国民的就业，不仅限制朝鲜人借贷，还针对日本金融机关的资金创业制订了种种规定。②

釜山在开港之后很快就出现了由日本人创办的近代意义的企业。这是朝鲜其他开港城市所没有的情况。特别是日俄战争以后，日本人在釜山的设立工厂也随之增长迅速。据考察，其新设立的工厂以食品和机械器具制造业为主，其中食品制造业以清酒、酱油、调料和粮食加工是最多的行业。从1883年到1910年，在釜山新设立的114家工厂中，除了造船4家、铁工8家和印刷5家以外，几乎清一色食品加工和家具、西服等第三产业，带有了浓厚的殖民企业特色。特别值得注意的是，在这100多家企业中，朝鲜人创办的企业只有2家，绝大多数的朝鲜人企业由于规模和资金小而没能列入统计范围内。③

从1905年前后开始，进入釜山的日本企业带来了更多的西欧先进的

---

① 釜山直辖市史编纂委员会：《釜山市史》第1卷，1989年，第840页。
② ［韩］洪顺权：《近代开港期釜山的贸易和商业》，载《港都釜山》11，1994年，第88页。
③ ［韩］吴末日：《釜山地区朝鲜人资本家阶层的存在形式和民族主义运动的展开》，载《港都釜山》12，第55—57页。

生产工艺与管理制度。在这一过程中,日本的近代金融机构的釜山支店起到了极为关键的作用。1878年设立的日本第一银行釜山支店不仅为日本在釜山必要的调查、外交、政治、商业提供了资金,而且还为包括高利贷业者在内的所有日本商人提供了条件优厚的贷款,使他们迅速兼并朝鲜企业并掌握垄断资本而迅速致富。随着日本企业的增加,1904年11月在釜山出现了内田竹三郎主导的近代企业者协会即朝鲜实业协会。该协会不仅根据日本人商业会议所的指示,为日本人的移居、定居和创业提供了各种便利,而且还吸纳朝鲜地方官吏及地方绅士加入,通过他们给日本人争取了更多优惠政策。[①]

三 釜山开港后朝鲜民族经济的发展状况

开港以后,朝鲜的对外贸易权迅速被日本商人控制的同时,交通、运输、通信、近代化小型工厂等近代化设施也随之传入。从19世纪90年代后半期开始,朝鲜商人转而把目光投向了近代工业。尽管刚开始由于资金和技术的不足,他们建立的工厂还带有手工业的色彩,但他们是朝鲜民族资本建立的初期近代企业,因此具有重要的意义。一般朝鲜商人组织的商社规模较少,普遍是由两三人合伙。到甲午战争以前朝鲜已经出现了40多个这样的商社。[②] 这其中,最早出现的朝鲜民族企业是1884年成立的以小型轮船三艘来进行的内地各港口的粮食运到仁川港的海运公司。但其规模等方面远远不及由日本政府补贴的日本企业,竞争力低下。

在这一时期,于釜山创办的代表性民族企业是1887年成立的电察会社。成立初期,该会社以购入的一艘小型轮船来往于釜山港与大邱、蔚山、庆州、昌远、珍州、顺川等浦口(还没有具备港口规模)之间,从事海上运输业。另一个重要的民族企业会社是1889年4月由朝鲜船运者与政府联合成立的汽船会社。该会社购买了三艘汽船,定期来往于庆尚道和全罗道的沿海以及包括元山港的江源道和咸镜道沿海的各浦口。由于该会社受到釜山港监理署的保护,各浦口加入该会社的小规模贸易会社也随之受到保护。1890年,汽船会社又购入34吨小型汽船,开辟了洛东江一带的内地河运运输。当年8月增购了小型汽船,将航线扩大到整个洛东江流域。可惜在1894年,东莱监事以该会社与日本大阪商船会社从事同样

[①] 釜山直辖市史编纂委员会:《釜山市史》第二卷,1989年,第219页。
[②] [韩] 韩宇根:《朝鲜开港期的商业研究》,一潮阁出版社1976年版,第103页。

的业务为名取缔了其营业执照。①

在釜山的民族商人为发展民族经济，除了大力开展航运事业外，也积极介入港口仓库业即货物保管业。开港以后，随着外国商品的流入，港口的进出口货物的保管也成了热门行业。不少精明的朝鲜商人也开始从事这一行业。他们的经营范围不仅仅涉及朝鲜商人的物品，而且逐渐把业务扩大到对外国商人货物的仓储保管。在这一行业的民族企业中，釜山港保险会社是比较有代表性的。该会社是釜山的商人刘大成在1893年4月创立的，以保管朝鲜内地商人出口货物为主营业务。但是与汽船会社一样，保险会社的经营遭到了日本商人的反对。他们通过外交途径，向朝鲜政府提出抗议，指责保险会社的业务违背《通商条约》，要求立即取缔。尽管如此，该保险会社在当地朝鲜政府的庇护下，直到1894年10月甲午战争爆发之后才停止了运营。保险会社被关闭之后，朝鲜内地商人的货物由于没有适当的保管场所，到达釜山港以后不得不减价出售给包括日本商人在内的外国商人，这极大地阻碍了朝鲜民族资本的发展。

在航运和仓储业之外，朝鲜民族资本也经营贸易商社，1892年10月，东莱商人刘贞在呈献通商衙门的单子中称，自己从数年前设立新福商会社开始租赁日本商人的帆船经营，并把江陵的海产品卖到内地进行商业活动。釜山开港以后，这一类由朝鲜商人经营的商社逐渐壮大起来。进入大韩帝国时期，由官僚及商业资本创办的民族企业有了明显发展，商业活动也更加积极。但是由于资金不足、技术及运营方式的落后，特别是日本的阻碍和取缔，大多数都未能抵挡日商企业的竞争压力而最终以惨败收场。

随着开港后日本势力的进入和民族经济的发展，釜山的社会经济开始了殖民地近代化的历程。在这一过程中京釜（首尔—釜山）铁路的开通是促使釜山发展成为朝鲜的第一港口城市的另一关键因素。1904年11月，日本政府开工京釜铁路并于翌年1月运行，使釜山立即脱离朝鲜南部一隅的港口城市，变成了纵贯朝鲜半岛南北并连接首尔的核心港口城市。京釜铁路的开通，大大促进了釜山的近代化进程：如邮电局、警察署、领事馆、海关大楼、火车站、商品陈列馆等釜山的标志性西式建筑物相继拔地而起；扩大港口功能的北滨填海（第一次1905年，第二次1907年）及

---

① 釜山商工会议所：《釜山商议史》，1989年，第94页。

栈桥设置相继竣工（1906 年）；《釜山日报》（1906 年 6 月）的发行和开成学校（1895 年）、日新女子学校（1895 年）等近代化学校的设立；电话通信（釜山—首尔）的开通（1903 年）和铺设釜山镇到草亮镇、草亮镇到釜山邮电局之间（1910 年）的城市有轨电车等都为釜山成长为近代化的港口城市奠定了基础，并最终形成了如今的临港海洋城市的基本面貌。

第二节　元山开港与城市近代化

一　元山开港交涉

日朝缔结《日朝友好通商条约》之后，约定除在釜山设立日本专管居留地之外，还要在京圻、忠清、全罗、庆尚及咸镜五道中，择沿海便通商之港口两处，自 1877 年 2 月起 20 个月内开放通商。

釜山开港之初，贫苦之人众多而商业凋敝。因此日本面临着耗费颇多开港冗资而不能获利的风险。对于这种情况，黑田清隆等人对后续两港的开发表现出了迟疑消极的态度，他们向太政大臣三条实美提出了自己的开港设想，除非时机到来，否则不应匆忙开港，若要开港须首先在咸镜道选择，尔后再择一南部沿海之处。[①] 黑田清隆等人认为朝鲜首先应于东海岸选取开港港口，既能就近与俄罗斯通商，又能仔细研判贸易局势以及西方等国的态度。[②] 根据该项提议，日本政府组织海军舰船对咸镜道沿海进行了仔细探查，1876 年 11 月宫本小一外务大丞根据海军中尉黑冈的考察结果，提出永兴湾内的文川郡松田村实为可停泊大船的便利之所。

1877 年 9 月，日本外务卿寺岛宗则派遣花房义质前往朝鲜汉城交涉开港事宜，同年 12 月 1 日，花房义质同朝鲜伴接官洪祐昌展开正式的谈判。花房义质再三提出要将咸镜道文川郡松田村作为开港选址地，朝鲜代表以此处为国王陵寝清净之地、不可发展商业为由严加拒绝。为了打破谈判僵局，同年 12 月 11 日，朝鲜代表在会谈中提出了可否将咸镜道德源府

---

① ［日］古川昭：《元山开港史——元山开港与日本人》，古川海事事务所 2004 年版，第 6 页。
② ［日］古川昭：《元山开港史——元山开港与日本人》，古川海事事务所 2004 年版，第 7 页。

元山津作为替代港口的办法。① 在 14 日的谈判中，朝鲜代表更具体地指出开港地元山津的位置，即距离永兴府陆路 70 里，海路不足 20 里之处。②

根据朝鲜政府的提议，日本派遣测量船对元山津具体状况进行了详细勘察。考察的重点主要包括以下方面：薪水食料的获取；海岸附近的地质状况；周围水文、植被状况；商船、渔船的出入状况以及商品买卖类别；行政区划与人口；市场、道路状况；居民的生活与特产状况。③ 从 1878 年 5 月 10 日到 6 月 17 日，日本天城测量舰对元山津附近海域进行了测量，6 月 18 日到 6 月 21 日，又对煤炭储备地的松田村进行了调查。事后，日本调查队发现元山津港口广阔，水深可达 60—70 英尺，实为避风泊船的天然良港。此外，调查队还发现南邻元山津的元山里人口众多，且周围土地面积广大，非常适合建设居留地。

然而此时朝鲜内部发生了意见分歧，德源府使、文川郡守李正弼等人上书朝廷，以元山津靠近"湧珠里"（安边、文川陵寝所在地）为由而不得开港。得知此种情形后，日本外务卿寺岛宗则饬令花房义质务必促成元山津的开港。寺岛在给花房的训令中表示，无论贸易抑或对俄兵备，元山津都是不二选择的良港。朝鲜方面如果拒绝开放此地，应晓以日朝海防利害关系说服之。倘朝鲜一再拒绝，有必要以武力恫吓之。④ 在日本的强大压力下，朝鲜朝廷内部经过反复争论，最终被迫屈服并约定 1880 年（明治十三年）5 月开放元山津。

关于元山津具体开港事宜，日本代表提出了如下草案：居留地面积不少于 10 万坪；地租按釜山港标准执行；土地平整与筑港工作由朝鲜负责、宅地平整与修路工作由日本完成；可以临时租赁或寄住在当地朝鲜百姓家中；（日本人）行动范围不只以里数限制，而且要从近邻首邑、河流山川等界限分明的地形来规定之。此外，避开陵庙时要确保其替代土地。其余具体事宜待朝、日双方官员抵达开港地区后会同商议，并预先将相应方针告知花房义质代理公使。⑤ 朝鲜政府围绕日方草案进行部分修订，比如将

---

① ［日］大宫诚：《论朝鲜东海岸主要港口进出口货物——以 1931—1941 年的元山港、兴南港、西湖津港、城津港为例》，《现代社会文化研究》48 号，2010 年 7 月。
② ［日］外务省编：《日本外交文书》第 10 卷，第 280 页。
③ ［日］古川昭：《元山开港史——元山开港与日本人》，第 11 页。
④ ［日］古川昭：《元山开港史——元山开港与日本人》，第 12 页。
⑤ ［日］外务省编：《日本外交文书》，第 12 卷，第 213—214 页。

居留地面积规定为"方8町，至长德山及其西部海域"；对日本人的行动范围也做了重新规定，"除涌珠里铭石院等地禁行外，德源府治内未获允许不得擅自进入官衙人家"；关于居留地地租，"仍按以前标准收纳，待居留地建设费用明确后再行议定"；另外，朝鲜方面对于日方所提港口埠头建设并无异议，但考虑到"至长德岛工程浩大，费用难支"，希望"先行建造一半，余部逐步完成"等。①

经过数次谈判，有关元山津的开港协议基本形成。1880年1月28日协议案获得日本政府的批准。同年5月1日，日本政府最终发布了由右大臣岩仓具视署名的元山津开港文告，至此，元山津成为继1876年釜山开港后又一个开放的朝鲜港口。1880年5月20日，日本领事馆员、商人搭乘三菱汽船会社的"秋津丸"号抵达元山，5月23日以春日町朝鲜人房屋为临时事务所，设立日本总领事馆，总领事由前田献吉担任，并带有警务巡查30名。

二 元山日本人居留地的管理与变迁

日本在朝鲜的居留地，主要分布于釜山、元山、仁川与马川四个区域。根据日朝间1879年8月30日达成的"元山津开港草案"，朝鲜政府允许日本在元山津设立居留地。日本人居留地面积依照釜山港之标准，活动范围亦按釜山之例至居留地外10里（日本1里），且包括里程外的德源府。② 此外，1881年8月4日，日朝之间约定元山津日本人居留地地租为年50日元。

以1905年第二次"日韩协约"③为界，日本政府对元山日本人居留地的管辖可分为"领事馆时代"与"理事厅时代"。在第一阶段，日本政府通过驻元山领事机构对元山日本人居留地实施管辖。根据1875年日本政府颁布的太政官令，日本驻外领事负有收集在驻地贸易情报与保护日本在留侨民的双重职责。而具体到朝鲜居留地，日本领事最根本的任务在于"居留地的开设与经营"④。为此，日本驻元山领事馆按照日本内地城市的管理办法，并结合居留地的实际情况，为居留地的经营发展制定了一套较

---

① ［日］古川昭：《元山开港史——元山开港与日本人》，第13—14页。
② ［日］古川昭：《元山开港史——元山开港与日本人》，第26页。
③ 朝鲜王国于1897年改称大韩帝国简称韩国。今天韩国的历史学家为区别后世的大韩民国，又称这一时期为"旧韩国"（구한국）或"旧韩末"（구한말）。本章所提到的韩国指"旧韩国"。
④ ［日］古川昭：《元山开港史——元山开港与日本人》，第29页。

为完善的规章条例，这就包括土地人口管理、粮食采购、商业经营、房屋租赁、赋税征收、警察制度、城市公共设施建设等诸多方面。

在此以商业经营为例，日本领事馆将元山日本人的商业行为划分为商（销售）、职（手艺）、渡世（杂业）三种类型，其中商又被分为五个等级，职包括木匠、锻冶工、鞋匠、裁缝、理发师等门类，渡世则主要以饮食店、艺伎与果蔬摊铺为代表。至于赋税，日本驻元山领事馆也以上述划分为标准，指定专门机构分征商税、职业税与杂业税。此外，日本领事馆对元山居留地内日本人举止的约束值得注意，对"祸乱风俗"的行为严惩不贷。比如严格管理居留地内日本女子的"娼妓行为"，甚至对日本男子近乎裸体的传统穿着、"如猫狗"的小便等不体面的行为也都严加限制。如此严格的约束，主要是因为日本政府"唯恐使外国人对日本人留下轻蔑的口实"①。

1905年11月17日签订的第二次"日韩协约"，日本剥夺了韩国的外交权，韩国也沦为了日本的保护国。该协约第三条规定，日本在各开港地开设理事厅，理事官除继承前日本领事之全部职权外，还可对韩国的地方施政进行监督。元山理事厅的管辖范围也较前一阶段得到了扩展，"北及城津理事厅，西南与京城、釜山理事厅相接"②。在这一时期，元山理事厅进一步引进了近代城市管理体制，强化了元山日本人居留地的管理力度，这主要体现在对商业行为的规范、城市管理与警察制度的发展。

关于元山日本人居留地的营业行为，元山理事厅颁布敕令，要求从事牙医、药剂师、兽医、产婆、护士、按摩针灸等工作前，必须向警察署提出申请，从事饮食店、艺伎等行业也必须向警察署备案。1908年4月，元山理事厅颁布《料理屋饮食店管理规则》对部分饮食店的营业地点进行了严格限制。在城市管理方面，元山理事厅于1906年4月将日本居留地划分为春日町、东町等四个区，并统一域内土地编号。同时理事厅对城市道路规范与城市卫生清洁进行了规定，如指导行人与牛马车右侧通行，限制车马的载重等，以保证道路的公平、安全运用。城市内实施春秋二回清洁法，清洁的范围包括住屋、井户、下水沟等，清洁检查工作由警察等

---

① ［日］外务省编：《日本外交文书》，第18卷，第213页，"清国及朝鲜国在留日本人管理规则第1条改正件"，1885年7月13日。转引自［日］古川昭《元山开港史——元山开港与日本人》，第36页。

② 1906年1月19日统监府令第6号《理事厅的位置及管辖区域》，官报1906年2月12日。转引自［日］古川昭《元山开港史——元山开港与日本人》，第41页。

行政人员执行。此外,在日益蚕食韩国的政策背景下,为了维持居留地的统治秩序,日本政府在元山实施了宪兵警察制度,宪兵警察不只是普通的军事警察,职权也涵盖了司法与行政领域。

为了便于管理,在日本政府的授意下,元山日本人居留地成立了居留民自治组织——居留民会(1904 年后改革为居留民团)。1880 年 7 月在日本人居留地组织了"元山港会议",会议办事处置于领事馆内。次年 1 月改称为"普通会议",3 月成立居留民会总代役所(下称总代),总代兼有日本市町村行政职责与商业监管职责。1882 年 7 月商法会议所从总代脱离,由此总代成为专管行政事务的办事处。根据 1887 年 5 月颁布的《在元山帝国居留地规则》,总代的具体职责包括,传达官令、户口调查、道路桥梁维护、神社庙地管理、卫生防疫、公立学校医院的运营等。据此,在总代的运营下,1884 年成立了元山日本人居留地小学教育所,1886 年成立了公立医院,1887 年完成了居留地内 10 个地点的路灯铺设工作。截至 19 世纪末,居留地内包括埠头、神社、公厕、饮水设备、下水道等在内的各项基础设施得到了基本完善。

三 元山日本居留民人口状况与产业发展

作为日本攻略朝鲜的据点,元山港获得日本政府极大的重视,开港之初将日本驻朝鲜总领事馆置于此便可见一斑。在日本政府的激励政策下,日本一批资本实力雄厚的商人相继抵达元山。1880 年 8 月末元山居留地日本人口便达到了 235 人,其中工匠商人有 100 余人。① 然而,由于元山开港之初"周边不过一人口稀少的贫寒渔村",经济基础非常薄弱。而且周边居民缺乏购买力,道路阻塞商品运输困难,商业发展的前景也不明朗。1883 年仁川开港后,一部分元山的日本商人转而前往仁川。据统计到 1884 年,元山日本人口跌至 173 人,减少的人口中"流失商人竟达三四分",且多为"富商巨贾"②。1885 年后,元山日本人数量才开始缓慢回升,1889 年日朝签订"通渔条约"后,部分日本渔民前来元山定居,这一年居留地日本人口达到 596 人。③ 之后受甲午战争与日俄战争"景气"的影响,1895 年和 1905 年元山日本居留地内日本人口均较前一年增长迅

---

① [日]古川昭:《元山开港史——元山开港与日本人》,第 19 页。
② [日]古川昭:《元山开港史——元山开港与日本人》,第 96 页。
③ [日]古川昭:《元山开港史——元山开港与日本人》,第 96 页。

猛,到 1905 年,在元山的日本人已经有 1255 人。至于元山居留地日本人口的出身,主要来自长崎县与山口县,1895 年两县人口分别占到人口总数的 31.9% 和 25.9%（见表 5-1）。

表 5-1　　　　　　　　元山日本居留地日本人口变化　　　　　单位:人

年份	1880	1884	1885	1890	1894	1895	1900	1904	1905	1910
人口	207	173	235	680	903	1362	1578	1895	3150	4396
增减数	—	—34	62	445	223	459	216	317	1255	1246

元山港的产业结构主要包括商、工、农、渔四类。首先是商业,在元山港聚集着大量来自日本长崎和山口的富商,1903 年 12 月日本外务省通商局调查显示,在元山的日本贸易商资本额在 1 万日元以上的达到 10 家,其中最高者达到 2 万日元,资本在 2000 日元以上的达到 30 家。① 元山港的贸易输入品主要是从日本输入的英国制金巾、日本制棉布等工业制成品,输出品则主要包括大豆、牛皮、干鲢（肥料）等原料商品。商业贸易的发展同时带动了运输业的发展,吉田秀次郎与仁川堀商会主堀力太郎共同开启了元山经城津到镜城的商业航线,大阪商船代理店的大田仪三等人则经营元山港的漕运工作。在这一时期,在元山港码头从事卸货等工作的日本工人就有 5 组 30 人,朝鲜工人 9 组 500 人的规模。② 1918 年元山开至日本敦贺间的航线开通,平壤至元山的铁路（平元线）也开始建设。平元线的开通主要为连接朝鲜、"满洲"间的贸易而服务的,至 1941 年全线贯通。元山也成为连接日本、朝鲜以及"满洲"的重要交通枢纽。

元山开港初期日朝贸易不畅,1882 年清朝与朝鲜签订了《清朝商民水陆通商章程》后,中国商人在朝鲜受到"优待",日本商人逐渐在竞争中处于下风。当时的元山港主要输入品之一的金巾贸易主要由中国商人主导,中国商人从英国商人手中购置金巾,而后经驻在长崎、神户的中国商人出售到日本,再由日本商人输入元山港。在整个贸易环节中,日本商人获利甚微。这一局面直到甲午战争之后才有所扭转。

1910 年以前,元山港地区的工业规模小且缺乏经费支撑,主要以手工工业为主,雇用工人也主要以工资低廉的朝鲜雇工为主。工业的主要种

---

① [日] 古川昭:《元山开港史——元山开港与日本人》,第 100 页。
② [日] 古川昭:《元山开港史——元山开港与日本人》,第 106 页。

类包括冶铁业、炼瓦制造业、酱油、日本酒类酿造业。其中规模最大的是1906年在德源府开业的元山炼瓦制造场，资本金10000日元，日方工人10人，朝方工人25人。农业方面，日本农民主要种植蔬菜，种类有白菜、黄瓜、茄子、葱、南瓜等，也种植包括苹果、梨、樱桃在内的水果。此外，由于元山作为港口城市，渔业也非常发达，永兴湾、西湖津、江原道沿海以及咸镜南北道均是良好的渔场。此外，在朝鲜东海岸沿海地区也存在捕鲸活动。

第三节　仁川开港与城市近代化

一　仁川的开放交涉及初期港口建设

仁川位于朝鲜半岛中部的西海岸，是朝鲜首都的门户。仁川历来不仅是连接朝鲜北方和南方文化的重要枢纽，亦在近代开港后成为接收和传播西方文化的主要口岸。

根据日朝《济物浦条约》的约定，仁川于1883年1月，1883年5月、1884年4月分别设置了日本租界，其后，各国也凭借与朝鲜签订的不平等条约获取了在仁川设立公共租界的权利，仁川港也随之正式开港。

开港初期，由于仁川没有大型码头，外国的大型轮船只能到深水的附近岛屿把货物转装小木船后再运到济物浦的小码头。1884年9月，仁川海关的俄国土木工程师雇用十五六名民夫，用一年左右的时间在海关前面修筑石坝，以此作为船员乘降的简易码头。其后，1893年英国政府填埋海关前面的海面并修筑了突出的堤坝，在八尾岛和小月尾到分别设立灯塔，使仁川港勉强具备了港口的条件。

日俄战争以后，包括仁川在内的朝鲜各港口贸易量迅速增加，改善和扩充港口设施被提到议事日程。1906年，仁川日本人商业会议所向仁川海关税务司和朝鲜政府请愿说："现在的仁川港由于分成内外两港并且其间有沙洲，即便满潮时期大一点的轮船也进不了内港，只能在外港进行卸载作业；退潮时期问题更大，只能用小轮船通过狭窄的水路进港。"[①] 针对这一局面，朝鲜政府决定投入364.4545万元资金，用5年时间修筑各

---

① 仁川直辖市史编纂委员会：《仁川市史》上，1993年，第272页。

地港湾工程。1908年，朝鲜政府把经费又追加到495.183万元，并把工期延长3年。其中计划投入到仁川港的资金是分6年、88万元（实际实用92.7049万元）。

在这期间，由于发生"日韩合并"事件而导致工期被推迟到1912年5月完工，但仁川港也就此具备了近代大型港口的基本硬件条件。此次工程包括以海关为中心填埋海面17976坪；海关南侧的349间①的防波堤；60间的铁柱栈桥1个；40间的木造栈桥2个；106间的木造栈桥1个；3吨吊车1个；10吨手动吊车1个；300坪的海关建筑物；1270坪的上屋（为分别和保护货物而在码头边修建的简易建筑物）5栋；378坪的仓库2栋；上屋与仁川火车站之间的道路以及上下自来水和海关检验所等。②

尽管仁川在开港初期的自然条件较差且设施不足，但是与釜山等地原本只是国内贸易港口不同，仁川港在开港伊始便具备了国际贸易港的性质。此外，由于仁川港靠近朝鲜京畿道、黄海道，背靠巨大的消费市场和主要粮食产地，这使得仁川港在当时的朝鲜对外进出口贸易中发挥了重要的作用。由欧美商人经营的，来往于上海和日本的定期班轮大多都把仁川港当作补给港，欧美商人也把自己在朝鲜最初的商业基地设在了仁川。在此最早设立的西方商社有英国的怡和洋行、美国的陀云仙商社、德国的世昌商社等。怡和商社于1883年在仁川设立出张所，开展牛皮贸易；世昌商行主营棉布、铁器、印刷机的进口和红参等土特产的出口业务；陀云仙商社则主要开展火药和石油贸易。③

仁川开港初期，最早开设的定期航线只有上海招商局在1883年使用"南陆号"运营的上海—长崎—釜山—仁川航线（每月1—2回）。④ 随后，日本三菱汽船会社的釜山支店在仁川开设了出张所，并把神户—长崎—对马岛—釜山之间的航线延长到仁川，以每月1回（除了严冬1月）的定期邮轮形式运营。⑤ 英国怡和商社也于1883年在仁川设立出张所，开辟上海—长崎—釜山—仁川的定期航线，但是由于客源不足，不久就取消了。

据统计到1893年，在开港十年间，出入朝鲜的外国商船1322艘，其

---

① 1间相当于现在的1.8米。
② 仁川直辖市史编纂委员会：《仁川市史》上，第281—282页。
③ 仁川直辖市史编纂委员会：《仁川市史》上，第265—266页。
④ 仁川直辖市史编纂委员会：《仁川市史》上，第283页。
⑤ 仁川直辖市史编纂委员会：《仁川市史》上，第284页。

中日本的船只多达956艘，占到全部商船数量的72%，日朝贸易额也占到朝鲜出口总额的90%，以及进口总额的50%以上。① 但是当时日本商船主要利用的是釜山港，而到甲午战争以前为止仁川港的最大利用国还是清朝。清政府于1882年跟朝鲜签订了《中朝商民水陆通商章程》（以下简称《章程》），按照条约规定，清政府招商局的商船以及清政府的军舰可以在朝鲜沿海航行和停泊。根据该《章程》，于1884年清朝与朝鲜又签订《仁川口华商地界章程》，正式在仁川开辟清朝租界地，进行了贸易活动。中国商人很快来到仁川，一开始他们主要是为停泊在仁川港的英国军舰提供粮食、淡水，很快就把商品供应对象逐步扩大到美英俄等国家的军舰。与此同时，中国商人还从国内带来铁器具、食品、杂货、洋货进行销售，也把朝鲜的海产品贩运回国内。在招商局开设固定班轮航线之后，中国商人贸易经营品类也随之扩大。在釜山的中国商人开始出口西洋的棉织品和中国的绸缎，进口朝鲜的粮食和牛皮等。从1890年开始，在仁川的中国商人贸易超过日本商人，逐渐掌握了仁川港的贸易主导权。尽管甲午中日战争导致中国商人在仁川的贸易受到严重影响，但是从1900年开始，中国商人以其诚信的品质和勤奋的态度重新占领了市场。当时，在仁川规模较大的中国商社有源生东、和聚公、东昌兴、永来盛、德顺福、西公顺、同盛会、泰盛东、锦成东、义顺同等。在中国商人的努力下，仁川港的进出口贸易从1884年到1905年增加了30倍，这相当于朝鲜开港地对外贸易的50%。

仁川港不仅成为朝鲜接受近代西方文物的窗口，也是近代朝鲜人走向西方的出口。从1903年到1905年，7226名朝鲜人通过仁川港移民到了夏威夷，成为朝鲜第一批美国移住民。另外，1905年又有1031名移民通过仁川港移居到墨西哥。② 尽管数量有限，但是由于这些移民均是朝鲜政府组织的海外移民，应募者又大多数来自仁川等开港地附近，反映了仁川等开港地区老百姓对西方认识的变化。事实证明，其后仁川港不仅成为朝鲜人海外移民的出海口，而且还成为海外留学和经贸等国际交流的出海口。

---

① ［韩］尹镇浩：《开港初期，仁川港码头工人的为生存权的斗争》，《黄海文化》2014年第6期。

② 仁川直辖市史编纂委员会：《仁川市史》上，第300页。

二 仁川的近代城市发展

日本与朝鲜之间的有关仁川港开港的正式交涉比《江华岛条约》预定的 1877 年 9 月晚五六年以后才开始进行，于 1883 年 9 月 30 日签订了《仁川口租界条约》。最初，日本租界面积定为 7000 坪（1 坪等于 3.3 平方米），不到釜山、元山租界 10 万坪的 1/10。① 这是由于当时日本的势力在朝鲜受到清政府的压制。日本的租界一开始不仅面积狭小，而且被即将设置的清租界、各国共同租界以及大海所包围，发展空间狭小。因此日本一直为了扩展租界与朝鲜政府进行交涉，终于 1897 年 11 月签订了《有关仁川日本租界扩张的协议》。其主要内容是，日本在其租界前面的海岸线上修筑一条公路（大坝），日本租借地也由此额外再获得 3800 坪的土地。随着租借地面积的扩大，日本的居留民的人数也有所增加了，开港初期，日本居留民人数不到 200 人，在日俄战争前日本居留民增加到 6000 余人，日俄战争之后则一度达到 13000 余人。②

1883 年 12 月，清朝政府派总办朝鲜商务陈树棠到仁川，选定清朝租界并委任李乃荣负责处理领事事务。（清朝的领事馆初期称理事馆，称领事为理事，直到 1907 年才改称领事馆。清政府领事馆曾经在甲午中日战争期间关闭，于 1898 年 1 月重新开馆。）翌年，清政府又派驻扎首尔的清军 500 名到仁川，进行了道路修通和建设用地的整平施工。③ 清朝租界位于日本租界的西侧仁川港海关的对面，大约占地面积 5000 坪。在日本先于清政府在仁川设立租借地之后，清政府也与朝鲜政府签订了类似与日朝租借协议的条款，把租借地当作中国商人的居住及商贸活动地（在清政府与朝鲜政府签订的条约中，考虑到日后与日本的竞争，附加了今后如来仁川的中国商人人数增多，可随时扩大租借地面积的条款）。与日本租借地不同的是，清朝租借的街道、排水沟、桥梁和建筑用地以及码头均由朝鲜政府负责建设，在完工后以竞贷法（公拍法）的形式租给中国商人管理使用。④

在地理位置上，仁川与中国山东隔海相望，历史上曾经有过密切的海

---

① ［韩］金容旭:《釜山开港后各港的研究——以日本租界为中心》，太和出版社 1967 年，第 35 页。
② 仁川直辖市史编纂委员会:《仁川市史》上，第 223 页。
③ 仁川直辖市史编纂委员会:《仁川市史》上，第 225 页。
④ ［韩］金容旭:《釜山开港后各港的研究——以日本租界为中心》，第 40 页。

上交流。据考察，在仁川的中国人从租借地设置伊始到甲午中日战争一直在缓慢增加，在甲午战争期间，清政府租借地人口一度大减，出现了低谷。战后，仁川的中国商人数量开始逐步恢复，特别是义和团运动后，很多山东地方难民跨海到仁川定居，更是导致清政府租借地人口大增。

尽管在仁川的华侨人数尚不及日本人数，但是他们经手的货物量从1890年开始便超过了日本。特别是中国产的绸缎备受朝鲜消费者欢迎，当时的朝鲜因尚未开通由仁川直达绸缎产地的航线而只能依靠上海市场作为中转，这为中国商人在仁川经营批发业带来了发展的契机。1885年在仁川港经营进口业务的商人中，中国商人只占总数的25%，但是到了1894年，这一比率增加到45%；进口总额也在10年间增加了7倍以上。1893年，仁川港进口的日商货物总额为84.5万元，而华商的货物总额则高达138.9万元。① 但是，在出口贸易方面，由于日本在朝鲜推行粮食抢购政策，1890年以后对朝鲜对日出口远远超过了对华出口。

除了日本和清政府在仁川设置单独租界以外，欧美各国也在仁川设置了各国共同租界。1884年，朝鲜与英国签订"朝英通商条约"时，英国公使巴夏礼在首尔交涉了仁川各国租借地的事项。与此同时，美国公使福特也向本国政府提交了相似的报告。与公使巴夏礼一起到首尔的书记官阿斯通又详细考察日本的釜山、元山以后，根据朝鲜的具体状况向英国政府建议了设置各国共同租借地的方案。②

仁川共同租界位于日本租借地西侧即日本和清朝租借地背后的山脚下，占地14万坪，面积远较日本租界和清租界为大。共同租界的设置使仁川在甲午战争以后摆脱了日本独大的局面。驻扎仁川的外交官，日本仅有1名领事，而欧美国家有6名；租界的行政委员会中日本仅有1名成员，而欧美国家有2名成员，行政委员会会计等要职均欧美人担任，日本势力明显处于弱势。③

仁川随着外国租界的设置，逐渐出现了很多有利于外国人的制度和设施。1883年仁川出现外国商社、西式建筑物以及朝鲜第一个海关，1884年美国监理会在仁川建设了第一个基督教教堂；1888年仁川诞生了西式

---

① 仁川直辖市史编纂委员会：《仁川市史》上，1993年，第173页。
② [韩] 金容旭：《釜山开港后各港的研究——以日本租界为中心》，第41页。
③ [韩] 金恩姬：《开化期（1894—1905年）仁川港的金融网络与韩商的发展条件》，仁川大学仁川学研究所2004年版，第51页。

公园和西式酒店。另外，第一个火柴工厂（1888）、第一个西式私立小学（1892）、第一条铁路即京仁铁路（1902）、第一个灯塔即八尾岛灯塔（1903）、第一个近代气象观察所（1904），第一个天日盐场（1907）、第一个带有甲门的港口等。诸多的朝鲜近代化的第一也是在这一时期诞生在仁川。此外，仁川这一时期也出现了公立普通学校、基督教社会福祉会馆、银行、保险公司、船员俱乐部等。其中西式近代化学校的建立，为仁川的近代化城市发展以及近代社会意识的形成起了最重要作用。

朝鲜最早的近代学校是 1883 年设立的朝鲜人创办的官民合营学校——元山学校。在 1894 年的"甲午改革"期间，朝鲜政府颁布"新学制"并开始设立了官立学校。在仁川最早设立的朝鲜人近代学校是 1893 年美国传教士赵元始（G. H. jones）设立的仁川永化普通学校。1895 年，朝鲜政府考虑到仁川在国际交流方面的需要，在仁川设立了官立仁港外国语学校。该学校是仁川根据 1895 年的《外国语学校官制》中地方可以设立英语、法语、德语、日语、汉语、俄语学校的分校规定而开设的朝鲜第一所地方外国语学校。①

1907 年创立的仁川第一所公立小学，是教育内容及过程完全日本模式的近代化学校。1924 年该校新筑了具有欧式风格的新校舍，成为仁川的基础教育中心。

近代学校教育的发展大大促进了仁川的社会意识转换。如果说西方近代科技如火车和电话改变了仁川人的日常生活，那么近代学校教育的发展可以说改变了仁川人的意识形态。从此，仁川作为首尔的门户，与首尔一起成为引领朝鲜近代变化的重要城市。

仁川的开港使历来以陆路交通为主的首尔终于有了海上门户，朝鲜的首都与西方国家有了直接的通道。但是仁川和首尔之间相隔 50 多公里的距离，加上当时交通设施状况和通信手段的极度落后，严重阻碍了人员及货物运输以及信息的传递。改变这一状况，让仁川融入首尔，使仁川与首尔成为一体化，主要依赖的是京仁铁路的修通和仁川—首尔电话线的架设。

1889 年仁川和首尔之间的朝鲜第一条铁路开通使仁川正式成了首尔的门户。这条铁路开通以前，仁川和首尔之间的交通及运输是靠京仁道路

---

① 仁川直辖市史编纂委员会：《仁川市史》上，第 296—297 页。

和仁川—龙山之间的航道船运的。其中京仁道路是仁川开港以后，于1883年高宗下令沿道地方官进行扩张的旧驿道，尽管进行了改造但仍然宽不及2米，路面不平难于步行，严重阻碍了日益增加的交通及运输需要。①

1896年（高宗三十三年），朝鲜政府委任美国人毛于时（J. R. Morse）修筑京仁铁路，于1899年9月开通仁川到鹭梁津段，1900年7月全线开通并营业。当初，朝鲜政府把铁路修筑权全部委任给毛于时的原因，一方面是"俄馆播迁"以后日本在朝鲜的影响力下降，另一方面是朝鲜政府也不满意日本的狭轨式铁路。但是，开工后由于毛于时在美国国内的资金募集遭到失败，1897年5月，岩崎尔之助、涉泽荣一等人成立京仁铁路"引收组合"并得到日本政府的180万日元的贷款，于1898年12月无视朝鲜政府与毛于时签订"京仁铁路让渡契约"，以170.2万日元的价格从毛于时处购买了京仁铁路修筑权。

日本资本的加入加快了修筑速度，短短的270天，便克服了洪水和炎热修建了宽5.1米，高11.3米，长628.8米的朝鲜第一铁桥——汉江大桥。一开始，该铁路以蒸汽火车头4台，客车6辆，货车28辆开始了运营。可见，日本最初修筑该铁路的目的并不是客运，而是连接仁川港与首尔，以便推销更多日本的工商品。但是随着利用该铁路的客人增多，铁路的性质也转变成首尔和仁川这两大城市之间的交通手段。初期该铁路根据会社之名称"京仁铁路"，1906年日本进行铁路国有化以后改称"京仁线"。

1882年12月，企图要摆脱大院君"锁国政治"的高宗在通理交涉通商事务衙门里设置了邮程司并于第二年派报聘使到美国考察了相关业务。根据该使团的回国报告，朝鲜政府于1884年3月正式成立邮政总局，任命开化派洪永植为总判。当年在首尔设立总局并把第一个分局设立到仁川，开始了邮政业务。但是，由于洪永植利用邮政总局的开业典礼发动了"甲申政变"，该邮政业务仅仅维持了20余天便结束了。尽管如此，邮政是朝鲜自主引进的近代文化，而且朝鲜政府用邮政连接首尔和仁川的意图，充分显示了刚刚开港的仁川重要性。

邮政总局被迫关门以后，朝鲜又恢复了驿站制，但是在仁川等开港城

---

① 仁川直辖市史编纂委员会：《仁川市史》上，第285页。

市里日本仍然非法运营了私自设立的邮政业务。日本从"江华岛条约"以后，以为仁川等开港地的日本人服务为名，擅自成立了"仁川邮政局"并设置了首尔出张所，时至 1884 年日本在朝鲜擅自设立的邮编所多达 29 所。面对日本对朝鲜邮政蚕食，1893 年高宗又设立电邮总局，兼管了电信和邮政并于第二年 6 月正式开始了首尔和仁川之间的邮政业务。

与邮政事业是朝鲜自主开展的情况相反，朝鲜的电信业务是完全在列强转控制下发展起来了。特别是"甲申政变"以后在朝鲜势力蒸蒸日上的清朝和日本围绕电信业务进行了激烈的竞争，最后清政府取得了优势。清政府首先架设了仁川与首尔之间的电话线并在首尔设立了汉城电报总局（因此，当时朝鲜人称该局为华电局）。翌年，清朝又架设了仁川通过首尔和新义州到国内的电话线，使仁川通过该线与世界各地联系。

交通业和电信业的发展不仅缩小了首尔和仁川的空间距离，而且极大地方便和促进了贸易等经济活动的进行以及日常生活，将仁川与首尔紧密结合，实现了京仁一体化。

第四节　近代华商在朝鲜港口城市的发展

华侨进入朝鲜的最初契机是 1882 年"中朝商民水陆贸易章程"的签订。当时的华侨大部分是以商人的身份在朝鲜从事贸易活动并不断壮大的。随后，华侨劳动者（华工）亦开始移居到朝鲜谋求生计。1931 年之前华侨的主要定居地集中在仁川府、新义州府、釜山府三处。其中，仁川府的华侨以商人为主，新义州府的华侨则因华工的大量流入形成了以华工为中心的定居群。而釜山因其地理位置上与日本较近，在日本商人众多的影响下，华侨的定居化与前两者相比则处于劣势。他们与世界其他地域的华侨一样，随着人口的持续增加和得益于东亚贸易规模的扩大，逐渐形成了以姻亲和同乡组织为中心的定居网络。这种网络凭借华侨在地域间的联系组织及同业组织的发展而不断扩大，有利于商圈或相互组织的维持和发展，进而影响朝鲜劳动界。

"中朝商民水陆贸易章程"签订之后，在朝华侨形成了以同乡组织为中心的浙江帮、山东帮、广东帮、江西帮等。例如，在仁川当时最具代表性的华商组织是广东省出身的谭杰生创立的同顺泰，同顺泰还在全州和江景等地设立了分号，群山开港后也随之在此设立分号。华侨的这种移居即便在日本强占大韩帝国之后也未曾中断,其中山东出身的华侨数量尤为居多。在日本帝国强占朝鲜之前,他们在统监部的管辖之下进行生活和活动。但是华侨的居住和就劳自由仅限于新义州、平壤、镇南浦、京城、仁川、君山、木浦、麻山、釜山、元山、城津、清津 12 个旧居留地。① 除此之外的地区,华侨以从事劳动为目的而居住的情况需要得到地方长官的许可。实际上,应日本资本家的要求,这种入境限制形同虚设。

20 世纪 10 年代在朝华侨人口逐年增加,其所占比例亦呈现上升趋势。在人口的男女比例上,男性远远超过了女性,可推测出当时入朝华侨的移居并非以家庭为单位,而是以男性单身者为主。但是从 20 世纪 10 年代后半期的数据来看,女性人口的比例有所增加,说明女性同伴入朝的情况开始增多。

入朝华侨的数量在 20 世纪 20—30 年代急剧增加,其总数在 1925 年和 1930 年分别达到了 58057 名、91783 名;其中 15—64 岁的人口比例高达 89.7% 和 86.8%,男女比例则骤降至 8.40% 和 5.72%。② 虽然朝鲜总督府并无准确数据统计,但这一时期移居华侨的主体是华工这一点是毋庸置疑的。华工流入的主要城市有仁川府和新义州府。虽然当时华工最初是在朝鲜和朝鲜之间季节性往来活动,后逐渐向农业、工业或者商业等转型,从而定居下来。例如,有一部分华工不仅开创了仁川菜蔬市场,而且还形成了供给该市场蔬菜的农业劳动者群体。而农业劳动者比经营布店盈利更多。③

在朝鲜形成的华侨依据姻亲或者同乡关系形成了移居网络结构后,在以后的移居过程中与华工帮或者乡帮的形态相结合,从内部起到了加强这种网络结构的作用。而这种依据结构对于华侨间的维系和安定性提供了强有力的保障。

在华商结成的乡帮组织中,以京帮(北京,直隶),广帮(广东),南帮(广东以外的三江),北帮(山东)等最具代表性。京帮当时在东莱等地从事金融业。广帮以之前所说的同顺泰为代表,是最早在朝鲜从事商业活动的组织。广帮会馆位于仁川的太平町,南帮的会馆在西小门町,北

---

① 《朝鲜總督府官報》第一号,制令 2 号,'居留地의行政事務에 관한件',1910 年 8 月 29 日。
② [日]善生永助:《朝鲜的人口研究》,朝鲜印刷 1925 年版。
③ 国史编纂委员会编:《朝鲜华侨的生活与正体性》,2007 年,第 321—322 页。

帮的会馆在水標町，主要从事商业和金融业。其中，以布店为代表性的华商会从中国本店输入商品到朝鲜后，通过朝鲜的中介供应给当地商人，以赚取中间的差价为盈利。这些乡帮组织一直存续至20世纪40年代前半期。

华侨商人通过设立自治组织以维护共同利益。例如，1901年京城府的华侨商人在本町设立了中华商会。该商会在初期作为地区华商的自治组织形成后逐渐发展壮大，后来依据中华民国的商务总会令的实施成了华商总会。该组织同居留民团或商业会议所一样，集结了众多华侨，成为在朝华侨的移居据点和管理机构。中华商务总会在仁川包括临时人员共有37名，在新义州有25名，在釜山仅有纺织物商人不过26名入会。① 类似的组织机构在仁川、平壤、元山、镇南浦、釜山、全山、新义州等地均有分布。

除了华商之外，华工们也通过结成帮派来维护自身利益。其中又以不熟练劳动者即所谓的苦力最具代表性。他们主要以同乡关系为纽带结成同盟（帮）。因为缺乏劳动技能的华工因出身同处，相互间的好感和亲密度高，以此结成的帮更具有凝聚力。特别是地域上的便利性使其不存在语言、风俗习惯等方面的巨大差异，也便于苦力头进行人员的招募、组织和管理。苦力帮内部有较为严格的管理制度，通常加入了一个帮后，是不可以再加入其他帮的。苦力头通过从苦力帮的赁金中抽取一定比例进行苦力帮的运营和本人生计的维持，同时作为苦力帮的代表，苦力头还负责与企业签订劳动合同。

从总体来看，在华侨的总数方面，仁川位居第一，釜山远远低于仁川和新义州；在人口增长速度上仁川的波动性比其他两个城市较大，尤其是在1919年呈现骤减现象，而釜山因人口增长缓慢，波动不太明显；在男女比例方面，初期三个城市均以男性为主，后来仁川和新义州的女性成员逐渐增加，男女数量差距逐渐减少，釜山则始终保持了男性占绝大多数的特征。从中可以推测出20世纪10—20年代入朝华侨的主体以男性为主，男性单身移居是其主流；到了30年代仁川和新义州定居的华侨开始主要通过家族移居的方式进行。

具体而言，仁川的男女比例进入20世纪30年代后降至4.19%，其中

---

① 朝鲜总督府：《朝鲜的支那人》，1924年，第139—140页。

幼年和少年人口的比例达到了 6.61%，接近当年全国平均水平的 6.74%。究其原因，1924 年以后日本的保护关税政策实施后中朝贸易开始走下坡路，以仁川为跳板偕同家人进行移居的商人数量亦随之减少。1930 年商业从事的华侨比例降至 50% 以下。加之当时仁川的居住空间等城市空间设施已经达到饱和状态，中国内战导致南帮与北帮的对立逐渐深化，华商的没落使得广东帮的组织也因此日益弱化。

在新义州，与男性相比，女性的比例由 1923 年的 6.9% 降至 1930 年的 3.8%。这是由于当时北部地区的工业化发展导致对劳动力的需求增加。大量的华工流入该地区，之后随着土木建设的长期进行使得他们可以逐渐定居下来。特别是幼儿和少年等生产人口的比例达到了 5.91%，不难推测出移居新义州的华侨以家族同行方式较多。而且随着工业化的进行，该地区的居住设施等城市空间设施得以确保，与其他两地相比，这里有较为稳定的移居条件。

釜山地区的华侨从统计数字上来看，男性比例远远高于其他两地，生产人口的比例也高达 7.67%。但是由于该地区华侨人数特别少，大大影响了其在数据比较上的意义。从数据来看，不难推测出釜山华侨大部分是单身移民。

总之，华侨在朝鲜仁川、新义州和釜山的移居呈现各自不同的特征。从华侨的出生地来看，山东省出生者在 19 世纪 80 年代中后期不足 60%，但是到了 20 世纪 30 年代已经超过了 80%。[①] 这也从侧面反映出非山东出生的华侨在退出朝鲜市场的同时，山东出生的华商和华工取而代之在朝鲜站稳了脚跟。

---

① ［韩］李正熙：《近代朝鲜華僑社會組織的相关研究》，载《京都创成大学纪要》，2010 年，第 93 页。

第六章

殖民城市大连的近代化之路

大连是包括日本、朝鲜在内的东北亚地区城市发展的特例。城市从无到有，从渔村发展成为东北亚地区的中心城市。经由俄日两国的殖民统治，大连在城市发展上具有东北亚地区其他城市所没有的、完全人为设计的规划特征。城市功能定位在大连城市发展的过程中有着异乎寻常的清晰的指导意义。俄日两国都试图通过控制港口和铁路来垄断中国东北的海上贸易，故先后对大连港进行兴建与扩建，使得大连港一跃成为东北甚至中国的一个重要进出口贸易港，并带动了城市经济的发展。当然这势必伴随着对资源的掠夺和破坏，以及给当地人们带来的痛苦。俄国经营建设的时间较日本短，对港口和铁路的利用还主要在经济利益上，日本接手这一地区后，不但在经济上受益，同时在政治和军事上都获得了预期的效果。

第一节 俄据时期的达里尼与港城掌控权的易主

一 甲午战争后的"三国干涉还辽"

大连港背靠东三省，地理位置优越，拥有广阔腹地，物产丰富，东三省的物资可以通过大连港运往国内各城市以及海外，同样以东三省为依托为大连港的兴建提供了必不可少的条件。大连港为东三省门户，战略地位十分重要，因此控制大连港便能够打开东北市场的大门。俄国正是看中了这一点，不仅可以满足其寻找不冻港的愿望，同样港口的腹地也将为俄国带来十分有利的发展，控制大连港便等于垄断了东北的海上运输。交通运输当然不能只依靠港口，铁路的建设也是至关重要的，因此港口与铁路应是相辅相成的，缺一不可。这样才能保证东北的物资通过铁路运到港口，再由港口转运至其他地方；另外，由各地运来的物资集中到港口，再由铁路运输至铁路各沿线的地方。铁路与港口的联运不仅满足了俄国国内生产的需要，促进商品的流通，而且也有利于军事上的运输与控制。

1894年甲午战争爆发，清政府战败。1895年清朝代表李鸿章与日本代表伊藤博文在今日本山口县下关市签署了"马关条约"。条约中日本割占辽东半岛，引起了俄国极大的不满，"日本所提合约条件中最引人注意的无疑是他们完全占领旅顺口所在的半岛；同时由我国利益来看，此种占领是最不惬意的事实"①。因此俄国不会放任日本，"假使我们决定要求日本放弃此种条件时，将发生一个问题，假使他们拒绝我们的要求，我们是否采取强迫措施抑或在此种情况指望和其他强国共同行动。"

俄国已经做好备战和谈判的准备，同时俄国也同英国、法国、德国进行交涉，期望能够联合起来迫使日本放弃向中国提出影响各国利益的要求。"通过我国驻伦敦、柏林及巴黎代表征询英、德、法三国对今日中日间和谈的意见，英国政府答称，它没有理由去干涉和谈；德国……今日却宣称准备参加我们认为东京必须做的任何步骤，其目的在促使日本不仅放弃占领满洲南部及旅顺口，还要放弃占领澎湖列岛……至于法国，它已表示愿意和我国共同行动。"②

由此俄德法三国已经达成一致意见。于是俄国便向日本发出照会，"俄国皇帝陛下之政府，兹查阅日本国向中国所要求之媾和条件，对辽东半岛归日本所有一节，不但认为有危及中国首都之虞，同时亦使朝鲜国之独立成为有名无实。以上实对将来远东永久之和平发生障碍。因此，俄国政府为了向日本国皇帝陛下之政府再度表示其诚实之友谊，兹特劝告日本国政府，放弃确实领有辽东半岛一事。"③ 德法两国也向日本发出了内容大致相同的照会。日本对于三国的干涉虽已有心理准备，但是对于应该采取什么措施应对还是比较小心谨慎的，随后便在御前会议上商讨对策。"伊藤总理提出三个方案：第一，即使不幸增加新的敌国，仍断然拒绝俄、德、法之劝告；第二，召开国际会议，将辽东半岛问题交该会议处理；第三，完全接受三国劝告，以恩惠的方式将辽东半岛交还中国。"④

---

① 张蓉初译：《红档杂志有关中国交涉史料选译》，三联书店1957年版，第149页。
② 张蓉初译：《红档杂志有关中国交涉史料选译》，三联书店1957年版，第154页。
③ [日]陆奥宗光：《蹇蹇录》，伊舍石译，商务印书馆1963年版，第156页。
④ [日]陆奥宗光：《蹇蹇录》，伊舍石译，商务印书馆1963年版，第158页。

经过一番讨论，对于第一种方案，因刚刚结束的甲午战争，日本的大部分部队还都驻扎在辽东半岛，一时难以撤回，再者因战争刚刚结束不久，人力、物力、财力均需调整而无法立马投入到新的战争中去，于是第一种方案被放弃。而如果接受第二种方案，无疑给自己增加了更多的不确定因素。因为一旦召开国际会议，参会的国家势必以自己国家的利益为前提条件，日本也担心"会议是否真能只限于辽东半岛一事亦成问题，在讨论中可能节外生枝，各国互提种种条件，很可能使马关条约全部归于破灭"①。在综合考虑之下，日本决定采取第三种方案，但是清政府却要用3000万两白银赎回辽东半岛。

三国干涉还辽之后，清政府内部关于联俄的情绪高涨，他们认为可以利用俄、日间的利益冲突，联合俄国共同抵御日本。而此时俄国修筑的西伯利亚大铁路正欲贯穿中国东北，所以俄国便借还辽有功之名欲与清政府谈判。维特借李鸿章参加尼古拉二世加冕典礼访问俄国之时，率先和李鸿章进行会谈。维特提到"我们既然宣布了中国领土完整的原则，我们在将来也要遵守这个原则……俄国的兵力目前都集中于欧洲部分，在欧洲的俄国和符拉迪沃斯托克没有铁路同中国连接起来，我们就不能进行这种援助……为维护中国领土的完整，必须修建一条里程尽可能最短的铁路，这条铁路将经过蒙古和满洲的北部而抵达符拉迪沃斯托克"②。但借地筑路这一事关重大的事情并非李鸿章一人所能决定，在与朝廷多次交涉后，李鸿章被任命为全权大臣，于1896年同俄国签订了《御敌互助援助条约》，即《中俄密约》，俄国如愿获得了一条贯穿中国东北的铁路，也为进一步对旅大地区的占领打下了基础。

在取得了在中国境内修筑铁路的权利后，俄国便开始进行下一步的行动——取得不冻港。1899年德国借传教士被杀事件占领了胶州湾，此举让俄国感到担忧，但同时俄国也看到时机的到来。外交大臣穆拉维约夫给俄国几位大臣发去一份短简，"鉴于德国人已占领了青岛，我们占领某个中国港口的大好时机来到了，短简中建议占领旅顺口和大连湾"③。寻找不冻港是俄国一直以来的夙愿，俄国选定旅顺、大连湾还有一个原因是想

---

① [日] 陆奥宗光：《蹇蹇录》，伊舍石译，第159页。
② [俄] 维特：《维特伯爵回忆录》，肖洋、柳思思译，中国法制出版社2011年版，第65页。
③ [俄] 维特：《俄国末代沙皇尼古拉二世——维特伯爵的回忆录》，新华出版社1983年版，第104页。

修筑一条铁路,将东省铁路和港口连接起来,这样不但真正意义上的实现贯穿欧亚海陆联运,还可以借修铁路之名深入东北,这样就能实际控制东北。

俄国首先将运兵船开至旅顺口附近,并声称"我们到达那里是为了帮助中国免遭德国人侵害,保护中国不让德国人欺辱,只要德国人离开,我们也就离开"①。一方面使清政府放松警惕为占领旅顺口做准备,另一方面还可借助军队给清政府压力,迫使清政府同意俄国提出的条件。在俄国发给清政府的照会中,"规定中国把辽东半岛无偿租借给俄国36年,而且允许俄国修筑一条连接旅顺、大连湾与西伯利亚大铁路的铁路支线"②。清政府的态度是断然拒绝的,但是又迫于旅顺海面上的俄国舰队的压力,清政府不得不妥协。1899年3月15日,清政府代表李鸿章和张荫桓与俄方代表巴甫洛夫在北京签订了《旅大租地条约》。5月7日双方又于圣彼得堡签署了一份《续订旅大租地条约》。两条约主要规定了租界区以及中立区的边界问题。"自此俄国政策的三个侧面就紧密结合起来了。旅顺将保护俄国通过南满铁路从经济上渗入富饶和人口稠密的南满,同时南满铁路将支援旅顺,为之提供给养;中东铁路把俄国远东部分同作为俄国力量根源的欧洲部分联系起来。中东铁路和南满铁路通过在旅顺的俄国人的力量,将圣彼得堡的政策为北京和整个远东所感觉。"③ 这样俄国通过《中俄密约》《旅大租地条约》《续订旅大租地条约》等条约对旅大地区保持实际占有。

二 俄国对大连港的规划建设

1898年俄国与清政府先后签订《旅大租地条约》以及《续订旅大租地条约》,这样俄国就将一直以来寻找远方不冻港的夙愿合法化。在港口的具体选址上俄国面临了许多选择,大体上的争论即围绕维多利亚湾(今大连港所在地)、阿尔图尔港(今旅顺港)、貔子窝(今皮口)和基尔湾(今大窑湾)展开。在经过了一番讨论及研究之后最终决定选址大连湾内的维多利亚湾作为商港。

---

① [俄]维特:《俄国末代沙皇尼古拉二世——维特伯爵的回忆录》,第109页。
② [俄]维特:《维特伯爵回忆录》,肖洋、柳思思译,第75页。
③ [美]马洛泽莫夫:《俄国的远东政策(1881—1904年)》,商务印书馆1977年版,第123页。

在最初选址上，阿尔图尔港因为在洋务运动时期李鸿章已经在这里筑港，因此较其他港口来说基础较好，被列入参考范围。但因俄国的目标是"以港建市"，所以就不得不考虑港口建设后后续城市建设的一系列要求。经过一系列考察研究之后，发现阿尔图尔港"南风强，泥沙在此淤积，造成港内水深变浅，加之腹地狭小这样的不足"①，并不是最理想的建港选择。在这样自然条件不利的情况下，俄国不得不放弃阿尔图尔港。再者依照俄国与清政府签订的"旅大租地条约"来看，"两国政府相允，旅顺一口即专为武备之口，独准华、俄船只享用，而于各国兵、商船只，以为不开之口"②。这样从法律上来看旅顺口已被确立为军港，加之俄国财政大臣维特也认为"军港与商港建在一起的时候，陆、海军部门总想把港市最重要的部分纳入自己的掌管之中，将最不便利的地方分配给商港"③。综合以上因素，俄国最终放弃在阿尔图尔港建港的计划。

在关于在貔子窝建港的争论中，起初俄国担心这里可能成为敌人的筑港地点，因此想率先将这里纳入自己的势力范围，但遭到俄国外交部的反对，"我们必须对中国政府承诺，连接西伯利亚和辽东半岛的干线铁路终点，应该是大连湾和阿尔图尔港，而不是半岛沿岸其他的地点"④。为了不违反条约而节外生枝，俄国认为貔子窝并不是最理想的港口建设地点，同时，因为俄国是要寻找一个不冻港，但是貔子窝在冬季是冰冻的，在这一点上也并不能满足俄国的要求，在综合考虑之下，俄国也放弃了选址貔子窝作为商港的计划。

在港口选址的备选方案中还有一处基尔湾也在俄国考虑范围之内，基尔湾的水深较之维多利亚湾更深，更有利于大型船舶停靠，但因其地处山之南坡，若以此港为依托建市的话无疑在技术上将加大难度。再者因为此处缺水，并不利于城市建设，所以俄国也不得不放弃选址此处筑港的计划。

综上所述，俄国一是在考虑了同清政府签订的两个条约中规定的条款，二是俄国的目标是要寻找远方不冻港，三是要达成"以港建市"这一愿望，所以在综合考虑了众多港口之后，维多利亚湾自然成了俄国最理

---

① ［日］越沢明：《大連の都市計画史（1898—1945年）》，载《日中経済協会会報》1984年10—12月号（合本）.
② 程维荣：《旅大租借地史》，上海社会科学院出版社2012年版，第28页。
③ 蒋耀辉：《大连开埠建市》，大连出版社2013年版，第50页。
④ 蒋耀辉：《大连开埠建市》，大连出版社2013年版，第43页。

想的港口。在最初签订《旅大租地条约》中"至于大连湾,除口内一港亦照旅顺口之例,专为华、俄兵舰之用,其余地方作为通商口岸,各国商船任便可到"①。可见俄国最初已经对尚待建设的港口有了大致上的选址。加之维多利亚湾冬季没有冰冻,水深,腹地广等符合俄国以此为依托建设城市的设想,所以维多利亚湾最终被选定为商港的建设地。

在完成了港口选址的最初工作之后,俄国开始了对港口建设的进程。虽然在1899年的"大连自由港之宣言"中,俄国已经计划将大连港建设成为自由港,但因港口还未建设完成,所以俄国采用"边建设边使用"的方针,计划分为两期建设。1903年年底,第一期建港工程基本完成,并相继投入使用。

从1903年大连港输出入货物统计来看,输入品总价值达到33106643卢布,而输出货品总价值仅为1869106卢布。从货物种类上来看,输入品中石炭、水泥、木材等这些建筑材料占了很大一部分比例,因为此时的俄国正是对港口的兴建时期,同时以港口为依托对城市的建设也在同时进行,所以对建筑基础材料的需求也随之增加。输出品中米、大豆、小麦等成为主要输出品,一方面,反映了俄国利用东北的有利自然资源谋求利益,另一方面,因建港之初大连港就被确定为自由港,而且免征关税,所以一部分商人利用大连港进行转口贸易。因大连港地理位置优越,背靠东三省,物资丰富,控制了大连港俄国就如愿获得远方不冻港,再加上通过修筑铁路促成海陆联运,这样无论从政治利益还是经济利益上来说俄国都将是最大的受益者。本应于1904年开始的第二期筑港计划因日俄战争的爆发而中断。

19世纪末俄国就计划修筑一条从莫斯科到符拉迪沃斯托克的东西横贯欧亚大陆的铁路,中国东北正好处于该铁路的一段,如果绕道中国东北势必将增加修筑的成本及技术,所以俄国试图直接取道中国东北修筑铁路,"由是中东路线。则起后贝加尔洲之赤塔城。穿黑龙江省之西南部。吉林省之东北部"②。即从赤塔途经满洲里、哈尔滨、绥芬河直达符拉迪沃斯托克。俄财政大臣维特也认为"从政治及战略方面来看,这条铁路将有这种意义,它使俄国能在任何时间内在最短的路上把自己的军事力量运到海参崴及集中于满洲、黄海海岸及离中国首都的近距离处。相当数目

---

① 程维荣:《旅大租借地史》,第28—29页。
② 远东外交研究会编:《最近十年中俄之交涉》,文海出版社民国12年版,第6页。

的俄国军队在上述据点的出现，一种可能性是大大增加俄国不仅在中国、并且在远东的威信和影响，并将促进附属于中国的部族和俄国接近"①。可见俄国对东省铁路修建的重视。

三国干涉还辽之后俄国就迫不及待地同中国签订了"御敌互相援助条约"，即"中俄密约"，其中，"为使俄国便于运输部队，中国允许于黑龙江、吉林地方接造铁路，以达海参崴，该事交由华俄道胜银行承办经理"②。这样通过条约的形式俄国如愿获得了在中国东北筑路的权利。紧接着俄国就与清政府签订了"中俄合办东省铁路公司合同章程"，宣布成立中国东省铁路公司。但俄国的野心远非如此，在获得了西伯利亚铁路贯穿中国东北筑路的权利后，俄国就迫不及待地要修筑一条支路，以求控制辽东半岛甚至整个东北。在随后中俄签署的"旅大租地条约"中，俄国就如愿获得修筑一条铁路到达大连湾的权利，也开启了俄国对东省铁路南满支路的修建工作。1901年全线试运营，1903年全线正式通车。

1901年在铁道刚刚开始建立的时候，个人用品占据了很大一部分比例，远远超过军用以及社用。随着铁路的建设进程不断加深，旅顺站发送个人货物占全线发送货物的比例，由1902年的8.8%下降到1903年的8.3%；而同站到着个人货物占全线到着货物，由1902年的2.1%下降至1903年的1.5%。随着旅顺站的建成，个人货物运输量下降，军用货物的比例上升，由此也可以证明铁路修成后达到了当时俄国向远东运输自己的军事力量，占领辽东的企图。同时商港的同期建设，也使海陆联运成为可能。

三　日俄战争与大连控制权的转换

1900年义和团运动爆发，俄国以镇压义和团为名出兵，当义和团运动蔓延到"满洲"的时候，俄国又以保护东省铁路为名在中国东北增兵。维特在其回忆录中承认，"我们占领满洲表面上是为了维持北京政府的威信和镇压义和团的起义。现在这场骚乱已经结束，中国政府也已迁回京城，但是我们在满洲的军队却仍然驻扎在那里。中国政府自然要向日本和其他在远东有权益的国家求助了。这些国家于是联合起来要求我们撤兵"③。迫于压力，俄国不得不同清政府达成协议答应撤兵，但是事情的

---

① 张蓉初译：《红档杂志有关中国交涉史料选译》，第169页。
② 蒋耀辉：《大连开埠建市》，第11页。
③ [俄]维特：《维特伯爵回忆录》，肖洋、柳思思译，第86页。

发展却并没有像预想的那样顺利。1903年俄国改变了方针，不再从东北撤兵反而增兵，并禁止外国人进入东北。俄国的此举加深了同其他帝国主义国家的矛盾，尤其对日本，当矛盾无法调和之时，便只能走向战争了。

面对这一局面，日本一方面加紧扩军备战的进程，另一方面积极地为自己寻找盟友，因英国"全面承认日本在朝鲜和中国东北的特殊利益。这样，日本便决定与英国结成联盟，共同对付俄国"①。1904年2月日本联合舰队突袭仁川港和旅顺，日俄战争爆发。

双方经过多次会战后，日军攻陷旅顺，虽然日本处于优势，但是伤亡也十分严重。俄国并未放弃，而是将希望寄托于第二太平洋舰队，但是在1905年5月，"发生了灾难性的对马海峡之战，我们的整个舰队都葬身于日本海域中……从这次溃败之后，皇帝才有想要讲和的念头"②。再加上俄国国内革命的爆发，使俄国处于内忧外患之中，在双方都无力再战谋求议和的时候，便接受了美国的调停。

双方在割地、赔款问题上一直争执不下，日本也担心如果一直纠结于这两个问题很有可能使战争取得的优势化为泡影，最终日本放弃赔款及在割地问题上让步后双方达成妥协，于1905年签署了"朴茨茅斯条约"。在条约中，俄国承认了日本在朝鲜半岛的特殊权利；并将旅顺口及大连湾及其附近领域的权利一并转让给日本；将长春至旅顺口铁路及支路以及铁路附属地的权利转让给日本；以北纬50度为界将库页岛南部及附属岛屿让与日本。这样日本就已经基本达成了"霸占朝鲜和侵占满洲这两个基本目标"③。

"朴茨茅斯条约"中规定"两缔约国互约……须商请中国政府允诺"，因此日本为了将条约中得到的权利尽快落实，便急于同清政府之间订立条约。"日政府乃命小村寿太郎及驻华公使内田康哉为全权大臣，与中国商议善后，责中国承认其根据'朴茨茅斯条约'继承俄国在东省之权利。"④于是清政府派出奕劻、瞿弘禨、袁世凯为外交代表，与日本展开谈判。双方主要在撤军和铁路问题上争执不下，第六次会议时日方便提出，"中国政府允将由安东县至奉天省城所建造的铁路，仍由日本政府接续经营，改为转运各国工商货物；开议奉天至新民屯铁路问题"⑤。第八次会议开始

---

① 吴廷璆：《日本史》，南开大学出版社2010年版，第516页。
② ［俄］维特：《维特伯爵回忆录》，肖洋、柳思思译，第98页。
③ 吴廷璆：《日本史》，第523页。
④ 王芸生：《六十年来中国与日本》第4卷，三联书店1980年版，第214页。
⑤ 王芸生：《六十年来中国与日本》第4卷，三联书店1980年版，第218页。

讨论撤兵及护路兵问题；第九次会议继续商讨这两项议题；第十次会议讨论撤兵及铁路问题；从第十一次会议开始提出铁路平行线问题，"中国政府为维持东省铁路利益起见，于未收回该铁路之前，允于该路附近不筑并行干路及有损于该路利益之支路"①；之后几次会议双方商定关于撤兵后地方的治安问题，以及新铁路问题；第十五次会议开始商讨关于双方未决之事的让步方案；终于在第十八会议上双方意见趋向一致；在经过了22次会议之后，双方签订了"中日会议东三省事宜"的正约及附约。

正约中主要为清政府承认了《日俄合约》中日本从俄国手中继承的特权，同时日本承诺履行中俄所订条约之条款。附约中主要规定了在日俄从东三省撤军以后，清政府同意将东三省内如辽阳、凤凰城、长春、哈尔滨、珲春、齐齐哈尔、满洲里等地开埠通商；日俄两国尽快从东北撤兵；安奉线改为转运各国工商货物，继续由日本经营；中日合办公司在鸭绿江伐木等。日本通过日俄战争打败俄国夺取了南满地区的特权，又通过"中日会议东三省事宜条约"将从俄国手中夺得的权利合法化。不仅如此，通过此条约日本还获得了许多额外利益，确立了在南满地区的优越地位，这样南满地区便由俄国转给了日本，"关东州"自此易主。日本成功将"南满"地区划入自己的势力范围，为下一步实施大陆政策提供了基础与保障。

在如愿获得了"南满"地区的统治权之后，日本便开始讨论应如何统治这一地区。日本赶走俄国之后，在东北地区设置军政署，进行统治，遭到了中国人民的反抗，同时军事统治下对东北贸易的垄断也违背了当初承诺"门户开放"原则，激起了欧美列强的强烈不满，他们谴责日本不过是代替了俄国的专制统治而已，迫于舆论环境的压力，另外日本也担心俄国的伺机报复，所以应该如何管理成为日本面临的首要课题。于是在1906年5月22日便召开了由伊藤博文主持，政府、陆军、海军代表参加的"满洲问题协议会"。

会上伊藤博文和儿玉源太郎两人各持己见、争论不休，伊藤认为"日本还面对俄国复仇战争的压力，在财政上还完全依靠英美的支持"②，因此保持局势的稳定尤为重要。而儿玉源太郎则不认为"满洲"的情况如伊藤博文所述的那样悲观。另外，伊藤博文认为"满洲"的主权仍是

---

① 王芸生：《六十年来中国与日本》第4卷，三联书店1980年版，第219页。
② 苏崇民：《满铁史》，中华书局1990年版，第12页。

清政府的,"日本继续蛮干下去……对于在大陆上立脚未稳的日本来说绝非良策"①。而儿玉源太郎则希望再尽量扩大日本在满洲的权利,积极推行殖民地经营。通过讨论,会议基本达成了一致,"把关东总督之机关改为平时组织;顺序废除军政署,但在有领事之处立即废除之"②。

在确立经营"满洲"的总体方针后,日本又面临着对"南满铁路"的管理问题。在"南满铁路"是实行官营还是民营上,政府内部出现了分歧。但是根据日俄"朴茨茅斯条约"中"日俄两国约在满洲地方,各自经营专以商工业为目的之铁道,绝不经营以军事为目的之铁道"所规定,日本只能放弃官营的想法。

日本于1906年6月7日"公布了敕令第142号关于南满洲铁道株式会社文件",宣告满铁的成立。"任命参谋总长儿玉源太郎为设立委员长,及朝野名士八十人为委员",开始经营"南满铁路"。其中"会社(公司)之株式(股份)均为记名者,股份所有者,以中日两国政府及中日两国人为限",规定了"满铁"的民营性质。满铁表面上虽然是一个股份公司,但是暗中操作的依然是政府,满铁不过是国家的一个代理机关,其设立目的是"利用其拥有的各种特权和手段,在中国东北,以和平的方式即政治的、经济的和文化的方式,努力发展日本的势力,使之变成日本的商品市场、投资场所、原料来源和殖民地"③。

"三国干涉还辽"之后,日本对俄国怀恨在心,但又因无力与俄国对抗,终经十年卧薪尝胆开始同俄国争夺中国东北,首先挑起战争。日本打败俄国,"日本政府关于媾和条件发给小村的训令,规定了三条绝对的必要条件,其中之一就是使俄国将辽东半岛租借权和哈尔滨旅顺间铁路让与日本,把它作为达到战争目的,永远保障日本的地位。"④ 但是俄国坚决不同意将铁路从哈尔滨到旅顺段全部转让给日本,经过17次会议的商讨之后,双方签署《朴茨茅斯条约》后日本获得了长春至旅顺段的铁路,满铁成立后便交由满铁建设经营。满铁接手"南满铁路"后便展开了对"南满铁路"干线及支线的修筑经营。

---

① 苏崇民:《满铁史》,中华书局1990年版。
② 郭铁桩、关捷:《日本殖民统治大连四十年史》,社会科学文献出版社2008年版,第59页。
③ 苏崇民:《满铁史》,第38页。
④ 苏崇民:《满铁史》,第3页。

第二节 日据时期大连港口建设与城市近代化

一 日本殖民大连时期的港口建设

日俄战后，日本如愿获得了长春至大连段的铁路以及大连港。除了大连，安东（今丹东）、大东沟、满洲里、绥芬河、瑷珲、三姓、哈尔滨、珲春、龙井村等地亦相继开放，东北的对外贸易也快速发展起来。但在日俄战争中大连港遭到了一定程度的损毁，特别是俄军在撤走前对港口也进行了大规模的破坏，甚至动用了炸弹进行爆破。所以当日本接手大连港之后的首要任务便是对大连港的复建工作。

1906年6月7日日本政府公布了《南满洲铁道株式会社章程》，宣布由政府设立南满洲铁道会社。8月18日，日本政府批准"满铁章程"。11月13日，经明治天皇决定，政府任命前任台湾总督府民政长官后藤新平为"满铁"第一任总裁。11月26日，"满铁"在东京召开成立大会，总社设在东京。1907年3月5日，根据敕令第22号迁总社于大连。4月1日，满铁正式营业。① 满铁成立之后一方面接收俄国中东铁路南满支线，另一方面开始对大连港着手进行建设，"一切埠头业务，无论港湾设备的铸造修补、海底的疏浚等筑港工事，全部由南满洲铁道株式会社掌管。即大连港的建设和经营都有满铁担当"②。由此便开始了日本对大连港的建设进程。满铁接手大连港后首先沿用了俄国的计划，随后在1908年出台了《大连筑港建设方案》，其内容主要包括"建设防波堤、码头、护岸、栈桥和疏浚填海等"。随着建设进程的不断加深，"1915年第一埠头以及第一埠头西侧的岸壁，1920年第三埠头以及埠头岸壁等相继竣工；1923年甘井子第一埠头建成"③。随着大连港建设进程的不断加深，输出入货物的激增让日本当局看到扩充大连港的必要性，于是"计划在甘井子铸造煤炭船专用栈桥，1926年8月着手收购土地以及开始防波堤及其他工事的进程"④。

---

① 顾明义等主编：《日本侵占旅大四十年史》，辽宁人民出版社1991年版，第124页。
② 関東州廳土木課：《大連都市計画概要》第一輯，1937年，第28頁。
③ 関東州廳土木課：《大連都市計画概要》第一輯，1937年，第27頁。
④ ［日］浅野虎三郎：《大連市史》，大連市役所1936年版，第679页。

满铁获得大连港的经营权之后,大连港的货物吞吐量立即呈上升趋势,仅1907年当年,大连港货物吞吐量就超过80万吨,两年后的1909年,大连港年货物吞吐量超过百万吨。到1913年,大连港年货物吞吐量再翻一番,超过200万吨。而在此之间的1912年,大连港已经取代营口成为中国东北地区的第一大港。中国东北地区进出口贸易总额超过四成是经由大连港完成的。到1922年,大连港年货物吞吐量突破500万吨大关,其进出口总量占到东北地区贸易总额的五成以上,到1929年这一比例更是达到惊人的66%,大连港全年实现货物进出口总量900余万吨。而这一数字已经是满铁获得大连港经营权时大连港年进出口货物吞吐量的10倍,大连港的发展速度由此可见一斑。[1]

大连港之所以能够在这一时期取得如此高速的成长,主要是因为日本利用满铁经营权及其他附属权利大肆在中国东北攫取资源。据统计,从1908年开始一直到1931年,大连港的出口货物总量都是远超进口货物总量的。出口产品中,以大豆三品,即大豆、豆饼、豆油以及煤炭为主,仅大豆一项,出口数量从1907—1931年的20余年就增长了4000余倍,而煤炭出口数量也增长了120余倍。第一次世界大战期间,欧美等国对中国东北的贸易规模不断下降,而日本则趁此机会填补了欧美资本撤离留下的贸易空间。1913年,日商在大连港进出口贸易总额中占据了28%的份额,这一比例在1918年提高到37%。

港口的恢复与建设,带动了大连港贸易的繁荣,大连市的人口也随之急剧增长。为了满足不断增长的贸易需求以及配合城市发展,满铁于1928年又公布了《大连港扩张预定计划案》,"1929年年底完工的大连港已建成4个埠头,出现了具有近代特色的甘井子埠头,总工事费用1250万日元,防波堤延长974米,栈桥延长605米。"随着"九一八"事变的爆发,日本对于战略物资的需求量也随之增加。为了满足煤炭需求量的增加,日本当局决定开辟新的埠头,1933年,在今天甘井子地区建成了第二埠头,1934年,又在甘井子建设了煤炭码头。

伪满洲国建立以后,大连港成了日本帝国主义推行"日满经济一体化"的最重要工具,东北的原料资源通过大连港源源不断地输入日本,日本的工业产品也通过大连港不断向中国东北地区倾销。在伪满洲国推行

---

[1] 大连港史编委会编:《大连港史》,大连出版社1995年版,第170页。

的第一个"产业五年计划"期间,大连港年进出港船舶总吨位维持在1200万吨到1500万吨,而其中超过六成是日本的船舶。而中国的船舶则始终徘徊在进出港船舶总吨位的1/10左右(见表6-1)。

表6-1　　　　1907—1931年大连港贸易额占东北的比重　单位:万海关两

年份	东北合计	大连港合计	占东北(%)
1907	5994	1487	24.8
1908	11537	3593	31.8
1909	16993	4899	28.8
1910	18241	5663	31.0
1911	21294	6782	31.8
1912	20953	6956	33.2
1913	22596	8264	36.6
1914	22128	8747	40.4
1915	23819	10101	42.4
1916	22336	10866	48.6
1917	31968	16002	50.1
1918	34407	20559	59.9
1919	44331	25924	58.5
1920	43105	23961	55.6
1921	45259	24129	53.3
1922	45611	24742	54.2
1923	48794	25845	53.0
1924	45598	26210	57.5
1925	54454	30239	55.5
1926	63382	35989	56.8
1927	66361	37311	56.2
1928	72347	42702	59.0
1929	74527	50368	67.6
1930	68664	41775	60.8
1931	69282	42457	61.3

资料来源:大连港史编委会编:《大连港史》,第180—181页。

　　日资船舶在大连进出港数量的激增,与日本以大连为中心发展北方沿岸及外海航运的政策不无关系。日本在从俄国手中获得大连港之后,通过一系列航业扶持政策,鼓励日资在大连设立航运企业,以大连为起点的航线也得到日本政府的津贴补助。从 1908 年开始,日本在中国渤海以及黄海各口岸的船舶数量及吨位超过了老牌海运大国英国而跃居第一。1910 年,日资在大连投资创办了北清轮船公司,1913 年北清轮船公司改组为大连汽船会社。1914 年,大连汽船会社被满铁收购,资本金扩大为 50 万日元。在之后的两年,满铁不断向大连汽船会社注入资金,到 1916 年,大连汽船会社的资本总额已经是满铁收购时候的四倍。[①] 大连汽船会社的业务遍及渤海湾内各主要航线,又由渤海湾延伸到中国南部沿海地区,特别是大连至上海航线。大连汽船会社在该航线上配备了 12 艘船舶,经由大连与南满铁路、中东铁路连接。由上海出发的货物只需 16 天就可经过大连港至西伯利亚抵达欧洲伦敦,这是当时远东欧洲之间最快的物流路线。

二 日本殖民大连时期的铁路建设

作为岛国的日本,试图用战争手段扩张自己的领土,控制中国和朝鲜半岛称霸亚洲,再征服世界。因远离大陆,所以日本必须首先寻找一个过渡地带,以便在战争过程中能够相互接应。大连港不但所处中国东北南端,而且又毗近朝鲜半岛,因此在战略上是一个绝佳的选择。在占领港口之后,便建立起了一套军事统治,以此为中心逐步发展为战争的策源地。同样因为岛国的不利因素,日本国内资源不足,利用港口和铁路的联运便能为日本提供短缺的资源。日本对大连港及城市的大力建设,使其发展成为世界先进的港口和近代化都市,已经不单单只是为了建设海外殖民,而是将这里据为己有为将来占领整个东北打下基础。

铁路对连接大连港的对外航运起着举足轻重且不可替代的作用。年货物吞吐量近千万吨的大连港与总长 800 余公里的南满铁路联动,这是日本侵略中国东北,攫取中国东北原料资源最有利的"武器"。为了与俄国人控制的中东铁路竞争,"满铁"采取了"大连中心主义"的运费政策,保证铁岭以北到大连以及营口两港的运费无论整车还是零担都是等额的。尽可能将东北的进出口贸易吸引到大连港来。在 20 世纪 20 年代,日本又通过贷款、"合办"等手段获得了吉长、四洮、吉敦、洮昂、金福、溪碱、天图等铁路

---

① 中国航海史学会:《中国航海史》(近代航海史),人民交通出版社 1989 年版,第 192 页。

的建设权与经营权使其成为南满铁路支线，形成了覆盖东北南部、中部、北部地区，具有多条分支，总长超过 2000 公里的铁路网络。大连港作为这一铁路网络的中心，在整个东北贸易体系中的作用也越来越大。

当时"满铁"所管辖的支线包括：南关岭至旅顺的旅顺支线、大房身至柳树屯的柳树屯支线、大石桥至营口的营口支线、烟台至烟台煤矿的烟台煤矿支线、苏家屯段至抚顺的抚顺支线。另外安奉铁路是在日俄战争时期日本修筑的一条轻便窄轨铁路，规矩为 2 英尺 6 英寸，主要用于战争中运送军事物资。但上述支线全部为窄轨铁路，这种轨道因不适宜大量运输，而且铁路和铁路之间轨距的不统一也为联运带来了极大的不便，因此日本出于加大铁路运载量的考虑，决定进行扩轨工程，即把轨距改为 4 英尺 8 英寸。满铁 1907 年开始对各支线进行施工改造，至 1908 年 5 月，除安奉线外基本完成了改轨工程并实现通车。

除了扩轨工程外，日本为了增加铁路的运输能力，同时还进行复线的敷设工程。"为了简便、迅速而准确的实施，线路的位置、方向、高低、曲线和桥梁及其他构造物，除特殊情况外，其他一切标准都采用原线的标准"①。与扩轨工程几乎同时起步的大连至苏家屯的复线建设于 1909 年竣工并投入使用。1915 年又开始修建大连至苏家屯线的延长线——苏家屯段至奉天段，并于 1918 年完成并通车。1919—1921 年，满铁又进行奉天至长春的复线修筑。"九一八"事变后，日本对铁路运输能力的要求进一步提高，"满铁"加紧了对铁岭以北至长春复线的修筑，至 1934 年大连至长春复线工程全部竣工。

"满铁"对各支线进行改轨正值"一战"前后，战争的需要以及俄国国内政治局势的变化，使得当时俄国在中国东北控制的中东铁路始终面临着大量军事物资运输的压力，这给了"南满铁路"难得的发展契机。"满铁"利用其"大连中心主义"的铁路价格优惠政策争取到大量无法从海参崴出口的货物运输订单。虽然在"一战"以后，中东铁路与"南满铁路"恢复了联运，但其优势逐渐被"南满铁路"蚕食。"九一八"事变之后，日本占领中国东北，中东铁路也在 1935 年由满铁完全接管。

三　日本殖民大连时期的城市规划

在日本统治初期，日本殖民当局首先确定了"承袭俄制"的方针，

---

① 参见《满洲开发四十年史》，第 201 页。

因为当时还处在战争期间，日本统治者还没有精力对这一地区的建设制定详细的计划。此外，当时日本也缺乏对城市规划的经验，所以只能选择在俄国制定的规划基础之上进行建设。明治三十八年四月（1905）公布第十三号令《大连专管区设定规则》，将市内划分为军用地区、日本人居住区、中国人居住区三个区域，① 随着进入大连的日本人日渐增多，殖民当局将中央公园（今劳动公园）以东也纳入规划当中，以便安排日本人在此居住。之后将劳工、小商贩以及其他下层中国人迁移至小岗子一带，又在这个区域内设立了医院、市场等配套公用设施，这一区域也随之繁荣起来。为了节省市内工厂用地，殖民当局决定开辟一个新的工厂区，最终选址在沙河口，并同样也为工厂区配备了小学校、商店、医院等设施。随着城市区域的不断扩大以及公共设施的不断完善，殖民当局花了大量人力、物力、财力来建设经营这一地区。

随着经营开拓的进展，大连地区的人口也不断集聚增加，于是1919年，当局做出了扩充规划的决定，公布了《市街扩张规划及地区区分》，依然沿袭了俄治时期的分区规划的方法，同时这也是当时流行于欧美的对近代城市进行分区规划的先进理念，于是划分出了住宅区、工厂区、混合区和商业区四种。在扩充出来的西部区域，日本殖民当局结合这一地区的地貌等特征，虽然依然采用广场式作为核心的建设方法，但是不同于东部的广场放射式的道路建设，而改成了广场②与方格形道路的组合，这样就大大提高了西部城区的利用率。对公园的修建是这一时期对城市扩建的一个重要表现，圣德公园（今中山公园）设计在了西部城区一个地势较高的地方，从公园的高地向东及西南方向均可看见大海。在中央公园的改建中，又特别在园内修建了一个观景台，在此可将全市面貌和大连港一览无余。对于日俄战争的胜利者来说，居高临下的俯瞰自己的胜利果实，无疑是这座有别于日本本土的欧式城市能提供的最好休闲方式了。与此同时进行改造的还有由满铁经营的"星之浦"（今星海公园）、电气游园（今裕景一带）、北公园（今北海公园）等。重视对于公园的修建与扩建，是大连这一时期城市规划更为全面、系统的体现。此外，在公共交通方面，有轨电车的运营成为市民出行的主要交通工具。可以说这一时期的规划建设

---

① ［日］浅野虎三郎：《大连市史》，第652页。
② 这一时期西部城区的广场主要有：长者广场（今人民广场）、回春广场（今五一广场）、花园广场、大正广场（今解放广场）、黄金广场（今五四广场）等。

基本奠定了近代大连城市的主要风貌。

"九一八"事变之后，日本统治大连的目标与手段也做出了部分调整与加强，日本当局在依然视大连为"经营满洲的根据地"，延续了将大连港建设为自由港的方针的同时，又以满铁为核心开始实施"大连中心主义"政策。港口贸易的持续繁荣促进了经济的快速增长，人口数量也随之急剧地膨胀起来，为维护统治的"长治久安"，殖民当局再一次制定了详细的城市规划。"昭和五年（1930）三月关东厅制定了大连都市计划委员会规则，以百万人口都市作为目标"[①]，大连都市计划委员会作为咨询机构，主要对城市自然环境、城市基础设施、公共事业等项目进行全面了解和掌握，并作出分析与统计，对制定和实施城市规划提供必要的准备。大连都市计划委员会通过多次会议的召开与讨论，初步制定了城市发展规划方案，即"黑石礁附近地区规划方案；寺儿沟附近地区规划方案；甘井子附近道路规划方案；夏家河子附近道路规划方案；常盘桥附近交通缓和规划方案；大连火车站迁移及相应的路街规划方案；干线路规划方案；功能分区规划方案。"[②] 但由于日本发动了全面侵华战争以及太平洋战争的爆发，上述城市规划并没有完全实现。

直到1945年日本战败投降为止，日本统治者妄图长期占据大连，并将它当作自己的城市进行精心的设计与规划破灭。但大连港一跃超越了营口港，成为东北地区进出口货物的主要港口，同时也是世界著名的贸易港口。当时大连的城市建设已达到相当高的水平，与同时期国内其他城市相比，无论在设计理念还是设施建设方面都表现出明显的先进性。与俄占时期的规划相比，此时的大连城市功能更充分，布局更合理，工商业与居民区均设置完备且有继续发展的空间，具有一定的前瞻性。经过日本殖民当局不同时期的城市规划与建设，基本奠定了近代大连城市的样貌，大连也由此进入了一个快速发展的阶段。但这一切都是建立在日本殖民者对旅大地区，乃至整个东北地区的资源掠夺及对中国人民压榨的基础之上的。

---

① ［日］浅野虎三郎：《大连市史》，第657页。
② 郭铁桩、关捷主编：《日本殖民统治大连四十年史》（上册），社会科学文献出版社2008年版，第577页；另参见蒋耀辉《大连开埠建市》，第275—282页。

第三节 日据时期大连殖民工业运营状况

一 大连轻工业及化工业的发展

大连作为东北地区最重要的港口及铁路枢纽地位的确立推动了大连轻工业的发展。东北地区的三大传统产业——榨油业、面粉业和酿酒业的中心都向大连转移。榨油业逐渐成为大连工业的支柱行业。有研究表明，在"九一八"事变之前大连油坊业年产值在最高点曾占到大连工业总产值的92%，年产值最低的年份也在54%以上。大连的榨油业是华商比例比较高的行业，华商油坊及榨油工厂的年产值常年占到全部榨油业年产值的七成左右。随着日本对于豆制品需求的增加，从大连港输往日本的豆制品平均每年增长达9%以上。受第一次世界大战结束，欧洲对中国豆油需求的下降以及第二次世界大战爆发等因素的影响，大连的油坊业陷入发展的低潮期。但是，豆油作为重要的战略资源是日本经济统制的重要内容之一。大量的豆制品从大连输入日本占领区。虽然大连榨油行业在各种营业税、制造税以及其他苛捐杂税的压榨下利润不断下降，但客观上却也为日本提供了大量的战争经费。制盐业同样是大连的传统支柱产业。随着《关东厅盐田规则》及《关东厅盐田规则实施细则》的公布，中国商民被禁止经营盐业，日本资本几乎完全控制了大连地区的盐业生产。包括日本盐业株式会社在内的三家日资企业获得盐田使用许可证，仅以日本盐业株式会社为例，其盐场面积达3742公顷，雇用工人1740多人。到1935年，以日本盐业株式会社为首的五家盐业集团开始在大连各个盐场设立加工厂及化学工厂，制造大量盐化工业产品及化工原料。除本地工业、牧业及食品加工消耗了少量产品之外，大部分产品被销往日本。仅原盐一项便占到日本从中国沿海地区输往日本本土总输入量的1/3。日本不仅将大连生产的海盐作为战争物资大量输往国内，更是将大连的海盐销往朝鲜、西班牙、非洲等地赚取利润，为战争筹措了大量资金。

自1905年大连成为日本的租借地以后，随着殖民扩张，日企资本的大量输入，该地区在日本统治时期成为日本在中国地区维系的殖民地经济圈的中心。在大连地区的建立的企业当中，化工业所占有的比重较大，且随着"九一八"事变、全面抗战及太平洋战争的爆发，其产业规模和结构出现明显的变化。

从 20 世纪 20 年代开始，日本资本开始大规模在大连投资化工产业。从 1927 年开始，日本就计划在中国东北地区投资建设一座以生产合成氨为主的化学工厂。同年，"满铁"从德国获得了硫化铵的生产技术，从硫化铵中提取的硝酸及硝酸铵是军工产业必需的原料之一，因此在东北投资建设硫化铵工厂的计划得到了"满铁"及日本军方的双重支持。① 最初"满铁"打算把工厂建在鞍山，但在鞍山建厂的经费过高，运输成本也是个巨大的问题，最后满铁将工厂设在大连。1928 年，"满铁"在日本军方的支持下在大连甘井子地区开办了"满洲化学工业会社"（简称"满化"）。会社工厂第一期占地面积超过 15 万平方米，启动资本达到 2500 万日元，会社的主要股东包括满铁，日本全购联株式会社以及东洋窒素工业株式会社等日资企业。"满化"的技术主要来自德国，到 1935 年，共建成德国奥托型 35 孔炼焦炉 1 座，平吸式煤气发生炉 4 座，石井式煤气发生炉 2 座以及 3 套合成氨生产装置。② "满化"的产品包括硫化铵、硫酸铵以及硫酸等，产品除了用于制造化肥之外，很大一部分被用来制造炮弹、子弹等军工成品。到 1944 年为止，"满化"共生产合成氨产品近 38 万吨，硫酸近 6 万吨，硫化铵 115 万吨，硝酸 5 万余吨。

除了"满化"之外，日本企业在大连投资的主要化学工业企业还包括"满洲曹达株式会社"（简称"满曹"）。"满曹"由"满铁"、"满化"以及日本昌光株式会社、"旭硝子株式会社"共同投资 800 万日元成立。"满曹"工厂选址位于"满化"南侧，生产设备全部由"旭硝子株式会社"生产制造，产品以纯碱为主。到 1937 年，经过填海造地完成了第一期工程，当年投产后，年生产能力接近 4 万吨。到 1942 年第二期工程完工，年生产能力翻了一番，达到近 8 万吨。到 1944 年为止，"满曹"共生产纯碱 40 万吨，烧碱 8000 余吨。③

全面抗战爆发之后，大连的轻工业与化工产业迅速重工业化，产品也多以军工产品为主，主要化学品工厂的规模也不断扩大。到了 1942 年，伪满洲化学工业株式会社组织机构基本如下：社长→重役，下设：总务部、业务部、企划部、研究所、工务部、合成部、制造部。工务部下设：

---

① ［日］飯塚靖：《满洲的化学工业发展与军需生产——以满洲化学工业株式会社为中心》，载《下关市立大学论文集》，2008 年，第 27 页。
② 大连化学工业公司编：《大化志》，《大化志》编纂委员会 1988 年版，第 4 页。
③ 大连化学工业公司编：《大化志》，《大化志》编纂委员会 1988 年版，第 5 页。

动力课、工务课、工作工厂；合成部下设：合成课、瓦斯课；制造部下设：硫氨课、硫酸课、硝酸课。① 而同年伪满洲曹达株式会社的组织机构的构成则如下所示：社长→常务取缔役，下设总务部、工务部和营业部3个部。总务部下设四个系：庶务系、人事系、计算系、出纳系；工务部也下设四个系：制造系、盐田系、研究系、工作系；营业部下设购买系、贩卖系、收度系、调查系。另外，制造系下面还细分为：一号盐水、二号重碱、三号煅烧、四号石灰、五号苛性曹达；工作系下面则细分为：机械、锅炉、电器、采矿所。② 可见"满化"和"满曹"在组织管理方面是很规范的。然而，到1942年日本由于战线拉得太长，在太平洋战场开始步步吃紧，后方生产也由于贸易航线遭遇封锁和挤压，原材料和产品不能及时得到供应，生产受到极大影响。

二 大连船舶制造业的发展

大连的交通制造业是从船舶制造业发展起来的。大连修造船场是在日俄战争激烈进行期间陷入日军之手的。1904年5月28日，即俄国殖民者撤离大连的第二天下午，日本侵略军的先头部队开始进占大连。5月30日，日军完成对大连地区的全部占领时，也侵占了被俄国遗弃的大连修造船场及中央发电所。1905年1月2日，日军攻占旅顺口后，即以旅顺船场作为主要的船舶修理工场，并将大连修造船场的一部分机器设备迁移到旅顺船场，同时还在大连临时招收了120余名工人，其中包括原大连修造船场的部分工人。当时，日军恢复和加强旅顺船场的目的，主要是修理战争中受损的舰船，修复被炮弹炸坏的东港系船码头，清除堵塞在旅顺口航道的日、俄两军的沉船。在这期间打捞和修复的船只有巡洋舰4艘、战舰2艘、大型汽船8艘、炮艇数艘，后来均编入日本舰队。日军在侵占大连修造船场之后不久，就成立了所谓的"大连湾防备队海军工作部"予以管辖，并将俄国拆沉到深海里的3000吨级船坞坞门打捞上来重新安装，大连修造船场也继旅顺船场之后逐渐恢复了生产能力。1905年1月2日，日军成立了"旅顺海军工作部"，大连修造船场又转属该部的大连支部事务所经营，主要是承接日本海军舰船的修理业务。③ 1907年满铁从旅顺海

---

① 大连化学工业公司编：《大化志》，《大化志》编纂委员会1988年版，第30页。
② 大连化学工业公司编：《大化志》，第31页。
③ 大连造船厂史编委会：《大连造船厂史1898.6—1998.6》，1998年，第12页。

军工作部大连支部事务所手中接管了大连修造船场。最初，满铁将其作为大连铁道工场的附属工厂进行经营。一年之后又将其租给日本神户的"株式会社川崎造船所"，成立了"株式会社川崎造船所大连出张所"，简称"川崎大连出张所"。

"川崎大连出张所"主要是为进出大连港船舶服务的修船场，其水工设施和机器设备也主要是为修理船舶配套的，从设备能力和技术力量来看，川崎大连出张所在其成立初期是不具备建造大型船舶的条件的。当时其所建造的船舶，基本上都是百吨级左右的小汽船，订单也主要来自满铁。[①] 当时，"鞍山制铁所"和"本溪湖煤铁公司"都没有建立，"川崎大连出张所修造船"所需的原料很难自本地采购，该厂生产所需的钢板、铜板等原材料全部由"川崎造船所"本社提供。这极大地限制了"川崎大连出张所"的发展。为提高生产能力扩大生产规模，"川崎大连出张所"逐渐扩建了机械车间、锻造车间及其他陆上设备，部分实现了所需零件的自产。到1912年，"川崎大连出张所"已拥有了机械车间、铁船车间、木工车间、锅炉车间、铜工车间、锻工车间、铸造车间、铰镞车间等十几个车间。

1910年6月，日本军方宣布开放旅顺西港，施行《旅顺港管理规则》，并不断完善港湾设施。1914年3月15日，日军设旅顺要港司令部，旅顺海军修理厂归其管辖。由于西港的开放，来往商船急剧增多。随着进出港船舶的增多，货物吞吐量增大，仅仅开放西港已不能满足船舶进出港的需要。1922年11月，日本海军省下令进一步开放东港的北半部和老虎尾航道第二区，使旅顺逐步成为真正的商港。旅顺港开放为商港，为之配套一个完善的民用船舶修理场所就显得极为必要。1922年6月，日本旅顺要港司令部向"满铁"发出照会，提出因旅顺要港部废除，将无偿让出所属的船坞和修理工厂，询问"满铁"有无承租之意。"满铁"遂决定承租旅顺轮船修理工场。

"满铁"承租旅顺轮船修理工场为期一年左右，之后又收回了租借给"川崎造船所"的大连修造船场，并将这两个工场合在一起，于1923年3月31日创建了"满洲船渠株式会社"简称"满船"，下设大连工场和旅顺工场。"满铁"创办"满船"的目的，主要是为了促进大连港和旅顺港的所

---

① 大连造船厂史编委会：《大连造船厂史 1898.6—1998.6》，第15页。

谓"繁荣",因此"满船"的业务是以修理船舶为主的。在此之外,"满船"的业务范围也包括:从事船舶、发动机、车辆、各种机械设备及其附属件和各种建筑物的制造和修理;从事海难救助和拖拽船舶,进行船舶的买卖和租借等。按照当时的生产分工,大连工场以修船为主,旅顺工场以造船为主。①

但是,在海运界不景气状况的严重影响下,大连工场在营业的前三年业绩始终差强人意。整个"满船"在海运界萧条冷落的乌云笼罩下,其"营业状况仍是一进一退",在预计盈利的1925年不仅没盈利反而亏损了13万日元,直到1926年上半年,"满船"的股东还没有分到红利。面对困境,"满船"在1926年6月15日召开的股东会议上决定改变以修船为主的生产经营方针,实行修船和陆用机械制修并重的生产经营方针,即在进行修船作业的同时,转用主要的设备和人力,从事陆用机械的制造和修理,使船舶修理的收入和陆用机械制修的收入基本相等。②

在造船方面,"满船"的船坞工场于1924年6月,建造了1500吨的"古城丸",1926年6月建造了1700吨的"新屯丸";1929年10月,建造了1266吨的"辽河丸"以及其他大小汽船数艘。③ 在1927年3月末,"满船"共有职工1200人,实现年入坞修理船只数量超过1000艘,除此之外,"满船"在中型货船的建造及车辆、桥梁、陆上机械的制造方面也取得了一些成绩。④ 通过改变生产经营方针和紧缩资本,"满船"的生产经营情况有所好转,从第十一营业期即1928年上半年开始,"满船"的股东们每营业期可保证获得八成的红利。从1928年开始,"满船"初步摆脱了海运界不景气状况的影响。据1928年4月至1931年3月6个营业期的统计,当时"满船"修船产值平均占总产值的43%,陆用机械制修的产值平均占总产值的54%。但是,需要指出的是"满铁"委托给"满船"的一部分陆上机械制造与修理的订单,本来依靠自己所经营的铁道工场的设备和人力是完全可以消化的。但由于"满船"是中国东北地区处于渤海和黄海沿岸中唯一的修造船场,是维持大连港和旅顺港海运事业的重要配套工程,所以"满铁"从日本的根本利益出发,宁肯让自己经

---

① 大连造船厂史编委会:《大连造船厂史1898.6—1998.6》,第23页。
② [日]佐佐木雄次郎:《满洲船坞及其特殊使命》,《海友》杂志第187期。
③ 关东局编:《关东局施政三十年史》,1936年。
④ 满铁庶务部调查课编:《南满洲铁道株式会社第二次十年史》,孙秀真译,1928年,第963—964页。

营的铁道工场负荷不足,也要挽救"满船"行将倒闭的命运。①

三 机车制造业发展状况

除了造船业,日本当局也在大连大力发展机车制造业。日本侵占大连港后,铁路、煤矿、码头及房地产先后由日军"野战铁道提理部"、"陆军运输部"和"陆军经理部"接管。当时的"东省铁道机车制造所"由日军"野战铁道提理部"接管,更名为"大连铁道工场"。② 由于"满铁"对"南满"支线进行改轨和修复,原有的机车、货车、客车均不能运行,需要重新购置和组装。"大连铁道工场"的主营业务也因此以专门组装机车、货车、客车,改造、修理和组装宽轨用机车、车辆等工程为主。此外"大连铁道工场"也承担"满铁"其他机械的制造与修理业务。

当时"大连铁道工场"是木结构的临时建筑,设备差,规模小,又不能与其他设备配套,从事组装作业是非常困难的。鉴于原有的工厂厂区窄小,无法扩建,于是"满铁"在大连西部沙河口征集了537900坪(1778136平方米)土地,决定重建"大连铁道工场"。当时规划的厂区面积277200坪(916340平方米),员工住宅区面积260700坪(861796平方米)。"满铁大连铁道工场"由原厂址迁至沙河口新厂址后,更名为"满铁沙河口铁道工场"。工厂担负的生产任务为:机车、动车及客货车的制作与修理,机械器具的制作与修理,铁路线路用品的制作及修理,"满铁会社"以外机车及客货车、其他一般铁道用品的制作与修理。

"沙河口铁道工场"作为"满铁"的骨干企业,其主要业务始终配合着日本对中国东北的侵略需要。在"满铁"经营初期,铁路线路很少,"沙河口铁道工厂"的业务也以对各国机客货车进行修理为主。场内建有22条蒸汽机修理线、6条货车修理线、9条客车修理线。生产能力能同时收容机车26台、客车36辆、货车130辆。员工1953人。③ 到第一次世界大战期间,随着"满铁"业务的扩大以及沙河口铁道工场的发展,"满铁"社内所用车辆已经全部由"沙河口铁道工场"生产。"沙河口铁道工场"先后制造了"朝鲜铁路机车"、"印度支那铁路机车"、"抚顺煤矿用电气机车"和"本溪湖煤铁公司货车"。同时工场还生产煤气、电气、码

---

① 大连造船厂史编委会:《大连造船厂史1898.6—1998.6》,第24页。
② 工厂简史编委会:《大连机车车辆厂简史》,中国铁道出版社1999年版,第16页。
③ 《东北经济小丛书》第10册,京华印书局1948年版,第42页。

头、煤矿所需机械设备。"本溪湖煤铁公司"增设的高炉、热风炉,"鞍山制铁所"有关机械设备,"铃木油房"提炼探发油的轻油设备,新建"大连机械制作所"(今大连起重机厂和大连重型机器厂的前身)的部分设备也是由"沙河口铁道工场"生产制造的。此外,"沙河口铁道工场"也能生产当时辽宁地区比较发达的轻工业设备,如柞蚕纺织设备以及制糖、制麻等行业所需设备,也能为日本军方提供各种军需机械以及乘用汽车。

虽然业务范围极为广泛,但是沙河口铁道工场的主营业务还是各类机车的生产。1918年,"沙河口铁道工场"仿照美国密克道1式机车设计试制出改进后的米卡衣1型(MK1)货运蒸汽机车,轴式为1—4—1。与密克道1式机车相比,主要改进了锅炉、烟箱、过热器和汽缸等。该型机车后成为满铁的主力型机车。当时的客车主要是木制客车,随着技术的改进,"沙河口铁道工场"也开始生产铁骨木制客车。① 1924年,"沙河口铁道工场"制造了"鸠"号旅客快车,大连至长春间仅需12小时,比以前提前了8小时。至1930年,沙河口铁道工场制造的客车主要有头等卧车、二等卧车、三等卧车、二等车、三等车、三等手荷物车、手荷物邮便车、附随车等。相对货用机车,沙河口铁道工厂的客车生产规模很小,产量也比较低,每年仅制造20辆左右。而货车的制造是按照日本帝国主义对中国东北地区掠夺的需要进行的。中国东北地区原是农业区,日本侵略者的掠夺主要有大豆、豆饼、豆油和抚顺煤等,因此,"满铁"在"沙河口铁道工场"制造的货车以棚车和高边车(即敞车)为主。随着掠夺产业的逐渐扩大和新产业的开发,逐渐增加其他类型车辆制造,也逐步完善了棚车和高边车的制造技术。

第一次世界大战后的世界经济危机严重冲击了日本经济,也直接影响到满铁的掠夺和扩张。满铁自成立至1931年,68%的机车、28%的客车、24%的货车是购自外国,其余皆为"沙河口铁道工场"制造。"九一八"事变后,随着日本在中国东北地区侵略脚步的加快,铁路建设也进入高速发展阶段。1932年起即进行以军事目的为主的铁路新线建设,从第一契约线到第六契约线共建成铁路6000余公里。铁路的增建以及运输量的提高导致满铁出现了大量车辆缺口。满铁一方面向本国订购,另一方面也提

---

① 工厂简史编委会:《大连机车车辆厂简史》,第25页。

高了大连车辆制造的能力。1929年前后，"大连船渠铁工会社"（今大连造船厂前身）开始制造铁路用货车。1932年，新建伪满洲工厂开始制造铁路用货车。1933年，"大连机械制作所"开始制造用于铁路的客车和货车。① 沙河口铁道工场的生产更是进入了满负荷运行的状态。"沙河口铁道工场"不仅制造组装和修理机车车辆，而且接受满铁会社外的各种订货，特别是铁道装甲车、装甲汽车等军用车辆的生产大量增加。也开始制作冷藏车、保温车、摩托车等军用车辆。1933年起，"满铁"陆续从"沙河口铁道工场"抽调大批技师和技术人员到新建及其他铁道工场工作。各地新建铁道工场对于加工程度、加工用具、工作原料、工作机械、工具等的规格与标准，也参照"沙河口铁道工场"执行。"沙河口铁道工场"在中国东北的工业体系中的作用越发重要。

"九一八"事变之后，"沙河口铁道工场"生产的车辆主要有1932年制造的米卡衣6型（MK6）机车和太平洋6型（PF6）机车。1933年制造的"LM3P"3和"LM3P"5式两种清油动车，功率分别为100马力和150马力。1934年制造的太平洋7型（PF7）机车和500马力重油动车。太平洋7型（PF7）机车是专为牵引"亚细亚号"特快列车而制造的，因而考虑了高速度性能的因素，扩大推动轮直径，车体流线化，蒸汽过热温度上升，采用滚动轴承，改善给油机构，使用特殊合金等。1935年，"沙河口铁道工场"制造了太平洋8型（PF8）机车和山地型（MT1）机车。1936年，"沙河口铁道工场"制造了米卡衣ko型（MKko）机车和DB3型小型快速旅客用机车。②

1932年起"满铁"所辖全线车辆全部采用有急速制动作用的LM式制动装置，车顶改为圆形。1934年，"沙河口铁道工场"制成"亚细亚号"特快旅客列车。"亚细亚号"体现了当时"满铁"技术的最高水平，被称为"东亚的珍品"，甚至是日本宣传战的重要内容之一。以后"满铁"制造的高档客车均以"亚细亚号"为标准。当时这个奔驰在东北大地的豪华列车与中国人民大众是无缘的，它只是欧美旅客和日本侵略者的旅行工具。中国人中除极少数汉奸外，很少有人乘坐，且不说它的警戒森严，它的高额票价也是令人望而却步的。1941年7月日本实行"关特演"时，"亚细亚号"列车被停运，1941年年末恢复，1943年3月1日，随着

---

① 工厂简史编委会：《大连机车车辆厂简史》，第32页。
② 工厂简史编委会：《大连机车车辆厂简史》，第33—36页。

战局的演变,大连港的衰落,"亚细亚号"终于在"满铁"线上消失。①

总之,在大连的城市发展中,海运与交通制造业是大连城市功能的重要模块,也在一定程度上奠定了大连城市的发展,影响着大连的城市布局与市政建设。作为近现代文明的重要标志产业,海运业以及交通制造业在大连的蓬勃发展也为这座城市培育了近代社会发展的丰沃土壤。随着交通运输业的发展,中国东北地区的传统制造业中心也逐渐转移到大连,在日益激烈的竞争以及大量新技术新资本涌入的背景之下,从大连发展的传统制造业,榨油、酿酒等行业中又诞生了近代化工产业。这些产业的建立一方面完善了大连的城市功能,另一方面也经由大连东北亚交通枢纽的地位,推动了东北亚,尤其是中国东北地区的近现代工业的发展。需要强调的是,俄日两国在大连的殖民统治、城市规划与治理、近代产业的开发确实奠定了后来大连城市发展的基础。然而,俄日殖民者当时是为了长期乃至永久占领大连而做出的规划与投资,所谓的建设只是殖民手段而不是帮助中国,所谓的建设成果也仅是殖民统治的"副产品"。1949年后,大连人民在殖民城市的基础上奋发图强,为中国的工业化与现代化建设做出了突出贡献。

---

① 苏崇民:《满铁史》,第537页。

结　　语

　　开港是东北亚近代史特有的历史现象之一。东北亚三国从封闭走向开放的路径几乎都是以开港为起点的。作为因应外部挑战的共同选择，三国的开港在开放程度、城市功能规划、近代社会制度与文明传播等方面存在着不小的差异。从大的视角来看，中日两国是在西方列强的武力逼迫下打开国门的，而朝鲜在应对西方武力冲击的同时也面临着来自东北亚地区内部帝国主义势力的直接威胁。日本政府希望借由主导朝鲜开港释放国内政治斗争压力，这不但损害了朝鲜的国家利益，更是造成了日本与朝鲜的宗主国清政府之间不可调和的政治冲突。这种冲突在很长一段时间内是东北亚地区国际关系的主要矛盾，深刻影响着东北亚三国的近代化进程。

　　在这样的背景下，东北亚地区的开港城市走出了几乎完全不同的发展路径。中国条约开港城市的租界地成了西方近代市政管理制度与基础设施建设的示范地。租界的存在为中国城市，特别是沿海港口城市跳出传统发展模式提供了一个范本。上海因为租界的发展迅速崛起，取代传统开港城市成为中国最大的贸易、工业、文化都市。而其他开港城市或者因为与传统陆路贸易路线连接成为重要的经济辐射点，或者因为背靠雄厚的原料基地和市场优势发展成为地区工业中心。而日本的开港城市则成为日本文明开化、殖产兴业的核心基地。以开港城市为中心，日本迅速完成了具有东北亚鲜明特征的近代化，建立了具有一定竞争力和独立性的近代工商业和金融业系统。而朝鲜则在开港地培育出了自己的民族工商业和交通运输业，但朝鲜在开放程度上的落后以及日本等国对朝鲜民族工商业的压迫，使得朝鲜开港城市的工商业命脉始终掌握在日本等国的手上。

　　日本学术界长期以来有一种观点，认为无能的德川幕府在美国强大军事压力下签署了极端不平等的条约。而横滨市立大学名誉教授加藤祐三先生对此提出不同意见，即中国清政府与英法等国签订的是"战败条约"；日本幕府与美国签署的是"交涉条约"，两者从内容到形式都不尽相同。最显著的区别是战败条约伴随着割地赔款，而从亚洲近代历史的角度来看，日本与美国以签署《和亲条约》的和平方式而开国，实属罕见的事例。① 虽然幕末时期的日本由于缺乏外交经验，与西方列强交涉过程中丧失部分国家主权，但是，也应该看到，阿部、堀田乃至岩濑等幕府的开明派官僚在谈判中对外国方面的无理要求并非唯命是从，而是在竭尽全力维护日方权益。当然，弱国无外交，当时的日本还不具备与列强平起平坐的实力，在外交上做出一定的让步是不可避免的。

中国在开港过程中的教训为日本处理"西力东渐"提供了经验和参照，日本通过与中国不尽相同的方式实现了代价更低的开港。但代价更低并不意味着日本在开港前后不曾经历过传统与现代的剧烈冲突。这些冲突不但体现在日本国内的政治斗争中，也导致了日本与朝鲜在国家地位上认识的分歧。对国家地位与外交性质认识上的分歧，引发了日朝之间的外交纠纷。日本以对朝外交革新为名义开展的外交工作，在外交一元化的表象之下，也存在着前近代的外交模式与近代外交模式之间冲突；这种冲突在某种意义上也是日本对朝外交革新无法在传统东亚国家关系中得以实现的原因之一。以"云扬号"事件为契机，日本尝试以挑战中朝宗藩关系作为对朝外交革新的新途径，并最终以条约的形式，在"朝鲜独立之邦"的名义之下，完成了与朝鲜建交，强迫朝鲜对日本开港。

在东北亚的近代历史上，开港不但是一个城市走上近代化发展道路的契机，更是一个国家自我图存进而发展壮大的历史机遇。日本在策动朝鲜开港开国的同时，已经做好了武力入侵朝鲜的思想准备。虽然在清政府的警告以及"云扬号"事件和平解决的前提下，武力入侵已经不具有实际操作的可能，但是东北亚的国际局势也因朝鲜的开港走向了战争的边缘。清政府在朝日纷争时曾晓谕沿海福建、江浙督抚整军备战，而各地督抚则奏报军备尚不足以与日本一战。在这样的背景下，清政府一方面通过外交手段限制日本在朝鲜半岛上的势力扩张，另一方面则利用国外技术与资本在开港城市广泛兴办实业，以官资背景推动了中国近代矿业与重工业的发展，实现了中国部分国防产业的高速崛起。

---

① ［日］加藤祐：《幕末外交与开国》，筑摩新书2004年版，第244页。

以国防事业领先于日本为前提，清政府难得在一段时间内在对东北亚国际关系发展走向上展现出进取之姿。清政府通过主导朝鲜对西方国家的进一步开放取得了列强对其朝鲜宗主国地位的默认，清政府也进一步调整了与朝鲜的国家关系，使之与东北亚地区不可逆转的近代化发展趋势相适应。这不但极大地压制了日本在朝鲜半岛的扩张气焰，在朝鲜的开港城市，中国资本也取代了日本成为朝鲜近代交通运输业与工商业最大的资本来源。中国与朝鲜在政治经济国防等各方面的联系日益加强。

日本作为后发型现代化国家具有强烈的扩张意愿，俄国南下与其争夺朝鲜半岛的利益加速了日本在东北亚扩张的脚步，这也导致了日本与清政府之间矛盾的进一步激化。清政府借由"壬午军变""甲申政变""巨文岛"事件的解决，宣示了对朝鲜的宗主权，加强了中朝关系的紧密性。日本丧失其在朝鲜半岛外交上的主动与"先手"地位，不得不通过战争实现其侵略野心，中日战争遂不可避免。在挑战中朝宗藩关系上与日本有同样利益的俄国，在默认朝鲜"独立"之余，坚决反对日本势力涉足中国东北。从某种意义上来说，"甲午战争"的爆发是中日朝俄等国家间一系列内在矛盾的表面化。

日本与清政府在朝鲜半岛"攻守"姿态的交替，也从一个侧面反映了中日两国在早期现代化之路上日渐"同途殊归"的迥异命运。"甲午战争"之后，中国在早期现代化之路上步履蹒跚，中国东北地区也沦为了日本与俄国争夺的"肥肉"。俄国以干涉还辽有功为名，不但获得了中国东北的铁路修筑权利，更是租借大连作为其殖民地。大连地处辽东半岛最南端，毗邻朝鲜半岛，是东北地区的重要出海口。在开埠之后，大连曾被俄国统治 7 年，其后又被日本统治长达 40 年之久。漫长的殖民历史，给大连人民带来了深重的灾难，也给大连这座城市的规划发展历程打上了东西方不同殖民政策的深刻烙印。

大连的城市发展在东北亚地区具有一定独特的意义。大连与上海等城市不同，是完全经由租借地发展起来的港口城市。城市规划与城市发展几乎同时起步，城市功能与城市布局更多地体现了城市管理者的发展意图。大连除了港口建设因先天水文条件以及东北交通建设等优势发展速度在全国城市汇总名列前茅之外，工商业建设与市政发展也走在了包括中国东北城市以及朝鲜、日本主要城市在内的东北亚城市的前列。到 20 世纪中叶，大连城市管理者对大连的城市规划定位已经是与上海、东京等东北亚重要城市看齐的国际大都市。

除以上几方面外，因开港的极速到来，思想文化的交融变得更加激烈。西方之学校教育、文化科学、医疗卫生知识传入东亚三国，三国对欧美文明的接受程度不尽相同，从而造成了各自国内社会发展进程的巨大差异。中日韩三国开港城市的开放程度不尽相同，在东亚国家近代化之路上扮演的角色也各有侧重。但无论横滨、仁川还是大连，这些开港地不但是东北亚地区现代化工业、商业、金融业发轫的起始地，更是东北亚现代城市社会与市民阶层的诞生地。从西方传入的工商管理制度与社会组织方式通过这些开港城市向东北亚地区的纵深辐射，带动了东北亚地区在整体上向现代化社会迈进的脚步。鉴于东亚国家的开放与通商，关注着欧美列强的最新动向和东北亚局势激变的马克思，曾以下述论断来阐释中日缔约开国与资本主义世界市场最终形成的互动关系："资产阶级社会的真实任务是建立世界市场（至少是一个轮廓）和以这种市场为基础的生产。因为地球是圆的，所以随着中国和日本的门户开放，这个过程看来已经完成了。"①

总之，在"西力东渐"的冲击下，中日韩三国纷纷开港，但是，开国的时间和方式各有不同。从时间顺序来看，中国最早，日本次之，韩国最后；从方式看，三国均是在外来冲击和压力下被动地打开国门，结束锁国时代。而从冲击对象来看，中国与老牌殖民国家英国发生军事冲突并战败后率先开埠，日本则在新兴资本主义国家美国的冲击下开港，韩国却是在邻国日本的武力逼迫下打开国门。

就中日韩三国开港的结果与影响来看，均取得了不俗的成绩。中国自鸦片战争后的五口通商以来，城市近代化发展令世人瞩目，上海甚至被称为东方的巴黎。第二次鸦片战争后，清政府痛定思痛，在沿海地区搞起了洋务运动，以此为契机近代制造业包括军事工业等都得到较高程度的发展。日本迟于中国开港，然而后来居上，尤其是明治维新后在"殖产兴业"等"三大政策"指导下近代产业高速发展。韩国开港后，以仁川和釜山为代表的沿海开放城市也成为近代化的急先锋；仁川从一个小渔村在极短的时期内发展为近代化城市，创造了"仁川速度"。从某种意义上看，上述现象也是近代东亚开港城市所具有的共同特征。值得注意的是，

---

① 《马克思恩格斯全集》第29卷，人民出版社1965年版，第348页。

从开港的结果看,中国虽然最先开放,却长期在半封建、半殖民地道路上徘徊;日本通过维新变革后来居上,很快步入资本主义国家行列;韩国则被纳入日本势力范围并最终沦为日本殖民地。

通过对中日韩开港与城市社会变迁等相关问题的考察,我们发现就局部的开港与城市发展进程来看,中日韩三国的差距并不明显。然而在宏观上却迥异不同,其结果表现为近代化结局有成有败。考虑到国际国内因素以及东亚国家的政府在其中充当的角色和作用,我们可以得出以下几点判断。首先,中日韩开港过程的差异性、统治者的因应策略及对外观等因素对三国历史进程产生了直接影响。其次,对日本积极开放,虚心学习欧美先进技术和经验应该加以肯定,而对其通过侵略扩张及牺牲中韩等国利益为特征的发展模式应给予揭露和批判。最后,近代以来中国的开港是一种被动形式的开放,这种被动的开放模式造成了中国近代化起步期的畸形发展。而1978年的改革开放则是自主的开放,而"惟有自主开放才有走出一条中国特色现代化发展道路的现实可能性"。正是通过几代人的艰苦奋斗和艰难探索,我们取得了令世人瞩目的光辉业绩。

改革开放40余年来,中国在各个领域均发生了翻天覆地的变化,经济总量排名世界第二位,处于近代以来历史上最好的发展时期。当然,还应该理性地看待在人均国民生产总值和高端科学技术上中国与世界先进水平依然存在一定的差距;为此我们仍要保持清醒的头脑,审时度势,紧紧抓住历史机遇期和以经济建设为中心的既定目标。勿忘初心,方得始终。我们有理由相信,通过进一步深化改革和扩大开放,解决好内外问题,实现民族伟大复兴的"中国梦"前景可期。这既是本研究的初衷,更是题中应有之义。

主要参考文献

中文文献

［英］阿美德：《图说烟台通志》，陈海涛等译，齐鲁书社 2007 年版。

［美］爱尔恩、张立志编著：《远东史》，商务印书馆 1935 年版。

［日］安冈昭男：《日本近代史》，林和生、李心纯译，中国社会科学出版社 1996 年版。

白寿彝主编：《史学概论》，宁夏人民出版社 1985 年版。

［日］坂本太郎：《日本的修史与史学》，沈仁安、林铁森译，北京大学出版社 1991 年版。

［日］坂本太郎：《日本史》，汪向荣等译，中国社会科学出版社 2008 年版。

［荷］包乐史：《看得见的城市——东亚三商港的盛衰浮沉录》，赖钰匀、彭昉译，浙江大学出版社 2010 年版。

宝鋆：《筹办夷务始末》，中华书局 1979 年版。

北京大学日本研究中心编：《东亚近代化历程中的杰出人物》，社会科学文献出版社 2002 年版。

北京大学日本研究中心编：《日本学》第一辑，北京大学出版社 1989 年版。

北京大学日本研究中心编：《日本学》第四辑，北京大学出版社 1995 年版。

边佩全：《烟台近代海关史概要》，山东人民出版社 2004 年版。

［日］滨下武志：《近代中国的国际契机》，朱荫贵、欧阳菲译，中国社会科学出版社 1999 年版。

［苏］波·将金等编：《外交史》，三联书店 1982 年版。

曹中屏：《东亚与太平洋国际关系》，天津大学出版社 1992 年版。

曹中屏：《朝鲜近代史》，东方出版社 1993 年版。

陈本善：《日本侵略中国东北史》，吉林大学出版社 1989 年版。

陈捷先：《不剃头与两国论》，台北远流出版事业股份有限公司 2001 年版。

陈其泰：《中国近代史学的历程》，河南人民出版社 1994 年版。

陈旭麓等主编：《中国近代史词典》，上海辞书出版社 1983 年版。

陈旭麓：《近代中国社会的新陈代谢》，上海人民出版社 1991 年版。

程维荣：《旅大租借地史》，上海社会科学院出版社 2012 年版。

崔丕：《近代东北亚国际关系史研究》，东北师范大学出版社 1992 年版。

大连港史编委会：《大连港史》，大连出版社 1995 年版。

大连化学工业公司编：《大化志》，《大化志》编纂委员会 1988 年版。

大连造船厂史编委会：《大连造船厂史 1898.6—1998.6》，大连船舶印刷厂 1998 年版。

《道咸同三朝筹办夷务始末》，中华书局 1979 年版。

邓端本：《广州港市史》（古代部分），海洋出版社 1986 年版。

丁抒明：《烟台港史》，人民交通出版社 1988 年版。

东北财经委员会调查统计处编：《伪满时期东北经济统计（1931—1945）》1949 年版。

东北文史丛书编辑委员会编，王树楠、吴廷燮、金毓黼等纂：《奉天通志 1》，沈阳古旧书店 1983 年版。

东北物资调解委员会研究组编：《东北经济小丛书》，京华印书局 1948 年版。

《山东海关十年报告（1882—1891）》，烟台市档案馆藏。

杜恂诚：《日本在旧中国的投资》，上海社会科学院出版社 1986 年版。

樊树志：《晚明史》，复旦大学出版社 2003 年版。

范文澜：《中国近代史》，人民出版社 2009 年版。

（清）方汝翼等：《增修登州府志》，光绪七年影印版。

费成康：《中国租界史》，上海社会科学院出版社 1998 年版。

［美］费正清主编：《剑桥中国晚清史》，中国社会科学出版社 1996 年版。

高岱、郑家馨：《殖民主义史》总论卷，北京大学出版社 2003 年版。

［英］格林堡：《鸦片战争前的中英通商史》，康成译，商务印书馆 1964 年版。

工厂简史编委会编：《大连机车车辆厂简史》，中国铁道出版社 1999 年版。

［德］贡德·佛兰克：《白银资本——重视经济全球化中的东方》，刘北成译，中央编译出版社 2008 年版。

故宫博物院编：《钦定户部漕运全书》，海南出版社 2000 年版。

（明）顾炎武：《天下郡国利病书》，载《续修四库全书》第 597 册，上海古籍出版社 2002 年版。

顾明义、方军、马丽芬：《大连近百年史》，辽宁人民出版社 1999 年版。

顾明义：《日本侵占旅大四十年史》：辽宁人民出版社 1991 年版。

（清）郭嵩焘：《郭嵩焘日记》，湖南人民出版社 1980 年版。

郭铁桩、关捷、韩俊英：《日本殖民统治大连四十年史》，社会科学文献出版社 2008 年版。

郭廷以、李毓澍编：《清季中日韩关系史料》，台北"中研院"近代史研究所 1972 年版。

郭卫东：《转折——以早期中英关系和〈南京条约〉为考察中心》，河北人民出版社 2003 年版。

海关总署办公厅、中国第二历史档案馆：《中国旧海关史料》，《光绪十九年烟台口华洋贸易情形论略》，京华出版社 2001 年版。

何兆武、陈启能主编：《当代西方史学理论》，中国社会科学出版社 1996 年版。

何兆武主编：《历史理论与史学理论》，商务印书馆 1999 年版。

胡赤军：《近代中国东北经济开发的国际背景》，商务印书馆 2011 年版。

胡绳编著：《从鸦片战争到五四运动》，红旗出版社 1993 年版。

黄邦和主编：《通向现代世界的 500 年——哥伦布以来东西两半球汇合的世界影响》，北京大学出版社 1994 年版。

黄定天：《东北亚国际关系史》，黑龙江教育出版社 2003 年版。

黄佛颐编著：《广州城坊志》，广东人民出版社 1994 年版。

（明）黄瑜：《双槐岁钞》（元明史料笔记）卷 9，"京官折俸"，中华书局 1999 年版。

黄枝连：《天朝礼治体系研究》，中国人民大学出版社 1992 年版。

吉林省社会科学院编：《满铁史资料》，中华书局 1987 年版。

［美］吉尔伯特·罗兹曼：《中国的现代化》，"比较现代化"课题组译，江苏人民出版社 1995 年版。

纪晓岚：《论城市本质》，中国社会科学出版社 2002 年版。

［日］加藤祐三：《东亚近代史》，蒋丰译，东方出版社 2015 年版。

［日］加藤祐三：《日本开国小史》，蒋丰译，中国社会科学出版社 1992 年版。

贾东海、郭卿友主编：《史学概论》，中央民族大学出版社 1996 年版。

翦伯赞：《中外历史年表》，中华书局 1985 年版。

［韩］姜万吉：《韩国近代史》，贺剑成等译，东方出版社 1993 年版。

蒋耀辉：《大连开埠建市》，大连出版社 2013 年版。

交通部烟台港务管理局：《近代山东沿海通商口岸贸易统计资料（1859—1949）》，对外贸易教育出版社 1986 年版。

解学诗、张克良：《鞍钢史（1909—1948 年）》，冶金工业出版社 1984 年版。

金明善主编：《日本现代化研究》，辽宁大学出版社 1993 年版。

［日］井上清：《日本帝国主义的形成》，宿久高等译，人民出版社 1984 年版。

孔经纬：《东北经济史》，四川人民出版社 1986 年版。

孔经纬：《日俄战争至抗战胜利期间东北的工业问题》，辽宁人民出版社 1958 年版。

［韩］李光麟：《韩国开化史研究》，陈文寿译，香港社会科学出版社 1999 年版。

李维清：《上海乡土志》，上海古籍出版社 1989 年版。

李有升主编：《营口地方史研究》，辽宁民族出版社 1995 年版。

李玉、汤重南、林振江主编：《中国的日本史研究》，世界知识出版社 2000 年版。

历史科学规划小组、史学理论组编：《历史研究方法论集》，河南人民出版社 1987 年版。

梁启超：《中国历史研究法》，河北教育出版社 2003 年版。

梁志明主编：《殖民主义史》（东南亚卷），北京大学出版社 1999 年版。

辽宁省营口市文化局编：《营口文物》，辽宁省营口市文化局 2005 年版。

林仁川：《明末清初私人海上贸易》，华东师范大学出版社 1987 年版。

刘大年：《中国近代史诸问题》，人民出版社 1965 年版。

刘精一：《烟台概览》，烟台概览编辑部 1937 年版。

［美］刘易斯·芒福德：《城市的形式与功能》，宋俊岭、倪文彦译，中国建筑工业出版社 2004 年版。

（明）刘斯洁：《太仓考》卷 150，礼部六十四，北京图书出版社 1999 年版。

刘素芬：《烟台贸易研究（1867—1919）》，商务印书馆（台北）1990 年版。

［美］鲁·本尼迪克特：《菊与刀》，吕万和等译，商务印书馆 2000 年版。

［日］陆奥宗光：《蹇蹇录》，伊舍石译，商务印书馆 1963 年版。

旅顺大坞史编委会：《旅顺大坞史（1880—1955）》，大连出版社 2017 年版。

罗荣渠：《现代化新论》，北京大学出版社 1993 年版。

罗荣渠：《现代化新论续篇》，北京大学出版社 1997 年版。

马克思、恩格斯：《马克思恩格斯全集》，人民出版社 1961 年版。

［美］马洛泽莫夫：《俄国的远东政策（1881—1904 年）》，商务印书馆 1977 年版。

［美］马士：《东印度公司对华贸易编年史（1635—1834 年）》，区宗华译，中山大学出版社 1991 年版。

［美］马士、宓亨利：《远东国际关系史》，上海书店出版社 1998 年版。

[美]马士：《中华帝国对外关系史》，张汇文等译，三联书店1957年版。

茅家琦：《横看成岭侧成峰——长江下游城市近代化的轨迹》，江苏人民出版社1993年版。

[日]梅村又次、山本有造编：《开港与维新》，李星、杨耀录译，三联书店1997年版。

[法]米歇尔·博德：《资本主义史1500—1980》，吴艾美等译，东方出版社1987年版。

米庆余：《明治维新——日本资本主义的起步与形成》，求实出版社1988年版。

庞卓恒：《比较史学》，中国文化书院1987年版。

全汉升：《中国经济史论丛》，中华书局2012年版。

荣孟源编：《中国近代史资料选辑》，三联书店1954年版。

《上海公共租界史稿》，上海人民出版社1980年版。

《上海和横滨》联合编辑委员会、上海市档案馆编：《上海与横滨——近代亚洲两个开放城市》，华东师范大学出版社1997年版。

上海市档案馆：《工部局董事会会议录》（第一册），上海古籍出版社2002年版。

沈仁安：《德川时代史论》，河北人民出版社2003年版。

沈仁安：《日本史研究序说》，香港社会科学出版社2001年版。

沈毅：《近代大连城市经济研究》，辽宁古籍出版社1996年版。

沈云龙：《近代中国史科丛刊》，文海出版社2006年版。

史澄等：《广州府志》，成文出版社1966年版。

史静寰、王立新：《基督教教育与中国知识分子》，福建教育出版社1998年版。

世界知识出版社：《国际条约集》，新华书店1984年版。

宋成有、汤重南主编：《东亚区域意识与和平发展》，四川大学出版社2001年版。

苏崇民：《满铁史》，中华书局1990年版。

孙承：《日本资本主义国内市场的形成》，东方出版社1991年版。

[美]泰勒·丹涅特：《美国人在东亚——十九世纪美国对中国、日本和朝鲜政策的批判的研究》，姚曾廙译，商务印书馆1959年版。

汤重南等：《日本文化与现代化》，辽海出版社1999年版。

佟冬主编：《中国东北史》，吉林文史出版社1998年版。

万峰：《日本近代史》（增订本），中国社会科学出版社1981年版。

万峰：《日本资本主义史研究》，湖南人民出版社1984年版。

汪向荣：《古代的中国与日本》，三联书店1989年版。

汪向荣、汪皓：《中世纪的中日关系》，中国青年出版社2001年版。

王承仁主编：《中日近代化比较研究》，河南人民出版社1994年版。

王加丰：《扩张体制与世界市场的开辟——地理大发现新论》，北京大学出版社1999年版。

王陵基：《福山县志稿》，烟台福东书局1931年影印版。

（明）王世贞：《弇山堂别集》卷76，"赏赉考"上，中华书局1983年版。

王仁忱：《中国近现代史》，上海人民出版社1984年版。

王赛时：《山东沿海开发史》，齐鲁书社2005年版。

王铁崖编：《中外旧约章汇编》，三联书店1982年版。

王晓秋：《近代中国与日本——互动与影响》，昆仑出版社2005年版。

王晓秋：《近代中日启示录》，北京出版社1987年版。

王云五主编：《丛书集成初编》，商务印书馆1936年版。

王芸生：《六十年来中国与日本》，三联书店1980年版。

［美］威罗贝：《外人在华特权和利益》，王绍坊译，三联书店1957年版。

［俄］维特：《俄国末代沙皇尼古拉二世——维特伯爵的回忆录》，新华出版社1983年版。

［俄］维特：《维特伯爵回忆录》，肖洋、柳思思译，中国法制出版社2011年版。

吴廷璆：《日本史》，南开大学出版社2010年版。

吴廷璆主编：《日本近代化研究》，商务印书馆1997年版。

［美］西里尔·E.布莱克等：《日本和俄国的现代化——一份进行比较的研究报告》，周师铭等译，商务印书馆1984年版。

席龙飞：《中国造船通史》，海洋出版社2013年版。

夏东元：《晚晴洋务运动研究》，四川人民出版社1985年版。

夏东元：《洋务运动史》，华东师范大学出版社1992年版。

肖明礼：《海运兴国与航运救国：日本对华之航运竞争（1914—1945）》，台大出版中心2017年版。

[法]谢和耐：《中国社会史》，耿升译，江苏人民出版社1995年版。

辛元欧：《中国近代船舶工业史》，上海古籍出版社1999年版。

[日]新井白石：《折焚柴记》，周一良译，北京大学出版社1998年版。

熊月之等编：《上海城市社会生活史丛书》，上海辞书出版社2009年版。

（明）徐光启：《徐光启集》，（上册），中华书局1963年版。

徐新吾：《鸦片战争前中国棉纺织手工业的商品生产与资本主义萌芽问题》，江苏人民出版社1981年版。

徐雪筠：《上海近代社会经济发展概况（1882—1931）》，上海社会科学院出版社1985年版。

许涤新：《吴承明主编．中国资本主义发展史》（第3卷），人民出版社2003年版。

烟台市档案馆藏：《1865年烟台贸易报告》。

严如熤：《洋防辑要》，卷15，《广东防海略》，台北学生书局1985年版。

杨天宏：《口岸开放与社会变迁——近代中国自开商埠研究》，中华书局2002年版。

姚贤镐编：《中国近代对外贸易史资料》，中华书局1962年版。

[美]伊格尔斯：《历史研究国际手册》，陈海宏等译，华夏出版社1989年版。

伊文成、马家骏编：《明治维新史》，辽宁教育出版社1987年版。

伊原泽周：《近代朝鲜的开港》，社会科学文献出版社2008年版。

[日]依田憙家：《日中两国现代化比较研究》，卞立强等译，北京大学出版社1997年版。

营口港史编委会编：《中国水运史丛书——营口港史》，人民交通出版社1995年版。

[美]詹姆斯·L.麦克恩莱：《日本史（1600—2000）》，王翔等译，海南出版社2014年版。

张福全:《辽宁近代经济史》,中国财政经济出版社 1989 年版。

张广智:《西方史学》,复旦大学出版社 2000 年版。

张洪祥:《近代中国通商口岸与租界》,天津人民出版社 1993 年版。

[葡] 张天泽:《中葡早期通商史》,姚楠、钱江译,中华书局 1988 年版。

(清) 张凤仪:《山东通志》,康熙十七年影印版。

(清) 张廷玉:《明史》,中华书局 1974 年版。

张蓉初译:《红档杂志有关中国交涉史料选译》,三联书店 1957 年版。

张晓刚、陈奉林主编:《东方历史上的对外交流与互动》,世界知识出版社 2018 年版。

张晓刚:《东北亚近代史探赜》,中国社会科学出版社 2012 年版。

张仲礼:《近代上海城市研究》,上海人民出版社 1990 年版。

张仲礼:《中国绅士》,上海社会科学院出版社 1991 年版。

张仲礼主编:《东南沿海城市与中国近代化》,上海人民出版社 1996 年版。

赵德宇:《西学东渐与中日两国的对应——中日西学比较研究》,世界知识出版社 2001 年版。

(明) 郑若曾、李致忠等:《筹海图编》,中华书局 2007 年版。

郑彭年:《日本西方文化摄取史》,杭州大学出版社 1996 年版。

郑师渠:《中国近代史》,北京师范大学出版社 2007 年版。

支军:《开埠后烟台城市空间演变研究》,齐鲁书社 2011 年版。

中国大百科全书总编辑委员会:《中国大百科全书》(外国历史部分),中国大百科全书出版社 1994 年版。

中国第二历史档案馆等编:《中国旧海关史料》,京华出版社 2001 年版。

中国航海史学会:《中国航海史》(近代航海史),人民交通出版社 1989 年版。

《中国舰艇工业历史资料丛书》编辑部编:《中国近代舰艇工业史料集》,上海人民出版社 1994 年版。

中国日本史研究会编:《日本史论文集》,三联书店 1982 年版。

中央档案馆、中国第二历史档案馆、吉林省社会科学院编:《日本帝国主义侵华档案资料选编》，中华书局 1991 年版。

钟叔河编：《走向世界丛书》，岳麓书社 1985 年版。

周一良、吴于廑主编：《世界通史》，人民出版社 1972 年版。

周一良、吴于廑主编：《世界通史资料选辑》，商务印书馆 1964 年版。

周一良：《中日文化关系史论》，江西人民出版社 1993 年版。

庄维民：《近代山东市场经济的变迁》，中华书局 2000 年版。

外文文献

坂本善三郎：《关东州工场案内》，关东州工业会 1942 年版。

日本关东局：《关东局施政三十年史》，1936 年版。

日本国际新闻事典出版委员会、每日通讯编：《外国新闻中の日本》原文编，每日通讯株式会社。

日本国际政治学会编：《日本外交史研究》（明治时期），有斐阁 1960 年版。

日本近现代史辞典编辑委员会编：《日本近现代史辞典》，东洋经济新报社 1978 年版。

日本经济联盟会调查课编：《战时海运の研究》，产业图书株式会社 1944 年版。

日本历史学研究会编：《明治维新史研究讲座》，平凡社 1968 年版。

日本外务省编：《日本外交年表并主要文书》，原书房 1965 年版。

日本外务省编：《日本外交文书》，日本国际连合协会发行。

日本外务省编：《续通信全览》，雄松堂 1984 年版。

日本外务省外交史料馆编：《外交史料馆所藏外务省记录总目录》，原书房 1992 年版。

日本维新史学会编：《幕末维新外交史料集成（1—6 卷）》，财政经济学会。

日本邮船株式会社：《海运及び经济调查》，日本海运集会所 1934 年版。

波多野善大编：《东亚の开国》，人物往来社 1967 年版。

柴田德卫：《现代都市论》，东京大学出版会 1976 年版。

长永义正：《关东州の工业事情》，大连商工会议所 1939 年版。

《朝鲜王朝实录》，探求堂 1970 年版。

《承政院日记》，光明印刷公社 1968 年版。

池井优：《增补日本外交史概说》，庆应通讯 1992 年版。

出井盛之：《关东州经济の现势》，关东州经济会 1944 年版。

川山三郎撰：《幕末三俊——矢部定谦、川路圣谟、岩濑忠震》，1898 年。

大山梓：《旧条约下に于ける开市开港の研究》，凤书房 1967 年版。

大隈重信：《开国大势史》，早稻田大学出版部。

大野清治郎：《船舶运营会理事长田岛正雄讲演船舶运营会に就て》，生产扩充研究会 1942 年版。

东京大学史料编纂所编：《大日本古文书》，幕末外国关系，东京大学史料编纂所藏。

东京大学史料编纂所：《幕末外国关系文书》，东京大学出版会 1985 年版。

东亚同文会编：《中国省别全志》，东亚同文会 1917 年版。

福地源一郎：《幕末政治家》，民有社 1901 年版。

福山市立福山诚博物馆编：《开国のあゆみ——阿部正弘与培理》，1985 年。

富永谦吾：《现代史资料》太平洋战争（五），みすず书房 1975 年版。

富田仁：《瓦斯灯と红靴子——横滨开化物语》，秋山书房 1984 年版。

富永健一：《日本の近代化と社会变动》，讲谈社 2000 年版。

纲渊谦锭：《幕臣列传》，中央公论社 1981 年版。

古川昭著：《元山开港史——元山开港と日本人》，古川海事事务所 2004 年版。

关东州厅土木课：《大连都市计画概要》第一辑，1937 年。

关东局编：《关东局施政三十年史》，1936 年版。

国史大辞典编辑委员会编：《国史大辞典》，吉川弘文馆 1987 年版。

河出孝雄编集：《日本历史大辞典》，河出书房 1964 年版。

横滨电报局编：《横滨电信百年》，1970 年版。

横滨近代史研究会编：《近代横滨の政治と经济 1》，横滨开港资料馆

1993年版。

横滨近代史研究会编:《近代横滨の政治与经济 2》,横滨开港资料馆 1994 年版。

横滨居留地研究会编:《横滨居留地诸相》,横滨开港资料馆 1989 年版。

横滨开港资料馆编:《20 世纪初の横滨》,横滨开港资料普及协会 1997 年版。

横滨开港资料馆编:《横滨开港资料馆馆报——开港广场》复刻版,1998 年。

横滨开港资料馆编:《横滨商人とその时代》,有邻堂 1995 年版。

横滨开港资料馆编集:《横滨事物缘起考》改订版,横滨开港资料馆 2000 年版。

横滨开港资料馆编:《(图说)横滨外国人居留地》,有邻堂 1999 年版。

横滨开港资料馆、横滨近世史研究会编:《19 世纪の世界と横滨》,山川出版社 1993 年版。

横滨开港资料馆、横滨居留地研究会编:《横滨居留地と異文化交流——19 世纪后半期の国际都市解读》,山川出版社 1996 年版。

横滨开港资料馆:《横滨外国人居留地》,有邻堂 1999 年版。

横滨贸易新报社:《横滨开港侧面史》,历史图书社 1979 年版。

横滨商业会议所编:《横滨开港五十年史》,名著出版 1973 年版。

横滨市教育委员会编:《横滨市教育史》,横滨市教育史刊行委员会 1976 年版。

横滨市立大学编:《横滨今と昔》,横滨市立大学发行 1990 年版。

横滨市役所编:《横滨市史》(4 卷本),有邻堂 1961 年版。

横滨市役所编:《横滨市史稿》(10 卷本),临川书店 1985 年版。

戶川安宅:《幕末小史》,小山内文库 1999 年版。

矶村英一:《都市社会学研究》,有斐阁 1966 年版。

吉田茂树:《日本地名事典》,新人物往来社 1991 年版。

林春斋、林凤冈编:《华夷变态》,东方书店 1981 年版。

柳河春三:《横滨繁昌记》,横滨新报社 1903 年版。

鹿岛守之助:《日本外交史》,鹿岛研究所出版会 1973 年版。

"满铁调查课"：《南满三港海运事情》，"南满洲铁道株式会社" 1928 年版。

《明治文化全集》第一卷，宪政编，日本评论社 1928 年版。

"南满洲铁道株式会社调查课"：《南满洲铁道株式会社二十年略史》，"南满洲铁道株式会社" 1927 年版。

内藤智秀等：《ロシアの东方政策》，东京目黑书店 1942 年版。

鸟居幸雄：《神户港 1500 年》，海文堂 1982 年版。

浅野虎三郎：《大连市史》，大连市役所 1936 年版。

日清贸易研究所编：《清朝通商综览》，日清贸易研究所 1982 年版。

任鸿章：《近世日本と日中贸易》，东京六兴出版株式会社 1988 年版。

三木和郎：《都市と河川》，农山渔村文化协会 1984 年版。

山下尚也：《神户港と神户外人居留地》，近代文芸社 1998 年版。

山胁悌二郎：《长崎の唐人贸易》，吉川弘文馆 1996 年版。

深井甚三：《近世日本海海运史の研究—北前船拔荷》，东京堂 2009 年版。

神奈川县立图书馆编：《神奈川县史料》，神奈川县图书馆协会。

神奈川县图书馆协会乡土资料集成编纂委员会编：《未刊横滨开港史料》，神奈川县图书馆协会。

神崎彰利：《神奈川县の历史》，山川出版社 1996 年版。

石冈嘉美：《战时海运关系法令集》，财团法人日本船用品协会 1942 年版。

石井孝：《日本开国史》，吉川弘文馆 1981 年版。

石井孝：《幕末开港期经济史研究》，有邻堂 1987 年版。

石井孝：《增订明治维新の国际环境》，吉川弘文馆 1988 年版。

石野瑛编：《横滨文书及石川家史稿》，武相考古会发行 1933 年版。

市川正明：《日韩外交史料》，原书房 1979 年版。

松本丰三：《满洲产业事情》，南满洲铁道株式会社 1938 年版。

松冈英夫：《岩濑忠震》，中央公论社 1981 年版。

松信太助编：《横滨近代史综合年表》，有邻堂 1989 年版。

太田久好：《横滨沿革志》（复刻板），白话社 1974 年版。

田边太一：《幕末外交谈》，东京大学出版会 1976 年版。

田口卯吉：《日本开化小史》，岩波书店 1942 年版。

田中彰：《明治国家》，日本评论社 1973 年版。

土居晴夫：《神戸居留地史話》，リーブル出版 2007 年版。

武光诚等编辑：《日本史用語大事典》，新人物往来社 1995 年版。

西山松之助：《江戸町人の研究第一卷》，吉川弘文馆 2006 年版。

细谷千博编：《日美关系通史》，东京大学出版会 1999 年版。

小村弌：《近世日本海海運と港町の研究》，国书刊行会 1992 年版。

小林庄次郎：《幕末史》，早稻田大学出版部 1908 年版。

小田贞夫：《横滨历史漫步》，日本放送出版协会 1977 年版。

小西四郎：《开国と攘夷》，中央公论社 1974 年版。

小叶田淳：《日本矿山史の研究》，岩波书店 1969 年版。

新村出编：《广辞苑》，岩波书店 1978 年版。

新潟日报事业社出版：《新潟版百岁自分史》，新潟日报事业社 2008 年版。

新潟市编：《新潟湊の繁栄 湊とともに生きた町・人》，新潟日报事业社 2011 年版。

新潟市编：《新潟港のあゆみ 新潟の近代化と港》，新潟日报事业社 2011 年版。

新潟市编：《新潟市史》，国书刊行会 1988 年版。

新潟县编：《新潟県のあゆみ》，新潟县 1990 年版。

新潟县编：《新潟県史通史》，新潟县 1988 年版。

新潟县编：《新潟県史资料》，新潟县 1984 年版。

新修神户市史编集委员会：《新修神户市史歴史》近代・现代，神户市 1989 年版。

信夫清三郎编著：《日本外交史》，东京每日新闻社 1964 年版。

信夫清三郎：《江戸时代——锁国の构造》，新地书房 1989 年版。

岩壁义光编：《横滨绘地图"开港场的振兴"》，有邻堂 1989 年版。

岩波书店编辑部编辑：《近代日本综合年表》，岩波书店 1984 年版。

《夷匪入港录》，东京大学出版会 1973 年复刊版。

玉兰斋贞秀：《横滨开港见闻志》（复刻板），名著刊行会 1979 年版。

渊野修编：《横滨今昔》，每日新闻横滨支局 1957 年版。

早稻田大学大学史编辑所：《大隈伯昔日谈》，明治文献 1974 年版。

中村义隆：《幕末维新の港町と商品流通》，刀水书房 2001 年版。

中村质:《开国与近代化》,吉川弘文馆 1998 年版。

부산지할시사편찬위원회,《부산시사》제 1 권, 1989 년.

김은희:《개화기 (1894—1905) 인천항의 김용네트워크와 한상의 발전조건》,인천대학교인천연구소, 2004 년판.

부산상공회의소:부산상업사》, 1898 년.

젠쇼에이스케:《조선의 인구연구》, 조선인쇄, 1925 년판.

김용욱:《부산개항후 각항의 연구—일본조계를 중심으로》, 대화출판사, 1967 년.

한우근:《조선개항기의 상업연구》, 일조각출판사, 1976 년판.

홍순권:《근대개항기 부산의 무역과 상업》,《항도부산, 1994 년.

국사편찬위원회:《조선화교의 생활과 정체성》, 2007 년판. 사

Black, J.R. *Young Japan: Yokohama and Yedo*, Landon, vol.1.2.BAKER, PRAAT & COMPANY, 1883, 552.

B.P.P, *Report from the Select Committee of the Lords on Foreign Trade, Trade with the East Indies and China*, 1821, 295, Evidence by J.T.Robarts, Esq.

Harris Townsend, *The Complete Journal of Townsend Harris*, ed. Japan Society, 1959, 668.

Ljungstedt Andrew, *An Historical Sketch of the Portuguese Settlements in China: and of the Roman Catholic Church and Mission in China*. Kessinger Publishin, 2010, 366.

Morse H. B, *The Chronicles of the East India Company Trading to China 1635-1834*, vol. Ⅰ. The American Historical Review, 1926, 32 (1).

Poole, Otis Manchester, *The Death of Old Yokohama in the Great Japanese Earthquake of September1, 1923*. The American Oriental Society, 1969, 89 (3): 675. RobertConventry Forsyth, *Shantung, The Sacred Province of China*. Shanghai Christian Literature Society, 1912, 351.

跋

2000年世纪之交的那个秋天，我怀着喜悦、激动，同时又有些忐忑不安的心情踏入燕园，开始了4年读博生活。那年我已38岁，在历史学系同年级博士生中亦属年长者，而我的本科和硕士专业是日本语言文学方向，跨学科转入历史学面临着诸多棘手问题。读博期间，克服了重重困难和挑战，由此也与授业恩师宋成有先生结下了深厚的师生之缘。

光阴一掷去如梭。如今我已毕业10年有余，生活趋于稳定，工作亦走上正轨。而忆及北大求学岁月，每每令我思绪万千，感慨良多。当时为了尝试一下自己在其他专业领域发展的可能性，几经斟酌，选择了攻读日本史博士研究生。幸运的是，我先后通过了笔试和面试。然而对能否顺利毕业，拿到博士学位则心中没底。我如同一个徘徊在史学殿堂前的门外汉，从懵懵懂懂到逐步开窍，进而初步转型成功踏入史学大门，其间历经的苦辣辛酸如鱼在水冷暖自知。现在回头来看，这条路是走对了。最为重要的是，我选择了宋成有教授为指导教师，亦即我的史学领路人。坦率地讲，今天取得的点滴成绩，追根溯源，与恩师的悉心指导和谆谆教诲是不可分割的。

韩愈的《师说》有言："古人学者必有师。师者，所以传道授业解惑也。"我的导师宋成有先生在我的学术之路上就真正起到了传道授业解惑，既教书又育人的作用。记得入学伊始恩师即与我进行多次交流，让我明确读博的目的，帮我分析跨专业学习的利弊，尤其是劝诫我"勿忘初心方得始终"。读博之前，我对日本史知识的了解和掌握基本上是零散的、碎片化的。当然，这是跨专业学习的同学普遍存在的问题。对此，先生经常和我们强调，学问是系统而专门的知识，做学问需要对研究对象及其发展规律进行科学的考察和论证，有意识地培养我们的大局观和问题意识。先生还根据我专业基础知识不足的具体情况采取了因材施教的方式。比如,给我列了长长的书单,还用红笔画了许多必读书目,定期让我提交读书报告。在课程选择上,除了必修课,其他科目几乎均由先生帮我选定。记得其中有刘祖熙教授的俄国史和梁志明教授的东南亚史以及王晓秋教授的中日关系史,基本都是和日本史、东北亚史关联较多的课程。另外,我很早就确定了博士学位论文的题目。最初,我想写军事史的题目,主要考虑毕业后想进军事科学院工作,在研究方向上能有一个衔接。后来在先生的建议下,确定了以"横滨开港研究"作为博士学位论文题目。从某种意义上讲,是恩师帮助我找到了课题研究的切入点,并为我日后从事教学科研工作做了很好的铺垫和布局。

做学问是个苦中有甜的工作。我至今仍清晰地记得第一篇日本史学术论文的选题、写作与发表的经过。读博的第二学期,先生让我查一下有关日本开港时期神奈川和横滨的关系问题,因为国内世界史教科书以及《中国大百科全书》(世界历史卷)等工具书在表述《安政条约》中对日本五口通商的规定时,均把神奈川和横滨视为同一个地方。为此,我跑遍北大图书馆、国家图书馆、北外日本研究中心等处,查阅、整理了许多资料,终于搞清了横滨和神奈川当时并不是一个地方;由于幕府谈判代表做了手脚,以横滨代替了神奈川开港,而美国驻日总领事哈里斯从头至尾是持反对意见的。这一结果等于证明以往国内学界通用的说法是不准确的。我从中体验到了史学研究的价值和乐趣。先生也为我的努力得到回报而高兴,并嘱咐我趁热打铁,尽快写出一篇文章来。过了半月有余,我把费尽九牛二虎之力写好的稿子提交给先生。又过了几天,先生把修改的文稿返还给我,让我再仔细梳理一下。我一看,稿纸上到处都是用红笔标注的圈圈点点的符号和密密麻麻的文字,其工作量不亚于先生自己撰写一篇文章。这篇论文后来发表在北大日本研究中心的刊物《日本学》上,而先生当年修改的原稿我至今仍然保留着。

在与先生交往的15年中,最为令我敬佩的是他奖掖后学、提携晚进和爱生如子、待生如友的高尚品德。换言之,先生不仅是我步入学术殿堂的领路人,也是我人生道路的指导师。2002年,我为收集资料而申请了赴日留学。由于最初申请的新潟大学迟迟没有回音,先生担心我丧失留学的宝贵机会,遂让我又申请了二松学舍大学。结果二松大很快寄来了交换留学生接收函,我兴高采烈地开始办理各项繁杂的出国手续。又过了段日子，新潟大学也寄来了留学生接收材料。为此，先生在电话中与新潟大学的指导教官古厩忠夫教授争吵了一番，最后以古厩教授的妥协而告结束。因为我个人的事让先生与其日本友人发生争执，我深感内疚。后来我才知道，因为二松学舍大学地处东京圈，先生执意让我去东京留学是因为对我收集横滨开港相关资料较为便利。再后来听说有位硕士同学去了新潟大学，总算让古厩教授挽回了些颜面。

到了东京，我住在文京区的后乐寮，隔壁就是中日友好会馆。由于二松大学在建设新校区，平日里我大都去千叶县柏市的分校区与指导教官神立春树教授会面；周末多选择去横滨市的开港资料馆查资料或者按图索骥探寻资料上记载的建筑、街道等历史旧迹。有一段时间我经常去早稻田大学听依田熹家教授的讲座，记得当时给我们介绍幕末史，涉及培理黑船访日事件，依田先生兴之所至翌日就带着我们听课的学生去浦贺市培理登陆的地方去考察了一番。闲暇时，我还参加中日友好会馆举办的一些文化交流活动。先生在北京也许得知了我频繁参加社会活动的一些情况，遂委托国内来日进修的一位老师告知我尽量减少参加活动，多集中精力查资料，写论文。后来先生又通过比我晚到日本的王蕾师妹、汤重南先生的博士生朱凤岚等人再三叮嘱我要心无旁骛，加快论文写作进度。我感觉先生的话里似乎还有一些潜台词：晓刚，你到日本留学不是去度假的，北大的博士学位不是轻松就能拿到的……于是，我一改初到东京时每日的闲适从容，开始紧张忙碌起来。我把开题报告找出来，按照提纲上的研究内容一章一节地往下写；实在写不下去的时候我就整理收集来的资料，把需要的部分翻译成中文储存到电脑里。那台"中古"（二手）的富士通手提电脑是拜托依田熹家教授在网上帮我购买的，当时花了两万日元，上网速度很慢，但却是台很好的打字机。

无穷岁月增中减，转眼留学1年期满，我也按时回国了。谈不上收获满满，却也没有光阴虚度。当我把杂乱无章的论文初稿送给恩师修改时，就像小学生向班主任提交没完成好的家庭作业一样心里惴惴不安。过了一段时间，先生把我叫到办公室，指出我论文存在的各种问题，让我继续修改。回到宿舍，我看到打印稿上布满了先生用红笔修改的痕迹：有的整页整页的标出删除的符号，有的写满了修改意见。后来听师母说，先生为我修改论文经常忙到深夜，甚至去韩国参加学术会议时还把稿子带在身边。我知道先生视力不好熬夜修改文章意味着什么，也为自己的论文问题多多让老师费心劳神而深深自责。恩师对弟子无私的关爱如同父母对子女的呵护一样可谓大爱无疆；先生倾其所能为学生传道授业更是恩重如山。正是：半点无求为母爱，全心授业乃恩师。这一点，想必师门的同学都会感同身受吧。

2004年6月，我通过了北京大学博士学位论文答辩，获得历史学博士学位。在此我要衷心感谢答辩委员会的成员汤重南、沈仁安、杨宁一、刘金才和王新生等诸位先生付出的辛勤劳动。答辩会结束后导师宋成有先生向我祝贺，我则向先生深深鞠躬，眼里噙满了泪水。我深知没有授业恩师的耳提面命和悉心指导，我根本不能顺利完成学业。

桃李不言，下自成蹊。先生为人诚恳真挚，身教重于言教，自然深得弟子爱戴；先生治学严谨，志存高远，也是我人生的楷模。值此恩师70华诞出版纪念文集之际，不禁忆及在北大求学的美好时光，这段师生缘于我而言弥足珍贵，足可受用一生。

张晓刚
2015年2月于大连

后　　记

上文的"跋"是 2015 年为庆贺导师宋成有教授 70 寿辰所写的一段文字，描述了我读博期间的一些经历和对恩师奖掖后学的感激之情。值得高兴的是，每年都能在学术会议或其他活动中见到宋老师。恩师虽然满头华发，但依然身体康健，步履轻快；仍旧退而不休，笔耕不辍，成果迭出。不仅如此，在本书写作和修改过程中，宋老师提出了诸多宝贵的意见，并在北京炎热的夏日为拙著写了前言，对我本人也是一种鞭策和激励。故以上文作为拙著的题跋确乎没有违和感，同时也是再次对恩师表达一种由衷的谢意。

《东亚开港与城市近代化研究》一书是本人的第二部专著。由于该书涉及中日韩等国近代开港史的历时性与共时性交叉研究，故结构庞杂，较难驾驭。恩师宋成有教授也曾指出该书部分章节安排有些"厚此薄彼"，不够合理。期待今后有机会再版时在进一步积累成果、丰富资料的基础上加以充实和完善。

值此拙著付梓之际，我还要真诚地感谢其他几位先生、同事、友人及学生。首先要感谢沈仁安、汤重南、王新生等诸位先生多年来的指导和帮助。2017 年秋季我从大连大学调到长春师范大学工作，得到苏春辉、姜维公、朱明仕等领导和同事的热心支持与鼎力相助，在此谨致以衷心感谢。另外，谢丽、国宇、刘钦、万映辰、翁胜强、段凡等课题组成员在资料收集和文字校对方面均付出了辛勤劳动，在一并致谢的同时也祝愿他们学业精进，事业有成。中国社会科学出版社任明编审为本书的顺利出版兢兢业业，一丝不苟，付出了很多心血和劳作，亦令我不胜感激之至。

拙著是我近20年来从事中日韩开港研究的部分阶段性成果与心得，客观上说还很不成熟，缺点与谬误亦在所难免，在此权作引玉之砖谨供大家参考。祈望得到诸位专家、同人的批评与斧正。

张晓刚
2019年8月16日于长春